第一次世界大战将帅全纪录

朱之江◎主编

军事科学出版社

图书在版编目（CIP）数据

第一次世界大战将帅全纪录 / 朱之江主编．—北京：军事科学出版社，2014．7

（“一战百年”系列丛书）

ISBN 978-7-80237-712-7

Ⅰ．①第… Ⅱ．①朱… Ⅲ．①第一次世界大战—军事家—生平事迹—世界 Ⅳ．① K815.2

中国版本图书馆 CIP 数据核字（2014）第 152101 号

书　　名：第一次世界大战将帅全纪录
主　　编：朱之江
责任编辑：邢　扬
封面设计：纪　奕
出版发行：军事科学出版社（北京市海淀区青龙桥 100091）

标准书号：ISBN 978-7-80237-712-7
经 销 者：全国新华书店
印 刷 者：北京鑫海达印刷有限公司
开　　本：700 毫米 ×1000 毫米　1/16
印　　张：24.25
字　　数：298 千字
版　　次：2014 年 7 月北京第 1 版
印　　次：2014 年 7 月第 1 次印刷
印　　数：1~4000 册
定　　价：49.00 元

销售热线：（010）62882626　66768547（兼传）
网　　址：http://www.jskxcbs.com
电子邮箱：jskxcbs@163.com

主　　编：朱之江
编写人员：张　慧　董小林
　　　　　孙文广　袁　周

目录

CONTENTS

前言

岁月能够风蚀人的相貌，时光却难以冲淡人的记忆。

于是，人类社会有了许多的纪念日，甚至许多的节日本身就是纪念日。

人们总是喜欢回忆过去，喜欢纪念往事。在人类社会发展的历史长河之中，有许多过去的人、有许多过去的事，不会随着时光的流逝而淡出人们的脑海。在这许多的人和事中，战争，因其残酷，因其剧烈，因其带来的惨痛，更是给人类留下了历久而弥新的回忆。

一战阵亡将士墓地遍布欧洲大陆，墓地中那密密麻麻的十字架，经常会勾起人们对战争的痛苦回忆

往日的刀光剑影可以暗淡，往日的鼓角铮鸣可以远去，但战争留给人类的印记却永远难以磨灭。

1

2014年，最值得人类回忆和纪念的战事，无疑是100年前爆发的那场世界大战了。

这不，2014年尚未到来，世界上的有关国家就为此张罗开了。2014年1月2日《参考消息》以“一战百年引爆没有硝烟的战争”为题，报道了相关的消息。请看这条报道：

［美国《洛杉矶时报》网站12月29日报道］题：一战百年纪念计划引发论战

那场曾被指望结束所有战争的战争并没能像人们指望的那样。但是谁又会知道，它在差不多一个世纪之后仍在挑起冲突。

随着欧洲准备在2014年纪念第一次世界大战爆发100周年，围绕如何才能最好地记住一场夺走了千百万人生命并彻底改变了人类历史走向的战争，已经爆发了论战。

在整个欧洲大陆都将举行纪念活动的情况下，一些人希望彰显一战作为英、法等国的一次重要胜利的地位——这些国家是付出了惨重代价才赢得战争的。然而，这可能会让现在的盟国德国感到不快——德国是这场战争的战败国。

其他一些人则警告说，真正的教训——即战争的疯狂——有可能被军国主义傲慢的炫耀所掩盖。他们指出，应该把重点放在和平上。

这些在公开及私下场合进行的争论，体现了大西洋这一侧的人们对于第一次世界大战的持续迷恋。对于许多欧洲人来说，1914～1918年的这场战争仍然是他们现代历史的决定性事件，是一场规模前所未有并且为第二场全球浩劫埋下了祸根的灾难。

在英国，囊中羞涩的政府正在计划长达4年的“国家纪念行动”，其中包括电影、讲演、博物馆展览、守夜仪式、社区历史项目以及学校组织学生前往佛兰德战场遗址凭吊的活动。

法国总统奥朗德将空前地向参加过一战的全部72个国家的领导人发出邀请，请他们到巴黎与他一起出席7月份的年度阅兵式。在战争中失去了100多万士兵的法国还将落成最新的阵亡者纪念碑，并纪念具有重要战略意义但同时也极其血腥的1914年马恩河战役。那次战役在大约一周时间里造成了多达50万人伤亡，并导致双方军队在西线战场战壕中长达数年的僵持。

邻国比利时也将举行类似的活动。甚至连被认为是一战头号侵略国的德国也将在百年之际举办若干展览，这些展览强调的是在很多年后的今天欧洲联盟所具有的团结意义。驻伦敦的德国大使馆发言人诺曼·瓦尔特说：“我们的目光放在和解上面，即让从前的敌人尽可能多地走到一起，并证明我们已经从错误中吸取了教训。”

但是在其他地方，一些纪念活动的性质和调子已经变得极具争议性，尤其是英国。

当首相戴维·卡梅伦把即将到来的纪念活动与去年女王伊丽莎白二世登基60周年“钻石禧年”庆典相提并论时，许多人感到震惊。他们担心政府为期4年的纪念计划——包括2000多场展览和活动——最终将沦为对一场本来绝不该发生的战争的庆祝。一个简称“绝非光荣”的联盟反对任何低估一战惨痛代价的行为。该联盟已经得到了包括影星裘德·洛和艾伦·里克曼在内的英国名人的声援。

和平行动团体“制止战争”的成员克里斯·宁哈姆说：“任何以理智或人道方式进行的第一次世界大战纪念活动都必须围绕防止战争重演的内容展开。这不是政治立场，这是人道立场。”

批评者们对于官方纪念计划中的爱国狂热或军人自豪感到担心：有人甚至察觉到一项正在进行的政治议程，即试图对历史重新诠释，以便为英国目前较具鹰派味道的外交政策开脱。

宁哈姆的团体正在打算组织针锋相对的活动。他说："如果你阅读有关纪念活动的文字报道，显而易见存在一种决心为20世纪甚至是世界历史上最可怕的杀戮之一恢复名誉的努力。"

英国政府否认自己有美化一战的企图，并表示政府欢迎围绕历史问题的讨论。牛津大学教授休·斯特罗恩警告说："我肯定不会认为我们应该颂扬任何战争……但是另一方面，如果你不得不打一场战争，那么赢得这场战争也许会成为重要的事情，因此在这样的语境下，对于获胜方来说，庆祝一下的想法是讲得通的。"

从许多方面来说，围绕这场战争的分歧与这场战争本身一样古老。斯特罗恩指出，意见的两极分化在20世纪20年代有所加剧，尤其是随着小说《西线无战事》的出版。随后，关于将领无能但士兵勇敢的压倒性叙述——用经典的说法是"驴子指挥雄狮"——变得十分普遍。

战争中摧毁的不仅是教堂，更重要的是摧毁了人们的信仰

伦敦帝国战争博物馆的历史学家尼格尔·斯蒂尔说，1964年纪念一战50周年的时候，许多从战壕里爬出的老兵仍然健在，从而使冷静的讨论变得比较困难，而现在人们有机会以更加客观和多维的方式审视这场战争。

这家博物馆是一战还在进行时就建立的，因为当时人们已经知道那些战事的重要性以及记住它们的意义所在。在耗资5700万美元翻修之后，博物馆的一战陈列品室将于明年夏天重新开放，它们将提供英国有关这场战争的最全面的观察，不仅有战场上英勇行为的描述，也有关于大后方的巨大挑战和变革的内容。斯蒂尔说："我们将会在宏观的历史背景下作出解释，确保人们不会忘记。我们的目的是解释战争为什么会发生。这绝对不是美化战争，也不是要发出必胜主义的信息。"

2

前事不忘，后事之师。

历史是一面镜子。我们回忆战争，我们纪念战争，不是为了歌颂战争，粉饰战争，美化战争。恰恰相反，我们回忆战争，是为了寻找战争的根源，吸取过去战争的教训，从而遏制战争，维护和平。研究第一次世界大战的起因，可以为我们认识和处理战争与和平问题提供有益的借鉴。

第一次世界大战的爆发，与以往的战争有着共性的原因。战争，这个人类自相残杀的怪物，自从它登上历史舞台的那一天起，便同人类社会发展如影随形，须臾不离。只要社会还有阶级矛盾存在、国家利益纠葛、领土主权争端、民族纷争冲突等，战争就不可避免，就不会消亡。因此，发生在 1914 ～ 1918 年的第一次世界大战，不是历史的反常，而是周期性的正常事件。因为战争早已植根于阴暗的历史土壤之中。然而，第一次世界大战的爆发，又有着特殊的根源，帝国主义的侵略、掠夺、强盗的本性决定了大战的不可避免。

关于第一次世界大战的起因，西方国家早已进行过大量研究，起初是从追究战争责任展开的。但是由于立场、观点和方法不同，得出的结论也会迥然不同。英、法、美等国学者把战争的罪责都推给了德国，认为德皇威廉二世和德军统帅部是发动战争的罪魁祸首。西方许多学者追溯19世纪欧洲各国历史，把战争归因于秘密外交和同盟体系、军国主义、民族主义等。还有人则归咎于所谓人类好战的本性、没有超国家的世界政府、缺乏民族间和睦和解的道德观念、普法战争以后法国的复仇欲望、克里木战争后俄土对立、巴尔干的民族纷争、德国海军扩张等一些具体问题。从某一角度、某一侧面来说，这些观点都有其道理。但是，这些观点都不全面，都没有回答第一次世界大战最本质、最核心、最深层次的根源。

第一次世界大战是帝国主义两大军事集团为争夺世界霸权、重新瓜分殖民地、争夺势力范围和奴役他国人民而进行的首次具有全球规模的战争。这次大战最深刻的根源在于帝国主义时代资本主义国家发展不平衡和长期以来国家利益纠纷引起的冲突不断加剧的必然结果。人类进入20世纪时，若干资本主义国家已经发展到垄断资本主义的阶段。垄断代替了“自由竞争”，但没有排除竞争。相反，在垄断基础上的竞争更为激烈。各垄断资本集团只有夺取更多的原料产地、商品倾销市场和投资场所，才能在竞争中战胜对手。为了维护垄断资本家在斗争中的有利地位，各帝国主义国家纷纷加入了瓜分殖民地和势力范围的行列。在列强分割世界领土的斗争中，英、俄、法3个老牌帝国主义国家抢得的最多，而德、美、日等后起的帝国主义国家则所得无几。但是，资本主义国家的经济发展是不平衡的，明显地表现为一些后起的国家跳跃式地超过了另一些国家。新兴的帝国主义国家强烈要求按“资本”和“实力”来改变它们在占有世界殖民地和势力范围上的比重。当世界已被瓜分殆尽的时候，采用武力手段也就成为必然的选择。

第一次世界大战是一场帝国主义战争。无论对同盟国还是协约国来说都具有侵略的、非正义的和反动的性质。列宁指出：“这场欧洲的和世界的大战具有十分明显的资产阶级、帝国主义、王朝战争的性质。战争唯一的真实内容和意义是：争夺市场掠夺其他国家，力图制止国内的无产阶级和民主派的革命运动，力图愚弄、分裂和屠杀各国无产者，为了资产阶级的利益唆使一国的雇佣奴隶去反对另一国的雇佣奴隶。”虽然一些殖民地和半殖民地的国家被拖入战争，实出于无奈，不能与帝国主义国家混为一谈，但并不能改变整个大战的帝国主义性质。

曾经，有许多人认为，第一次世界大战是一场“结束战争的战争”，但是，这场残酷无比的战争既没有结束战争，也没有带来“美好的世界”。饱尝战争之苦的人们并没有吸取历史的教训，无论是战败的德国，还是战胜的其他国家，在时过不久又重蹈覆辙，重新选择了战争。于是，战争的火种仍在地球上燃烧，战争的阴云仍然笼罩在世人头上，了无止境，没有尽头，并且随着科技的进步、武器的发展而变得越来越残酷，越来越可怕。正如一位西方军事理论家所说：“我们的文明可以很好地创造战争，但是它却忘了怎样制造和平。战争的手段开始垄断着战争的目的，结果战争便以另一种形式继续进行了，这样当然不可能有和平。”

这位一战伤残老兵胸前挂满的勋章，不仅记载了他的功劳，也记录了人类遭受的战争创伤

残酷的现实告诉我们，帝国主义和霸权主义仍然是战争的根源。只要战争的根源不消除，战争的威胁就会存在。这在过去是，现在仍然是一个难解的困局。

第一次世界大战是人类历史上第一次世界规模的战争。在过去的历史上，曾经发生过 1.45 万余场战争，但由于生产力水平、科学技术、交通工具、武器装备等方面的限制，难以发生世界性、全球性的暴力对抗和武装冲突。战争最多是在国与国之间或几个国家之间进行，因此，充其量只能是地区性战争，而不可能形成全球性规模，所有的军事行动只能在当时人们力所能及的陆上或海上进行，严格地说仍属于局部战争的范畴。而第一次世界大战则明显不同，无论是战争的空间范围，还是涉及的国家、投入的兵力、作战的规律和方式，都发生了重大变化，与过去相比已不可同日而语。

第一次世界大战参战国家之多、战场之辽阔、战役战斗之激烈、伤亡之惨重、财物消耗之巨大、影响之深远，都是史无前例的。这场战争经过 4 年 3 个月的厮杀，共有 35 个国家和地区占世界人口总数 3/4 的 15 亿人卷入战争，战争以欧洲为中心，涉及亚洲、非洲和大西洋、地中海、太平洋等广大地域，各国共动员 7350 万人参战，直接用于战争的费用达 1863 亿美元，间接费用 1500 多亿美元，相当于拿破仑战争到第一次世界大战前世界历次战争开支总和的 10 倍。交战各国军人阵亡人数约 1000 万人，负伤和失踪 2897 万人，造成平民死亡 1261 万多人。

丘吉尔在他的回忆录中这样写道：“它们记下了数百万人的苦难、艰险和激情。他们的汗水、他们的泪水、他们的鲜血打湿了无垠的平原。千家万户等待着他们的归来。成百座城市准备欢呼他们的胜利。但所有人都失败了，所有人都受到了打击，他们付出的一切都付诸东流，他们蒙受了骇人听

第一次世界大战后，这样的伤残老兵在主要交战国的街头随处可见

闻的伤害，他们忍受了匮乏，他们以典型的无限忠诚献身，但一切牺牲都化为乌有。任何人都一无所得，那些经历过无数战斗日夜的老兵最终回来了，带着胜利荣誉感抑或不幸消息，回到了早已被灾祸吞没的家乡。”

第一次世界大战开创了一个战争的总体性的世纪：手段的总体性、力量的总体性和目的的总体性，它使战争向立体的、机械化方向发展。在这次世界大战中，各主要参战国破天荒地第一次实施国民经济总动员，使战争带有真正的总体性。武器装备和军事技术迅速发展，飞机、飞艇、坦克、反坦克炮、迫击炮、远程火炮、毒气弹、烟幕弹、高爆弹、无线电通信和光学测量等技术器材开始大量装备部队并使用于战场，航空兵、坦克兵、防化兵等新的兵种闪亮登场，战争不再限于陆地和水面，而且扩大到空中和水下，从而使战争开始具有立体战的性质。

第一次世界大战中被炮火摧毁的城市，印证了战火的残酷与无情

第一次世界大战的战役，同样表现出大战的性质。每次重大战役，双方都投入了大量的兵力兵器；每次战役，都会造成几十万上百万士兵的伤亡。战争，总会带来灾难与苦痛，流血与死亡。但是，像第一次世界大战这样，交战双方

不计后果地拼消耗，造成死伤枕藉，血流成河，在战争史上却是少见的。

第一次世界大战，使外交官无事可干，而为众多的将军们提供了发挥自己才能的广阔舞台。在战争中，将军们手握大权，地位尊荣。但战场上大量的伤亡，使交战双方的指挥者声誉受损，为人诟病。战后不少人认为，第一次世界大战是战争艺术的大倒退，战争走进了死胡同。战时任法国总理的克莱孟梭从中总结出一条经验教训就是:“战争太重要了，不能交给将军们去干。”但是，公平地说，消耗战所带来的僵局和痛苦，不能完全怪罪那些手握重权的将军们。从某种意义上讲，这次世界大战的消耗战是当时历史条件下的必然产物。世界规模的战争，作战双方在军事力量上的相对平衡，武装斗争手段的不够完善，西线战场的相对狭小，以及缺乏进行世界战争的指挥经验等，使当时各国的将帅们不得不依靠消耗成千上万的士兵和炮弹来赢得战场上的胜利。最主要的是，他们生活在战争史上火力大大超过机动力的时代，机枪和火炮的威力巨大，这是造成第一次世界大战血流成河的重要原因。

3

我们深知和平的可贵，因此，我们珍爱和平，我们要尽力维护和平；我们饱受战争的苦难，因此，我们厌恶战争，我们要尽力反对战争。但是，爱好和平，必须有维护和平的手段；厌恶战争，必须有反对战争的实力。能战方能止战，能战方能言和，这是历史留给我们的经验和教训。

和平是人民的永恒期望，和平犹如空气和阳光，受益而不觉，失之则难存。没有和平，发展就无从谈起。习近平同志指出，走和平发展道路，是我们党和国家根据时代发展潮流和我国根本利益作出的战略抉择。中

一战开始时，正在街头无忧无虑玩着排兵布阵游戏的孩子，不会想到他们的父兄正在前方浴血奋战，而他们在20年后也将奔赴另一次世界大战的战场

华民族是爱好和平的民族。消灭战争，实现和平，是近代以后中国人民最迫切、最深厚的愿望。走和平发展道路，是中华民族优秀文化传统的传承和发展，也是中国人民从近代以后苦难遭遇中得出的必然结论。中国人民对战争带来的苦难有着刻骨铭心的记忆，对和平有着孜孜不倦的追求，十分珍惜和平安定的生活。中国人民怕的就是动荡，求的就是稳定，盼的就是天下太平。

实现中华民族伟大复兴，是中华民族近代以来最伟大的梦想。实现中国梦的奋斗目标，必须有和平的国际环境。没有和平，中国和世界都不可能顺利发展；没有发展，中国和世界也不可能有持久和平。国防和军队建设是国家安全的坚强后盾，没有一个巩固的国防，没有一支强大的军队，和平发展就没有保障。

落后就要挨打，发展才能自强。回想100年前，中国是第一次世界大战的参战国，也是第一次世界大战的战胜国，中国为第一次世界大战协约国的胜利作出了自己的贡献。但是，令无数中华儿女愤慨的是，中国不仅没有享有战胜国应当享有的权利，反而沦落到如战败国同样任人宰割的地步。这一悲惨的际遇是近代中国屡遭欺侮的继续，也是近代中国屡遭凌辱的缩影。这一残酷的现实告诉我们这样一个真理，在一个弱肉强食的世界里，弱国无外交，维护自己的权利靠的是实力。正如习近平同志2012年11月29日在参观《复兴之路》展览时所指出的："回首过去，全党同志必须牢记，落后就要挨打，发展才能自强。"

如今的中国与当年相比，已经发生了天翻地覆的变化，与100年前相比已经不可同日而语。现在，我国的综合国力、核心竞争力、抵御风险的能力显著增强，国际地位和国际影响力显著提高，战略回旋空间不断扩大。我们维护安全的手段和选择增多了，可以灵活运用、纵横捭阖。但千万不能忘记，军事手段始终是保底的手段。

当今世界，求和平、谋发展、促合作已成为不可阻挡的时代潮流，国际形势保持总体和平、缓和、稳定的基本态势。但是，我们要充分估计前进道路上可能遇到的困难和风险，清醒地看到国家安全面临的机遇和挑战。中华民族伟大复兴绝不是轻轻松松、顺顺当当就能实现的，我们越发展壮大，遇到的阻力和压力就会越大，面临的外部风险就会越多。这是我国由大向强发展过程中无法回避的挑战，是实现中华民族伟大复兴绕不过去的门槛。

在现阶段，我国发生大规模外敌入侵的战争可能性不大，但因外部因素引发局部战争和武装冲突的可能性不能低估。当前，国际体系加速演变和深度调整，世界正处于前所未有的大变局时期，各种国际力量加快分化组合，大国关系进入全方位角力新阶段，围绕权力和利益再分配的斗争十分激烈，霸权主义、强权政治和新干涉主义有所上升，天下并不太平，局部动荡频繁发生，世界依然面临着现实和潜在的战争威胁。我国安全的不稳定性不确定性增大，我国安全和发展的国际环境更加复杂，我国周边特别是海上方向安全面临的现实威胁呈上升趋势。尤其应该清醒地认识到，我们在社会制度、意识形态等方面与西方国家完全不同，西方国家不论从国际战略格局上，还是从意识形态上，都不希望看到我们这样一个社会主义大国顺利实现和平发展。我们越是发展壮大，他们就会越焦虑，就越要加大对我国实施西化、分化战略的力度。对这一点，我们一定要做到心中有数。对于他们的政治图谋，我们决不能抱有任何幻想，必须保持高度警觉，充分认清国家安全形势的复杂性和严峻性，强化随时准备打仗的思想，保持战略清醒和战略定力，保持箭在弦上、引而待发的高度戒备态势。我们不希望打仗，但我们必须做好准备、有强大的军事力量，有打赢的能力，才能实现不战而屈人之兵，达到“以戈止武”的目的。

我们坚持走和平发展道路，决不干称王称霸的事，决不会搞侵略扩张，但如果有人要把战争强加到我们头上，我们必须能决战决胜。我们渴望和平，但决不会因此而放弃我们的正当权益，决不会拿国家的核心利益做交易。维护和平，遏制战争，保证社会主义现代化建设的顺利进行，必须具备制胜的力量，有强大的实力，能够威慑对手，使其不敢轻举妄动，才能有效地避免和制止战争。能战方能止战，准备打才可能不必打，越不能打越可能挨打，这就是战争与和平的辩证法。

空谈误国，实干兴邦。当前，世界新军事革命加速发展，对国际政治军事格局产生了重大影响。这场世界新军事革命既给我军提供了难得的历史机遇，也提出了严峻挑战。我军现代化水平与国家安全需求相比差距还很大，与世界先进军事水平相比差距还很大，我们一定要充分认识我国安全和发展面临新形势新挑战，充分认识国防和军队建设的重要地位和作用，自觉担当起维护国家主权、安全、发展利益的重大责任，增强忧患意识、危机意识、使命意识，以只争朝夕的精神，埋头苦干，抓紧快干，推动国防和军队现代化建设跨越式发展，为实现中国梦提供坚强的力量保证。

第一章 完美计划的设计师

——战争计划的制订者

第一次世界大战，是一场发生在欧洲但波及全世界的大战。战争从1914年爆发到1918年结束，长达4年之久。战争根源于资本主义发展的不平衡，是新旧资本主义国家争夺世界财富和瓜分市场，利益冲突不断加剧，进而激化，难以调和的结果。对于这场大战，很多国家都知道不可避免，因此，相关的准备很早就开始了，德、英、法、俄都制订了相应的作战计划。在当时诸国的作战计划中，德国的准备和计划堪称经典，法国的准备也算充分。而参与制订作战计划的人物，在历史上也是赫赫有名。

1 德意志第二帝国皇帝威廉二世

20世纪初的德国，绝对是欧洲大陆上的闪耀之星。

德意志民族勤劳、严谨、细致、重视秩序而富有创造力，自古就盛产音乐家、空想哲学家和黑森林精灵故事。从中世纪到近代，德意志虽然分裂成无数邦国，但其普鲁士王国一直是活跃在欧洲政治、军事舞台上的一支令人敬畏的力量。统一后的德国在铁血宰相俾斯麦的治理下，国势蒸蒸日上。到了1914年，德国已经成为欧洲最现代、最有效、最富有创意、最强大的经济体。不仅在工业生产方面超越英法等老牌资本主义国家成为欧洲的领袖，而且在科学、艺术等方面也是如此。

与此相对应的是，德国却是一个在政体上实行君主制、保留军国主义传统的国家。这一点真是有讽刺意味!

此时的德国皇帝威廉二世，1859年出生在柏林。由于出生时母亲发生臀位生产，使他患上了臂丛神经产伤，以致左臂萎缩。为弥补这一生理缺陷，威廉自幼接受严格的军事训练，尤其擅长马术。少年时期，他的母亲维多利亚公主对儿子的管教十分严格，让公婆威廉一世夫妇有机会在孙子威廉二世面前挑拨离间，加之他母亲基于对儿子的生理缺陷有罪恶感，不断要求威廉二世勤加运动，导致他与母亲关系非常恶劣。维多利亚出生于英国皇室（英国长公主，是英王爱德华七世的姐姐。也就是说，威廉二世是英国国王的外甥），常常向儿子灌输英国地位至上的概念，使威廉二世从小就对英国有种极为复杂的感觉，也可能因此改变他对于英国的外交政策。

1877年，他以皇长孙的身份进入著名学府波恩大学，专攻法律与国家学，1881年获学士学位。29岁那年，也就是1888年，爷爷威廉一世去世，他的父亲被加冕为腓特烈三世，但3个多月后即死

威廉二世和妻子奥古斯妲

于癌症。腓特烈三世的死与庸医误诊有很大关系，当时威廉二世曾经愤怒地说过：“英国医生杀了我的父亲！”同年6月，他继位成为德国皇帝。

继位后的威廉二世性格让人捉摸不定，成为一个野心勃勃、鲁莽冲动而又爱冒险的人，与人相处时傲慢自负，且经常口无遮拦。这种性格的形成，可能是由于生理上的缺陷导致心理障碍。近年来披露的宫廷文献中有关他出生的记录，表明威廉可能因罹患严重疾病而脑部功能有问题。如果这一结论成立的话，那不但是他个人的不幸，也是德国的不幸，更是世界的不幸！

从现存他的照片中可以看出，威廉二世在拍照时往往刻意侧着半身，这样就可以巧妙地凸显出功能正常的右手，遮掩有缺陷的左手。他还经常给左手戴上手套，以便让左手看起来比较修长，他也喜欢用左手倚着佩剑或是拐杖，从而显得更加自然体面。

1890年，为了全面掌握帝国的最高权力，威廉二世辞退了功勋宿臣俾斯麦。此举宣告了德国一个时代的结束，也使德国的外交政策从此陷入摇摆不定的境地。

俾斯麦“欧陆政策”的核心，是在孤立法国的同时，防止出现一个反对德国的大同盟，为此他殚精竭虑地编织一个大陆联盟国家外交体系。在这个体系中，德国既维持着与俄国的传统友好关系，又与奥匈帝国建立密切的联盟关系。这样做不仅是为了防止奥匈帝国跑到法国的阵营中，更是为了对奥匈帝国的外交政策享有否决权，因为奥匈帝国离开了德国的支持便一事无成。为防止俄奥擦枪走火，俾斯麦先后通过1873年“德俄奥三皇同盟”与1879年“德奥秘密军事条约”和“俄德再保险条约”加以约束，防止俄国和奥匈两国脱离德国的外交轨道而自行其是。如果让俄奥两国自行其是，这两国马上就会为了争夺巴尔干地区而大打出手，而德国势必不能置身事外。为转移法国对阿尔萨斯和洛林的注意力，俾斯麦刻意推动法国积极开展海外殖民活动，为的是让法国和英国去争个你死我活。果然，法国在东南亚和非洲与英国争夺得不可开交，在突尼斯又和意大利剑拔弩张。这正中俾斯麦的下怀。

威廉二世主政后，抛弃了俾斯麦稳健自制的外交政策，开始积极推行争霸全球的“世界政策”。为此他大力发展公海舰队，与海上霸主英国发生直接碰撞。

在帝国议会的一次讲演中，威廉二世以无比的热情说道：“欧洲大陆政策十分狭隘，而今我奉行的是世界政策，柏林应当是‘世界都市柏林’，德国贸易应当是‘德国世界贸易’，德国与世界的含义是一致的，因此世界各地都应体现德国政策。”他的讲话赢得雷鸣般的掌声，不光是主张发展海军的军方将领狂热捧场，资产阶级工业巨头们更是欣喜若狂，因为他们正垂涎欲滴地注视着海外市场。

威廉二世陪同到访的英王爱德华七世

在庆祝德意志第二帝国成立25周年的集会上，柏林的电台播发了威廉二世慷慨激昂的贺词：“德意志帝国要成为世界帝国。在地球遥远的地方，到处都应当居住着我们的同胞。德国的商品、德国的知识、德国人的勤奋要漂洋过海。”全世界尤其是英国，对这称霸世界的宣言感到惊悚不已。

威廉二世的外交政策一直处于摇摆之中。一方面，他在行为上表现得咄咄逼人；另一方面，他又不时冒出与列强发展关系的想法。

他曾说与英国发生冲突是不可想象的事情。一段时间内他曾尝试与法国修好，以缓和法国的复仇心理，他甚至设想跟法、俄两国组成强大的欧陆联盟。不过由于缺乏能“在空中同时玩八个球的能耐”的外交人才，加上法国在普法战争中受到奇耻大辱，所以威廉二世努力的效果极为有限。1906 年，第一次摩洛哥危机发生。威廉二世访问丹吉尔时，不经意地提出支持摩洛哥独立的言论，触怒了想在该地扩展势力范围的法国。

1908 年，他接受英国《每日电讯报》采访，本想借机宣扬英德友好关系，但是他由于得意忘形而逞一时口舌之快，说德国人不喜欢英国人，法、俄两国曾煽动德国共同干预第二次英布战争，还说德国海军的扩张主要是针对日本而非英国。他的话引起了轩然大波，一下子把当时世界上的列强几乎全部得罪。

以威廉二世为代表，西方还掀起了一股“黄祸”论。1900 年，得悉德国公使克林德在中国被义和团杀害后，威廉二世决定派遣 2 万多人的对华远征军报复中国。他对临行的士兵发表讲话，勉励他们仿效匈奴人来攻打中国：“我们新产生的德意志帝国所具有的伟大的海外使命要比我的许多同胞们所期待的还要伟大得多。德意志帝国由于他天生的品质，假使他的国民在国外受到了威胁，国家具有向他们提供帮助的义务。老的德意志民族罗马帝国无法完成的任务，新的德意志帝国可以去完成。让我们的帝国具有这种能力的工具，就是我们的军团。

“按照我永远的祖父的原则，在 30 年忠实的和平工作中，形成了我们的军团。你们也按照这些原则得到了你们的教育，你们应该在敌人面前尝试一下，看看能不能经受住考验。你们海军部队里的同志们已经通过了这个考验，他们已经向你们展示了我们的教育原则是一些好的原则，我对这个赞美，包括你们的同志们在外面获得的来自外国领导人的赞美感到自豪。对你们来说，需要你们去做同样的事情。

“一个伟大的使命在等待着你们：你们应该使让这个严重的不公事件发生的人付出代价。中国人放弃了他们的民族权力，他们以一种在世界历史上从没有听说过的方式嘲讽了使团人员的神圣和保护客人权力的义务。这种罪行来自于一个对他们古老文化感到自豪的民族，这愈发让人发怒。你们一定要发挥古老的普鲁士民族的勤奋能干的作风，作为基督徒，在忍受痛苦中展示你们自己，在你们的旗帜和武器所代表的荣誉和胜利的引导下，用你们的军纪和纪律给全世界作出一个范例。

“你们可能都知道，你们将要与一个狡猾、勇敢、装备优良而又残酷的敌人战斗。如果你们碰到他们，一定要知道：他们不可原谅。不要去俘虏他们。用你们的武器让他们知道，在以后的一千年，没有一个中国人敢冒险斜着眼看一个德国人。你们要维护军纪。胜利与你们同在，

八国联军攻入北京后，在皇宫中举行庆祝仪式

整个民族在为你们祈祷，我美好的祝愿陪伴着你们每一位。为我们的文化一次性地打开这条道路吧！现在你们可以出发！再见，同志们！”

在威廉二世外交政策的影响下，日益强大的德国除了奥地利这个传统的铁杆盟友外，在欧洲和世界上基本上没有朋友，主要大国几乎都对德国采取警惕、防范和敌视态度。这让威廉二世感到孤单，感到挫折，感到愤怒！

越是忽视我，越是要证明我的存在！他说：“我在位多少年来，我的同僚们，欧洲的那些君主，总把我的话当耳边风。用不了多久，有我的伟大的海军做后盾，我的话就会有人洗耳恭听了。”

这就是德国——一个冲动愤怒的皇帝和他领导下的急于展示肌肉和力量、挥舞着大棒和拳头的国家。

1914 年 7 月危机发生后，威廉二世表面上曾尝试避免战争。他乐观地看待塞尔维亚对奥匈帝国最后通牒的答复，认为“所有发动战争的理由都消失了”，并于 28 日提出了“贝尔格莱德终点站”建议，要求奥军只是派兵占领该地，然后驻守在那里不动以待政治调停。然而，威廉二世的努力并不是真心实意的，几个小时后奥匈帝国向塞尔维亚宣战。在部下的劝谕之下，威廉二世下令总动员并开始实施“施利芬计划”，将德国、欧洲乃至全世界带入一场巨大的浩劫之中。

威廉二世希望得到世人的尊重，希望德国能够称霸欧洲。因此，他不遗余力地推动德国走上战争之路，企图通过铁血和拳头打开通向世界权力巅峰的大道，不曾想，自己点燃的一把焚天烈火，不仅烧毁了自己屁股下面的王座，也烧毁了自己祖辈建立的王朝。战争结束时，他被迫踏上了逃亡的不归路。

作为战时国务的最终决策者，威廉要承受的负担实在太沉重。战争期间，受到挫败感与胜利的幻想影响，威廉的策略摇摆不定。

1917 年，德国深受经济封锁的折磨，打破封锁的希望似乎也不大，眼看着俄国由于内部矛盾激化导致政权更迭，德皇非常害怕自己的统治也将步上俄国的后尘。冬天来临，主要的军事行动将处于停滞状态，不过，将军们又开始制订来年的进攻计划，威廉批准了这一计划。尽管困难重重，获得最后胜利的希望渺茫，但东线战事的结束使德皇下定决心把所有的军力投入西线战事。

1918 年 3 月开始的“迈克尔行动”在初期进展顺利，英国人在后撤，胜利似乎在向德国人招手。德皇和皇储赴前线视察时，看着步兵一队接一队地从旁边经过，迫不及待地要赶到前方去参加战斗。到处都是被攻占的堑壕、枪炮以及大量的战争物资。“太好啦！”他对英国俘虏说，“战争不久就要结束了，我们今天已经炮轰了巴黎，15 天后，我们将开进伦敦。太好啦！战争很快就要结束了。”在观看了轰击巴黎的大炮之后，德皇回到了自己的专列上，他用香槟酒向军队及其领导人祝了酒：“战斗已经打胜了。英国人已经被彻底击败！”德国的报纸在欢庆西线的胜利。德皇公开说：“如果英国代表团来求和的话，它必须照德国的规矩下跪，因为这是君主制战胜民主制的问题。”

威廉二世逃往荷兰

可是，随后的战争进程并没有出现他所期望的那种结果，相反，美国的援助终于开始了。德军的进攻受到阻滞，后续的兵力补给真的捉襟见肘了。德皇于 7 月 15 日凌晨 1 点到达在兰斯以北的观察所。这是他登基 30 周年的日子，也是一个发动攻势的好日子。这次攻势将能把敌人打垮。他发表一项文告，把这场战争说成是“世界上两条道路之间的冲突，要么是普鲁士—日耳曼的道路——公正、自由、体面、道德——继续受到尊重，要么是走盎格鲁撒克逊的道路，这条道路意味着崇拜黄金”。

可是，德军的进攻又一次被打退了，并且已无望再取得任何突破，协约国军组织反攻，英、法、美，甚至加拿大、澳大利亚的军队都向德军举起了武器，德国人在战场的失败已成定局。与此同时，国内的反战潮流导致了兵变和革命的发生。德皇四面楚歌，被迫退位。

1918 年 11 月 10 日，威廉流亡荷兰。凡尔赛条约第 227 条明确规定将威廉定为战犯，指他所犯的罪行侵犯了国际道德及条约的圣洁（例如德国入侵永久中立的比利时）。但荷兰女王拒绝引渡他受审，不理会协约国的上诉。威廉凭着与女王的亲戚关系，在多伦得到一座小城堡——多伦庄园，度过余生。他免除与官员和仆人的君臣关系，但一直没有放弃自己的头衔。

1922 年，威廉出版他的回忆录，坚称自己没有犯下战争罪行。他一直邀请贵宾到他家做客，也十分留意欧洲事务。他本来很希望希特勒会帮他复辟王朝，但纳粹党没有让他如愿以偿。不过，对于希特勒成功解决德国的政经困难，他深感欣慰。1940 年 5 月，当希特勒入侵荷兰后，威廉拒绝了温斯顿·丘吉尔邀请他前往英国寻求政治庇护的建议，宁可死在荷兰。1941 年 6 月 5 日，威廉因肺栓塞发作在荷兰的多伦病逝，被葬于多伦庄园，希特勒为他举行了一个小型葬礼，共有几百人出席了威廉的葬礼。

2

德国作战计划的最早思考者老毛奇

老毛奇，全名赫尔穆特·卡尔·贝恩哈特·冯·毛奇，为与其侄儿小毛奇相区别，又称老毛奇，是德国陆军元帅，德国总参谋部体制的奠基者。尽管他早在第一次世界大战爆发前已经去世，但却是德国战争计划的最早谋划者和思考者。

1800 年 10 月 26 日，老毛奇生于梅克伦堡易北河畔的小城帕尔希姆。他的祖上是容克贵族，父亲当过普鲁士军官，母亲来自吕贝克的商人家庭。19 世纪的拿破仑战争，促进了普鲁士资本主义经济的发展，使封建性的领主经济急剧衰落下去，同不少容克家庭一样，毛奇家的经济也破产了。毛奇父亲迁居当时丹麦属下的霍尔施坦，并在丹麦军队中服役，直至升任将军。

老毛奇

毛奇青少年时代的生活道路坎坷不平。8 岁时，毛奇被送到霍尔施坦的乡村牧师处受教育。两年以后，被送进哥本哈根皇家军校，1817 年获皇家近卫军少尉衔，也就是说成了丹麦的军官。军校长期野蛮的“棍棒教育”使毛奇的身心遭到“无法医治的创伤”。他给弟弟的信中写道，经济上的匮乏和穷困使他变得愤世嫉俗。这个瘦长的、有着浅色头发和蓝色眼睛的青年军官变得出奇的缄默寡语、冷静沉着。

他爱思索，也好动。他冷眼观察世界和自己的前途。1821年在参观柏林后，他确信小小的丹麦不是他的用武之地，而普鲁士才是他施展宏图之处。

1822年3月，毛奇通过考试加入普鲁士军籍，成为驻奥得河畔法兰克福第8近卫师的少尉军官。当普鲁士威廉亲王——后来的国王和德国皇帝在阅兵式上第一次看到这个骨瘦如柴、身体细长的年轻军官时，说道："这个丹麦人不是块好材料。"后来的事实证明，这位后来的德国皇帝显然没有识人之明。

1年以后，毛奇又通过考试，进入普鲁士军事学院。在军事学院学习的过程中，他表现出了对卡尼茨的《战争史》、埃尔曼的《物理学》等极大的热情，特别是对里特尔的《地理学》感兴趣。后来终于形成了所谓里特尔－毛奇的军事地理学派。不知疲倦的学习使他的健康受到损害，不得不中途辍学疗养。1826年，他回到奥得河畔法兰克福师部，担任教学工作。由于经济拮据，他开始写小说和军事论文。1827年出版的处女作《两个朋友》是他自己的生活写照。他还同出版商订了合同，翻译爱德华·吉本的长篇名著《罗马帝国衰亡史》，但未能完成。

对毛奇具有重要意义的，是他在1828年发表了重要的军事著作《论军事测绘大纲》。他因此受到军界的重视，调到柏林总参谋部所属的地形测量署工作。在这里，他熟悉了总参谋部的全部基础性工作。得益于绘画才能，他的工作给人留下深刻的印象。工作中，毛奇主要关心社会政治史和军事史，写了《论波兰的内部关系和社会状况》等论文，并开始为总参谋长起草文件。威廉亲王对他的好感日增，甚至对总参谋长说："你不要小看这个瘦得像铅笔似的年轻人，他确实是有东西的哩。"

1834年，毛奇升为上尉。这年11月，他到达土耳其首都君士坦丁堡，名义上是休假，实际上是受命出使，帮助土耳其进行军事改革，加强普鲁士在土耳其的影响。毛奇作为顾问帮助苏丹政府拟订建立国防军的计划；视察达达尼尔阵地并提出改进设施；勘察巴尔那要塞和博斯普鲁斯海峡等。毛奇特别详尽地勘察了君士坦丁堡及其四郊，绘制了著名的君士坦丁堡地形图。1839 年 6 月，土耳其同埃及发生战争，遭到失败，普鲁士军官也被迫离土回国。毛奇在土耳其军队中任职 4 年多后于 9 月到达维也纳，写了《论 1839 年夏季的土埃战争》的文章。他把土耳其的失败原因归之于：缺乏统一指挥，司令拒绝接受意见，领导人相互猜忌，军事动员缓慢和士兵战斗力差等。他开始考虑，在一个新的时期，一场大规模的现代战争的战略和策略应该是怎样的？

19 世纪 40 年代开始，欧洲进入一个新的时期，大规模的工业革命、技术革命和思想革命使欧洲和德国的面貌发生根本的变化。革命、民族起义和战争危机不断发生。与外部的重大变化不同，毛奇个人生活没有大起大落，他的仕途并不顺利，升迁比较缓慢。1842 年，他大婚后，才升为少校，在柏林第 4 军参谋部供职。这时，他参加汉堡铁路的管理，使他有机会观察铁路技术在战争中能起什么作用。1844 年毛奇完成军事论文《1828 和 1829 年的俄土战争史》，考察了俄国在战争中的目的、政策和作用，把战争同政治联系起来。1845 ~ 1846 年，毛奇作为普鲁士亨利亲王的副官住在罗马。除了写军事论文外，他还绘制了详细的罗马地形图。这样一些平淡的职务调动和写写文章的生活，满足不了毛奇的野心。他要当指挥官，而不是被指挥的。“如果我有一块地盘，我自己是主人，那该多好啊！”当时他希望成为一个军的参谋长，试验他的一些设想。

可以这样说，毛奇是普鲁士容克、大资产阶级军事理论的最主要代表，他奠定了领导现代大规模军队作战的基础。在政治上，毛奇信奉“秩序”，以强烈甚至痴迷的态度，要求秩序，要求铁腕，要求强有力的措施。这种政治态度以及出众的军事才能，使他最终赢得普鲁士最高当局

德意志统一的功臣俾斯麦、罗恩、毛奇

的赏识。19 世纪 50 年代毛奇被不断委以重任，并迅速晋升。1851 年年底毛奇成为上校，被总参谋部参谋长赖赫尔视为心腹，多次制订军队动员计划。1854 年，他替病重的赖赫尔主持当年例行的大型野外训练，赖赫尔对毛奇的能力评价很高，曾坦言："毛奇还没有建立起足以使他的命令具有权威性的声望，是因为他现在还没有被安置在一个负责的职位上。"

1855 年，毛奇担任威廉亲王的副官，升为将军，陪同出使欧洲各国。1857 年被任命为方面军的参谋长；半个月后又委以领导陆军总参谋部的工作。1858 年 9 月，毛奇正式出任陆军总参谋部总参谋长。这时毛奇近 58 岁，其他军官到这个年龄都要求退役，而毛奇认为他的事业刚刚开始。

毛奇刚上任时，总参谋长一职仅仅等同于军政部中的一个分部主任，权力和财力都很小，不能参加以国王为首的军事权力中心的决策，其主要活动是训练总参谋部军官，提供军事情报等。毛奇不声不响，埋头经营，逐步扩大总参谋部的编制和权限。面对工业化和城市化发展带来的军队人数的急剧膨胀，面对诸如电报和铁路等新型通信手段和交通工具，毛奇发明了一种全新的开进方法，即各分散的部队自多个远离战场的分散地域，向决战战场集中的方法，直到战争全面打响后再实施协同。这种方法要求下属要经过统一的训练，具有在总任务范围内进行独立思考的能力和认真负责的精神，同时也要求作战计划的设计者应该参与甚至承担作战行动的指挥。这样一来，总参谋长对各支部队具有新的意义。同时，在毛奇领导下，总参谋部倡导实事求是和不计职位高低默默无闻的作风，参谋部的军官们工作标准精细，善于精心估计目标的可行性，对技术进步有充分的了解，有着团结下属的高度责任感。这种作风不断扩大了总参谋部在全军的影响力，到 19 世纪 60 年代初，总参谋长已经同首相、军政大臣平起平坐了。

作为总参谋长的毛奇一直思考着可能发生的战争。他制订的进军计划首先是针对传统敌人法国，其次是奥地利、丹麦和德意志中部邦国以及俄国。法国一直是毛奇的心头之患，他担心英国和俄国可能与法国结盟，其次是普鲁士地处中欧的战略位置，四面受敌。1859 年奥、法、撒丁在意大利的战争，提供了一个在理论上进行探讨的机会和鲜活的例子，毛奇命令下属在两个方向上认真进行运用铁路实施展开的准备工作，甚至富有远见地提出普鲁士只有与奥地利结盟才能战胜英、法、俄。

1862 年，俾斯麦上台。尽管在情感上毛奇对俾斯麦一直是冷淡的，尽管毛奇的总参谋部的军官们也经常对俾斯麦的外交诡计和手腕嗤之以鼻，但对俾斯麦的指示，毛奇还是非常顺从，积极配合的。

根据俾斯麦的政治战略——通过王朝战争统一德国，1864 年年初，争夺什列斯维希—霍尔施坦两公国的普丹战争爆发，毛奇作为总参谋长拟订了作战计划。根据这一作战计划，普鲁士军同奥地利军采取钳形攻势，很快击败丹麦。丹麦战争的胜利，使总参谋长及其总参谋部在广大的范围内产生了影响，国王也注意到总参谋部的重大影响力。1866 年年初，普奥战争迫近。普鲁士国王指令，这次战争的军事命令直接由毛奇发给战地各军，改变了过去参谋长只负责制订作战计划、不具体指挥作战的惯例。毛奇把所有铁路动员起来，迅速运兵到边境。5 月末，普军 28 万人已沿 100 千米长的弧形战线列阵。7 月 3 日，毛奇迫使奥地利军队在捷克的萨多瓦村附近决战。当毛奇在望远镜里看到普鲁士的几路大军最终按计划赶到会战点时，他对普王只说了一句：“陛下今天不仅赢得了这个战役（克尼格雷茨战役），而且赢得了整个战争。”普奥 7 周战争最后的结局是奥地利退出德意志联邦，普鲁士统一了整个德国北部和中部。这极大地震撼了整个欧洲，同时也使当时的总参谋部名声远扬。当和约刚刚签订的时候，毛奇已拟订出反对法国拿破仑三世干涉的战争计划。

1870 年，德法之间出现战争危机。这一次毛奇被任命为“国王陛下统帅部的全军总参谋长”，实际上是全权指挥。毛奇把德军 38.4 万人分为 3 个方面军，采用“铁路进军”、协同配合、分割包围的战术，击败混乱的法军。8 月 31 日色当会战开始时，毛奇对普王说：“近卫师进攻了，我祝贺陛下取得本世纪最伟大的胜利。”9 月 2 日，拿破仑三世率 10 万法军投降，法国败局已定。毛奇继续驱兵直逼巴黎。1871 年 1 月 18 日，普王在凡尔赛镜厅加冕为德意志帝国皇帝，德意志最终统一起来。

德国统治阶级把统一战争的胜利都归功于俾斯麦、毛奇和军政大臣阿尔布雷希特·冯·罗恩，归功于普鲁士的军国主义。国王在庆功宴会上说：“您，罗恩将军，磨亮了宝剑；您，毛奇将军，正确使用了宝剑；您，俾斯麦伯爵，多年来如此卓越地掌管我的政策。每当我感谢军队时，就特别地想到你们三位。”

毛奇纪念碑

这几场战争的胜利，使毛奇的声誉日隆。对奥战争胜利后，毛奇用下院给他的 20 万塔勒尔的奖赏，在西里西亚购置了庄园。对法战争胜利后，又获奖赏 30 万塔勒尔，扩充了家庭的世袭财产。1872 年毛奇成为上议院议员。1876年，在毛奇的出生地举行毛奇纪念碑揭幕典礼。

从1879年后，在毛奇的要求下，总参谋部每年要拟订两份对法、对俄国的大型进军计划。鉴于法国不断扩展其在东部边界构筑的要塞地带，在西部迅速取胜的希望变得渺茫，因此德国计划在最坏的情况下将进行两线作战。但毛奇排除了速决战和短期战争的可能性。因此，1879年的进军计划准备在西部采取防御，必要时暂时向莱茵河右岸地区直至美因茨—法兰克福地域撤退。与此同时，在东方与奥地利一起投入50万人对俄国发动进攻。

尽管这一计划因突出先发制人而遭到俾斯麦的冷遇，但直到毛奇退役，甚至更长的一段时间内，这个东方进军计划一直是一个解决两线作战的最佳方案。

1888年辞职后，毛奇还担任国家保卫委员会会长，将主要精力用于研究军事问题，特别是德国东、西两线作战问题。在战争指导上，他主张先敌动员、分进合击、快速突破、外线作战和速战速决。西方军队中流行的“委托式指挥法”“闪击战”理论，都由毛奇首开先河。就在生命的最后几年，毛奇完成了《论1870～1871年战争》的大型论文，并在议会中要求大量军事拨款，增加军备，扩充军队。论文中依然充满普鲁士的军国主义精神，宣扬所谓“没有战争，世界就将沉沦于唯物主义”的理论。毛奇一生没有子女，晚年孤寂，他兄弟阿道夫的儿子赫尔穆特·冯·毛奇（小毛奇）一直相伴左右。毛奇对待小毛奇像亲生儿子一样关怀备至。1891年4月24日，毛奇病逝于柏林。小毛奇目送叔叔的离去，13年后，他执掌德国总参谋部，指挥德军开赴第一次世界大战各大战场。

3

德国作战计划的制订者施利芬

阿尔弗雷德·冯·施利芬，1833 年 2 月 28 日，出生在柏林一个普鲁士容克将军家庭，父亲是普鲁士的少校，因健康原因提前退役。施利芬头发稀疏，嘴唇上方长着浓稠的胡须，目光暗淡隐晦，一副高傲超然的神态，显露出清高孤傲的没落贵族的典型特征。他的目光暗淡是由于高度近视所致，为此他父亲起初曾怀疑他是否能够从军。因为家学渊源，他自幼便勤奋好学，阅读了大量的书籍。他深受基督教教友会的影响，是一名虔诚的宗教信徒，终生都怀有一种信念，认为人应忍受痛苦，基督教徒必须顺从上帝的意旨。这种虔诚的信念加上强烈的贵族意识，形成了他的独特的生活情调。他对上帝的恭顺是以贵族般的高傲和对事物的嘲讽形式表现出来的，他对下级宽厚仁慈却很少让人察觉。

1891 ~ 1905 年间担任德军总参谋长的施利芬

20 岁后，施利芬由最初攻读法学转而参军，1853 年作为一名服役期限 1 年的志愿者加入第 2 近卫骑兵部队。次年 12 月调服正规军，并被任命为少尉。1858 ~ 1861 年期间，在军事学院学习，毕业后加入总参谋部。

1866 年 6 月，普鲁士同奥地利争夺德意志领导权的战争爆发了。施利芬作为德国陆军总参谋部第 1 骑兵团的一名年轻军官参加了对奥作战，并且亲历了在克尼格来茨进行的决定普奥胜负关键的一战。这场战争，普军在总参谋长毛奇指挥下，速战速决，投入29万普军，以优势兵力，仅7个星期时间击溃路德维希·冯·贝内德克指挥的近24万奥军，从而给施利芬留下了深刻的印象，并为他以后的军事理论研究和制订战略计划打下了基础。数年之后，他在回忆克尼格来茨之战时说："多谢上帝赋予克尼格来茨的崇高荣誉。能参加普鲁士军队经历这一伟大的战役，赢得辉煌的胜利，目睹无与伦比的欢呼场面，我感到是多么幸福啊！"

1870 ~ 1871年，施利芬作为陆军总司令部的参谋军官参加了普法战争。整个战争的指挥者是施利芬崇拜的普军总参谋长毛奇。法军在普军强大攻势下，迭遭失败。法军一部分退至位于法国和比利时边境的色当。9月2日，拿破仑三世率10万军队在色当投降。接着普军长驱直入，包围了巴黎。施利芬在战争中进一步领会毛奇等运用的集中优势兵力、实行速决战的战略战术原则。这两场战争，都为后来"施利芬计划"的诞生提供了重要的实践依据。

1876年，受毛奇器重，他被任命为第1骑兵团团长。7年之后，担任总参谋部处长。1888年，施利芬被擢升为军需总监，得到接替毛奇的总参谋长瓦尔德泽的欣赏。他与瓦尔德泽不同，以全部身心埋头于军事工作，但两人也有相似的政治、军事观点。施利芬很快就成为瓦尔德泽的得力助手。这期间，施利芬深入了解了毛奇的军事思想。1891年，瓦尔德泽被威廉二世解除职务后，施利芬担任了总参谋长。接到命令后，施利芬的反应与毛奇、与瓦尔德泽都不相同。他第一时间对瓦尔德泽说："我知道，我之所以能获得这一巨大荣誉，完全归功于阁下您的恩宠和举荐；同时我也知道，委托给我的这一职务，我是难以胜任的。"很快，他又写信给他的姨母和姐夫，说"为自己的勇气而担心"，诉说他从未为急功近利而去争夺一个职位。而毛奇在1857年则是泰然自若地接受了国王的委派，瓦尔德泽则将被任命为总参谋长作为他军事生涯中最重要的事件，作为其权力的巅峰。

在担任总参谋长的16年里，施利芬没有像毛奇那样指挥过战争，获得赫赫战功。但是他适应德国对外扩张的需要，遵从德皇威廉二世的旨意，致力于德军的组织建设和军事训练，为德国将要进行的战争做了战略和战术准备。

施利芬是个工作狂，自他的夫人早逝后，便将自己与世隔绝，过着孤独的生活，终日不离总参谋部。除了他极为敏感的军事方面的新生事物外，世间一切对他这位旧时代的贵族来说都索然无味。他对军事上的新事物热情极高，新型速射兵器和汽车的发明与军事利用，以及战斗队形的改进，都会使他兴趣盎然，精神亢奋。他对属下苛刻，要求太多太高，他常挂在嘴边的话是，一天有24小时工作时间，如果不够，只得晚上加班。

在任总参谋长期间，施利芬研究了与法国和俄国两线作战中的战略问题，从1891年起，经过10多年的酝酿修改，终于制订出完整的“施利芬计划”，对德国即将在欧洲进行的战争，以及在这场战争中应采取的战术原则作了预测和部署。这是他在德国军事史上赢得自己地位的最重要之点。这一伟大的计划，使克劳塞维茨的著作相形见绌，对20世纪两次世界大战中德国的多数军队指挥官都产生过决定性影响。对他们来说，施利芬不是“神化的英雄”，而几乎就是神。

克劳塞维茨的著作，对世界军事理论产生了重大影响

施利芬计划的核心是，集中强大兵力于西线，通过比利时、卢森堡和荷兰，从侧翼包围法国，以歼灭战、闪电战先发制人，一举彻底打败法国，然后挥戈东向，对付俄国，迫其缔结和约。施利芬这种侧翼包围和速战速决的战略思想是对卡尔·冯·克劳塞维茨和毛奇战略原则的发展。他强调发动先发制人的战争不仅要打败敌军，而且要给敌军以出奇制胜的打击，进而消灭敌军。不仅进攻敌军的正面阵地，而且尽可能进攻敌军的侧翼及其后方，迫使敌人在背面战线作战。

施利芬认为，德国要建立自己的世界霸权，第一步必须消灭法国。他在“施利芬计划”中写道：“整个德国必须扑在一个敌人身上，扑向最强大、最有力、最危险的那个敌人，而这个敌人只能是法国。”

施利芬深入分析了法国的形势，指出法、俄虽然趋向联合，但法军不能指望俄国更多的支援，因为俄军在1905年的日俄战争中元气大伤，加之俄国的原始铁路系统会造成蜗牛般步伐的动员，法军只能限于防御。德国趁机发动战争，速战速决，就能彻底打败法国。按照计划，施利芬分配了7/8的兵力以6周的时间击溃法国，而以1/8的兵力守卫东部国境抗击俄国，直至大部分军队可以调过来迎击这个居于第二位的敌人。之所以选择法国作为第一个敌人，原因在于俄国拥有广袤的大后方，贸然进攻俄国，一举拿不下，容易陷入持久战，重蹈拿破仑覆辙，而这不符合施利芬速战速决的战略思想。这一点施利芬比老毛奇更富冒险性。老毛奇认为，如果德国被迫在东线和西线同时作战，德国就应该在西线采取防卫战略，在东线进行有限度的进攻。因为俄国沙皇帝国是个较迟钝的对手，虽然它在西部构筑了要塞体系，但它分布于其辽阔领土的铁路网比法国要稀疏得多。老毛奇并不认为这样的战争会有完全的胜利，只是试图迫使敌人精疲力竭后坐下来谈判，了结战争。在1891年，施利芬最初考虑这个问题时，就与瓦尔德泽和老毛奇大不相同。为什么一定不能进攻法国？能否取道中立的比利时绕过法国极为强大的西部防御工事体系？这些新颖的想法，让老毛奇心神不定。或许是因为过度劳神，而又难以超越，老毛奇死的那天还在苦苦地思索这些问题。

完成对法国的两翼包抄,必须借道比利时。这里确实有个最大的问题，当时比利时的中立，是条涉足不得的禁途，并且比利时的中立，是德国同另外 4 个欧洲大国所永远保证的。多年来，比利时因其地理位置优越、资源丰富，成为欧洲的一块肥肉。然而群雄逐鹿的结果是，英、法、俄、普、德在 1839 年共同签订了一个国际条约，保证比利时成为一个“独立和永远中立的国家”。然而当时的德国尚未统一，力量不逮。如今时代不同，野心也就不同。当时的一纸不值钱的文书岂能挡住如今强大的德国战车前进的步伐？套用施利芬的话，比利时的中立，就是“一个不足道的障碍”。因此，施利芬决定，以“军事需要”为名，一旦发生战争，借道比利时进攻法国。因此，侵犯比利时也被列入了他于 1899 年制订的第一个计划中。该计划要求横切马恩河以东的比利时一角。这个面积以后逐年扩大，到了 1905 年，已扩展成很大的一片右翼包抄区域，德军将经此穿越比利时，从列日奔向布鲁塞尔，然后挥戈南下，利用佛兰德旷野直捣法国。

决战决定了采用包抄战略，包抄决定了使用比利时国土。比利时就这样被纳入了德国的进攻视野之中。施利芬既然抱定决战战略，遂将德国的命运拴在这个战略上面。他预料德国一旦陈兵比境，法国就会立即入侵比利时，因此他策划德国应抢先下手。

按照“施利芬计划”，东西线兵力部署应当是，东线只用兵力的 1/10，约 9 个师，配合奥匈帝国军队防御俄国。战略重点在西线，在西部战场集中优势兵力，投放 78 个师。以距离巴黎 178 英里的德国边境城市梅斯为枢轴，分为两个战略意义不同的部分，即右翼和左翼。右翼的任务主要是击溃法军。德军要用70个师，出其不意地袭击比利时、卢森堡、荷兰，占领法国北部，像一扇巨大的旋转门一样，德国人在这个绕着枢轴旋转的运动中，将一直横扫到法国沿海地区，沿海岸线大幅度迂回，渡过塞纳河，绕道巴黎，折向东南，将法军主力压向东方，迫使法军退至摩泽尔河一线。德军左翼由8个师组成，兵力部署在阿尔萨斯—洛林一带，固守在德法设防坚固的270千米国境线上，牵制法军进攻力量，以挡住法军右翼的进攻。施利芬指出，如果德军指挥合理，“切勿削弱我的右纵队”，不断地进攻法军的侧翼和后方，法军就被压缩在铁锤——右纵队，和铁钻——左纵队之间，在4～6周内完全溃灭。然后利用四通八达的铁路公路网，在内线迅速调动部队，分兵东线，击败俄国。这样，德国便能速战速决，在两三个月内赢得整个战争的胜利。施利芬预计，即使德军左翼失败，法军向德国境内挺进，德国仍能获得胜利。因为如果法军离开他们的洛林要塞，将左翼德军赶向莱茵河，在这样的情况下，东进的右翼将从后面包抄法国人。法军一开始向德国推进得越深，将会发现他们处境越发被动。德军占领比利时和法国的海岸线，切断法国的盟友英国与欧洲大陆的联系，也会给法国以致命打击。因此，计划中的重点在于将一切力量投入到右翼中，壮大右翼。

1905年，这个孤注一掷的“施利芬计划”终于成型并载入史册。这一年俄国由于日俄战争受到致命削弱，使法国处于孤立无援的境地，给计划实施带来了千载难逢的良机。但施利芬却拒绝将计划付诸实践，他认为，战争不是什么幸事，而是一种命运，掌握这个命运的人需要上帝赋予他力量。显然，施利芬并不觉得上帝会眷顾自己。这一年，他非常不幸。一天早晨，他在动物园骑马时，被路过的一个中尉的马踢中，胫骨粉碎性骨折，数月卧床不起。这年9月，他在给友人的一封信中忧郁地写道：他不久就将满73岁，半聋半瞎，现在又多了一条坏腿，“我退

晚年老态龙钟的施利芬

位的时候已到……”。

施利芬于1906年退休。晚年的他笼罩在一层悲剧色彩中，官方不再过问他。1913年，他魂归地府，享年80岁。临终时他仍嘱咐：“必有一战，务使右翼强大。”

施利芬没有看到他的计划付诸实施的那一天。他去世不到两年，世界大战爆发。但是，他的精神指引着德军在西线的最初几个回合先机制敌。而那句“必有一战，务使右翼强大”的临终遗言则是1914年8～9月德国战略的集中体现。

4

“施利芬计划”的修订者和执行者、战争爆发时的德军总参谋长小毛奇

1848年，小毛奇出生在梅克伦堡·什未林，取名为赫尔穆特·冯·毛奇，与统一战争英雄的叔父同名。普法战争时，他在掷弹兵第7旅服役，因英勇作战而著名。1875～1878年，他入读战争学院。1880年加入参谋部。两年后任时任总参谋长的叔父之副官，也正是在此期间，接受了大量正规的总参谋部训练。1891年叔父去世后，他成为威廉二世的副官，加入皇帝的权力核心。19世纪90年代末，他先后领导旅和师，1902年升任中将。

1906年1月1日，小毛奇接替施利芬，继任德军总参谋长。小毛奇

健壮高大，长着一副宽大肩膀，待人和蔼，举止端庄。与施利芬不同，他有着极为广泛的兴趣爱好，极受皇帝的宠信。此外，在宫廷中一个人的外部仪表即所谓的“堂堂的军人形象”也起着重要作用，至少威廉二世是这样看的。皇帝还深信，总参谋部由第二个“毛奇”领导，会在世界上产生极好的印象。

小毛奇

小毛奇靠着他伟大叔父的声望，带着人们出于一种神秘感而对他的尊重，接受了皇帝的委任。但小毛奇一直觉得自己生来就不是当统帅的料，顾虑重重。他对当时的首相说：“我这个人太喜欢沉思，过于小心谨慎。你也可以说，我这个人因太尽责而不适合总参谋长这个职位。”他认为自己没有做伟大指挥员所需要的“敢于冒一切风险”的胆量，不是一个喜欢行动的人，更像是一个崇拜美学的知识分子。他比一般的普鲁士将军更文明，甚至说：“艺术是我生命中唯一的需要。”对于小毛奇的软弱，施利芬早有察觉。1904年的一次大规模军事训练中，施利芬非常客气地指出了小毛奇这位当时的军需总监所犯的错误，而小毛奇居然未等他走远就流下了眼泪。

然而，小毛奇在与皇帝的交往中要比他的先辈们精明得多，他并不是一个简单盲目顺从的士兵，也不是一个普通意义上的宫廷侍臣。他向皇帝提出了一个先决条件，使皇帝及其侍臣们为之瞠目。他接受总参谋长这一职位的前提是，自他上任之时起，皇帝不得介入任何军队指挥问题，包括总参谋部的大型图上作业或皇家演习。这大大出乎威廉二世的意外，没想到这个“尤利乌斯”，皇帝习惯这样称呼小毛奇，竟然以这种方式将他逼进死胡同，但他还是屈从了。尽管精明，但敏感和脆弱的性格与军人职业火与血的特点之间的尖锐矛盾，小毛奇并不容易克服。连施利芬都怀疑，像小毛奇这样一个性格如此脆弱的人，能否在危机中有正常的表现。

大战刚开始时，小毛奇已经66岁了，身体状况不佳，担任德军首领已经快到第9个年头了。做总参谋长时间这么长，要求他不仅负责打赢战争，还必须负责策划战争——战争的计划复杂得难以想象，其中包括1.1万列火车的运行时刻表，这些困难都必须由他肩扛。毛奇对打仗没有一点儿拿破仑那样的热情，他在1914年7月的危机中，总是告诫别人要克制。俄国开始战争动员后，他转变了态度，变成了一个坚决拥护军事行动的人，但是，他的动机并不是渴望征服，也不是期待胜利，驱动他的实际上是一种恐惧，这种恐惧在德国政界和军界的高层中相当普遍。受这种恐惧折磨的人认为，德国正在被迅速强大的敌人包围起来，如果德国等到几年后再与敌人对决，德国根本没有胜利的希望，甚至能不能生存都是一个问题。小毛奇并不认为德国的胜利会又迅捷又容易，他曾说："未来的战争是一场令人精疲力竭的争斗，参战国绝不会在其国民体力和意志崩溃前投降，即使德国能取得最后的胜利，战争也会将德国人民推至筋疲力尽的边缘。"他曾向德皇陈言："这将是一场全国性的战争。这场战争不是跟一个国家通过一场决战可以解决的，必须同它进行长期艰苦的搏斗，而这个国家在其举国力量崩溃之前是征服不了的。这场战争且将是我们纵然胜利也将耗尽我国人民全部精力的一场战争。"然而，对前途异常悲观的他，却固执地将自己和整个国家捆绑到以闪电战方式战胜法国的战略上。

鉴于法国和俄国攻防力量的不断增长，小毛奇开始对其前任总参谋长施利芬制订的著名的"施利芬计划"进行审查。他与施利芬有相似的一面，带着一股书生气，喜欢自省；他也有不同于施利芬的一面，除军事外，还有许多其他领域的兴趣，例如大提琴演奏等。小毛奇继承了“施利芬计划”的基本思想，对该计划作了局部的修订。

他决定不入侵荷兰，因为这样做既不必要也不明智。一方面，德国为了进攻法国，根本没时间去打败荷兰。另一方面，德军无力在向巴黎进发的过程中，同时抵御来自北面的攻击，并且保持不败。同时，毛奇又说，德国需要中立的荷兰作为自己的“气管”，源源不断地获取给养。他这样说，说明他开始怀疑整个作战计划的可行性：一个只需要 6 周就结束的战役，根本不需要准备什么气管。“毛奇计划”最终放弃了通过荷兰南部林堡省的想法，以便把荷兰排除于战争之外。为在亚琛与林堡附近的荷兰边界之间的狭窄地域迅速腾出大量部队用以进攻，毛奇计划将实施一个大胆的行动。计划规定，战争一旦打响，立即以奇袭方式夺取比利时现代化的列日要塞，这对于这个处处谨小慎微的人来说实属一个惊人的决断。此举一旦失利，人们肯定要质问是谁命令实施这一“败举”的，对此毛奇心中十分清楚。

毛奇主要同其副手施泰因将军和动员处处长鲁登道夫少校探讨了他的最新考虑。施泰因将军是一个勤奋忘我、仔细认真，但也拖泥带水、优柔寡断的人。鲁登道夫，这位被称为总参谋部最后一位具有杰出战略头脑的人，倒是非常明确地支持了小毛奇的设想。与信心十足的施利芬完全不同，毛奇经常担心自己是不是过于轻率，其实这完全是没有必要的。一切取决于付诸实施，取决于在关键时刻实施的指挥艺术。

忧郁怏悒的小毛奇，没有施利芬集中全力于一役的果断精神。他担心他的左翼力量软弱不能抗击法国人，又唯恐剩下来防守东普鲁士的兵力单薄不能抵御俄国人。因此，“施利芬计划”是保存下来了，但为了万无一失，他每年都要向施利芬的临终嘱咐开刀，从右翼借兵增强左翼。

毛奇计划在左翼安排 8 个兵团，约 32 万人，守卫梅斯以南阿尔萨斯和洛林地区的阵地；中路安排 11 个兵团，约 40 万人，借道卢森堡和阿登山区入侵法国；右翼安排 16 个兵团，约 70 万人，借道比利时，先粉碎扼守马斯河通道的著名的列日和那慕尔要塞，然后飞渡马斯河进入旷野地区，直抵边远的直线公路。进军的日程已经排好，预料比利时人不会抵抗，即使抵抗，在德军强大的攻势面前也会很快土崩瓦解，举手投降。日程表要求动员第 12 天打开列日通道，第 19 天拿下布鲁塞尔，第 22 天进入法境，第 39 天攻克巴黎，取得决定性胜利。

这一战争计划，其严格、其完整、其精细，让人惊叹。德国人谨慎备至，对可能发生的意外事项，均一一做了准备。他们的参谋人员，在野外演习中，在军校课堂上，受过对各种情况作出正确反应的训练，对各种可能出现的意外情况都想出了万全之策。然而小毛奇忘记了克劳塞维茨的告诫，军事计划如果不留有余地以防不测，将会导致灾难。小毛奇的计划美则美矣，唯独缺少了至关重要的一条，那就是灵活性。

小毛奇（左二）陪同威廉二世（左三）检查德军战备情况

1914 年 6 月 1 日，小毛奇声称："我们已经准备就绪，在我们是越快越好！"但实际上，战前形势显然比小毛奇预想的要糟糕得多。与德国结盟的两三个盟国的总参谋部之间的关系很不如意。其中，与维也纳总参谋部的关系虽算不错，但奥匈军队的战斗力却使人放心不下。与意大利虽然关系不错，但意大利与奥匈间的紧张关系，很难指望在危机时刻，两者能通力协助德国，战时意大利能够保持中立已属万幸。与罗马尼亚虽保持有官方结盟关系，但并没有军事协定。相反，俄法却咄咄逼人。1914 年 7 月 26 日，俄国开始在军事上采取防御措施，次日法国也步其后尘。7 月 31 日，当俄国劝说维也纳在塞尔维亚问题上采取妥协态度的努力失败后，俄国实施了动员。

德国自然不甘落后，任何拖延，不仅使法国受惠，也使俄国受惠，德国拖延时间越长，法俄两国的受惠就越大。他与德国海军部国务秘书冯·蒂尔皮茨海军大将、军需长瓦尔德泽伯爵，就法国动员后立即通过比利时向塞纳河流域突击的问题进行协商。毛奇和瓦尔德泽此时已经在考虑迅速启动其进军计划的问题。但德国首相表示反对，他认为只要法国不宣战，就不应染指比利时。德皇威廉似乎也对英法保持中立抱有很大幻想。英国外交大臣爱德华·格雷通过德国驻英大使表示：德国保证"如果法国在俄国与德国的战争中保持中立，德国将不攻击法国"，他将保证英法中立。对此，德皇欣喜若狂，在临战前命令毛奇："把军队全部都集中到东线去。"

这让小毛奇惊诧不已，让德国军队这台巨大的机器停转？把精确得像钟表一样的计划打碎？如何运输？如何给养？如何确定在何时打什么样的仗？停止向西线进军？他竭力试图说服德皇："陛下，这是不可能的。部署一支 100 万士兵的军队不是一件随意而为的事。它需要整整一年的努力，军队的时间表一旦制定，就不能改变。如果皇帝陛下坚持引军东进，陛下将没有可以发动进攻的部队，陛下的军队将变成一大群手持枪械的暴民。不仅如此，一旦德军转向东线，其背后就是法军已经准备好的 62 个师，他们正按照早已详细安排好的计划准备攻击德国。英国怎么有可能保证法国不打算抓住这千载难逢的机会？"德皇与毛奇有约在先，皇帝不得介入任何军队指挥问题，包括总参谋部的大型图上作业或皇家演习。因此，小毛奇虽然无法真正说服德皇，但也没有放弃预先的计划，只是采取折中的方式，放缓了动员的速度。

很快，事态发展正如小毛奇所料。德国在给比利时的最后通牒中，要求比利时同意德军借道比利时。比利时皇帝向伦敦求援，英政府要求德国尊重比利时的中立。然而尊重比利时已成为不可能的事，因为这已写在了柏林的计划之中。1914年8月4日，英国作为中立的维护者以政治上十分有利的地位对德意志帝国宣战了。第一次世界大战的战火就这样不可阻挡地熊熊燃烧起来。

动员中的德军矛盾重重。总参谋部将7个集团军部署在一条上百千米的战线上毕竟是太密集和太笨重，可取的办法是将部队分为若干集群并作梯次配置，但这种思想对1914年的人来说还是陌生的。电报、电话、汽车和飞机等现代化的通信、侦察手段也不能抵消这一弊端，其困难在于：要随时掌握阿尔萨斯和比利时之间的战事进程，要时刻注意可能危及各部队机动协调一致的因素。解决这一问题的最佳途径是，总参谋长能随一个作战梯队，一个机动的野战大本营随北翼部队跟进。然而，这一措施无论如何也不会得到最高统帅即皇帝的赞同，因为按照传统，皇帝要亲赴前线，“与士兵在一起”。可是，他不仅不能实施指挥，也不可能保证各项措施的协调运转。

此外，作战指挥者小毛奇必须待在按1866年和1870年模式组建的体制臃肿的大本营里，而名义上皇帝一直是最高统帅。在小毛奇看来，最高指挥者利用指示就足以使其伟大计划正常实施。他指出，在各集团军司令及其参谋长都十分明了的总方案框架内，必须给集团军指挥官以放手行动的自主权，而上级下达过于严格和直接的命令，其结果是弊多利少。

正在西线对法比作战的百万大军虽无统一指挥，但仍是一部运转良好的机器。最高统帅将陆上军事行动的领导权全部交给了总参谋长。总参谋长集总长和总司令于一身，然而作为总司令，他又没有固定和明确的指挥权。原计划“闪电”式的作战行动，只能分为一系列先后实施的大小不同的作战行动进行。作战指挥的任务在于使在各个不同地域展开的军队在事先规定的最后决战地点形成兵力优势。这一任务小毛奇难以胜任。

1914年8月4日早晨，按照施利芬计划，德国第1集团军和第2集团军，突进比利时，直奔比利时最重要的列日要塞。截至1914年8月20日，德军右翼的行动大体按计划进行，小毛奇只下达少量命令，对战事进程实施概略性指挥。

给予前方将领机动指挥权，以便其根据战场形势灵活处置，这是赢得战争的必要条件。但是，如果前方的将领不顾大局，随心所欲，那同样会带来灾难性的后果。小毛奇很快就会尝到苦果，这一苦果，不仅让他名誉扫地，丢掉了乌纱帽，更严重的是让德国人输掉了马恩河战役，甚至是输掉了整个战争。

5

法国总统雷蒙·普恩加莱

有人认为第一次世界大战是普法战争的延续和扩大。如果从国际关系史角度看，这种观点有一定的道理。

法国是一个有着悠久历史和灿烂文化的欧洲大国。在很长一段时间里，法国一直是欧洲大陆的霸主，和海上霸主英国分享着对欧洲甚至是世界的统治权，而此时的德意志则处于分裂和无序状态。在启蒙思想家的引领下，法国大革命开创了欧洲历史上的民主共和时代，而此时欧洲绝大多数还是君主制国家。到了拿破仑战争时期，法国的霸权和荣誉达到了顶峰，几乎以一国之力就使所有欧洲列强都臣服于它的统治。

法国总统雷蒙·普恩加莱

这是法国人引以为傲的资本。

然而，随着时间的推移，欧洲发生了一件法国人不愿意看到的事情：在“铁血宰相”俾斯麦的带领下，通过两次王朝战争——和丹麦和奥地利的战争——德意志统一已成为不可阻挡之势。

由于担心自己的欧洲霸权地位受到强有力挑战，法兰西第二帝国一直竭力阻止德意志的统一，同时还想侵占莱茵河左岸的德意志领土，继续削弱德意志；而普鲁士则必须扫除法国这个统一进程中的最大障碍。双方针锋相对，一场深刻影响欧洲政治格局和历史进程的战争爆发了。

1870 年 7 月 9 日法国对普宣战。挟两场王朝战争胜利之威的德军在老毛奇的带领下势不可当，4 周之内，已将法一个野战军团围困于梅斯要塞。于是，法军主力由麦克马洪元帅指挥、第二帝国皇帝拿破仑三世监军，驰援巴赞欲解其围。不幸的是，老毛奇对此早有准备，于 8 月 31 日将其围困在色当要塞。9 月 1 日，法军突围失败，次日拿破仑三世、麦克马洪率 8 万多名法军向德国人投降。色当惨败引起了法国国内的巨大震动，法国人组成了抵抗政府，宣布废黜皇帝，建立第三共和国。巴黎还爆发了工人和士兵起义，建立了人类历史上第一个无产阶级政权——巴黎公社。

1871 年 1 月 18 日，普鲁士国王威廉一世在凡尔赛宫加冕为德意志第二帝国皇帝。凡尔赛宫是法国历代国王宫邸，威廉在此加冕，是对法国人的奇耻大辱。这意味着普鲁士支配全德意志的计划实现了，而法国在德意志各邦的影响却一去不复返。

屈辱远没有就此结束。1871 年 1 月 28 日，法国首都巴黎落入德国人之手。德军在此举行了胜利进军仪式，当意气风发的德国军人在爱丽舍田园大街雄视阔步、耀武扬威之时，大街上观者绝迹，两侧楼房，黑纱低垂。5 月法国正式与德国签订了屈辱的《法兰克福条约》，内容极其苛刻：德国并吞阿尔萨斯及洛林之大部，梅斯亦归德国所有；法国支付巨额战争赔款；在赔款偿清之前，德军占领法国北部诸省，其占领军费用亦由法国支付。

骄傲的法国人无论如何也接受不了国土肢解、赔偿军费以及敌军占领的现实。

一直以来，都是法国人在世界各地攻城略地，掠夺别国财富，强迫他人签订城下之盟，现在悲惨的命运居然降临到自己的头上。这种巨大的落差仿佛一下子从云端跌入了十八层地狱，给法国人心理上带来的创伤、痛苦、失落是难以形容的。真是“马后桃花马前雪，叫人怎能不回头！”

除了精神上的伤痛，还有现实的巨大影响。由于法国赔款 50 亿法郎，加上战争损失，总计损失达 200 亿法郎，致使经济发展资本投入不足；割让铁矿蕴藏丰富的阿尔萨斯和洛林，使经济发展所需资源严重缺乏；再加上赔款付清以前，德国一直占领着法国北方 6 个省，使国内市场进一步缩小。所有这些，极大地延缓了法国经济的发展，使法国在第二次工业革命中表现乏力。在进入帝国主义阶段后，法国经济发展进程和综合国力明显落后于美、德、英等国家。

与此同时，普法战争中的差劲表现和战败后的屈辱求和，使法国失去了自克里米亚战争以来在西欧和中欧大陆的霸权地位。为了保障自身安全，法国被迫开始调整与其他列强的关系，仰求盟国的支持和保护。

因此，从战败的那一刻起，法国人就一直生活在耻辱和复仇的情绪之中。

当法国国民议会无奈地批准《法兰克福条约》之际，阿尔萨斯和洛林两省的议员们泪流满面，步出大厅，留下了铿锵有力的言辞：“我们宣告，阿尔萨斯人和洛林人，千秋万代都要保留作为法兰西民族一分子的权利。我们为我们自己发誓，为我们的选民发誓，为我们的儿女发誓，也为我们的子子孙孙发誓，要采取一切手段在篡夺者面前永远坚持这一权利。”

这是一代法国人共同的心路历程，包括普恩加莱——带领法国度过整个战争时期的第三共和国第9任总统。他1860年出生于法国的巴勒杜克，在他10岁那年，正好经历了普法战争。战败的耻辱深深影响了这位少年：“在我上学读书的年代，我那因战败而忧郁的思想时常越过《法兰克福条约》所强加于我们的边界。而当我从自己遐想的云端降落下来的时候，除了希望收回我们失去的两省以外，我看不到我们这一代人还有别的生活目标。”

1882年，22岁的普恩加莱取得律师资格，是法国最年轻的律师；1887年他成为法国最年轻的议员；1893年，33岁的普恩加莱被任命为教育部长，是法兰西共和国最年轻的部长。1895年，普恩加莱被任命为财政部长。卸任后，他在议会依然发挥着重要作用，此后3年一直任众议院副议长兼预算委员会主席。1912年，普恩加莱担任总理兼外长，期间确立了法国对摩洛哥的殖民统治。1913年，他当选为总统。

普恩加莱的当选标志着右翼民族主义势力占据了优势。上台伊始，他便抓紧扩军备战。在他的大力倡导下，议会两院通过了新的军事法案，将兵役制由2年改为3年，使现役人数达到77万，相当于德国兵力。1914年4月沙俄驻法军事代表团给总参谋长的报告中说：“目前法国军事实力已达到了极限。”

就这样，普恩加莱一步步把法国推向战争，普恩加莱的堂兄庞加莱曾称他为“战争的普恩加莱”，这一绰号后来被大家接受并广为流传。

第一次世界大战爆发前夕，普恩加莱访问俄国。这是他在沙皇尼古拉（右）的送行下离开圣彼得堡

因此，当德国向法国宣战时，虽然因其他重要事情未能亲临议会发表演说，但他依然坚持由别人代读其演说稿。作为政坛老手的他，清楚地知道法国人心中最脆弱的地方在哪里，也知道说什么能够打动人心。他说，法国遭到了德国蓄谋已久的进攻，国家危在旦夕。他号召全体法国人民发扬爱国精神，团结一心打败德国的任何进攻，保卫祖国。“此时此刻，不再有党派，只有一个永恒的法兰西，一个有权力和正义、整个地团结在安宁、警惕和尊严中的祖国。”

会场沸腾了。议会中无论是保守的政客，还是社会主义者，都抛弃了他们原先的政见和相互之间的不快，团结在法兰西的旗帜之下。

但是事与愿违，战争初期法国并没有迅速击败德军，而是遭遇了一系列挫折，这使作为总统的普恩加莱背负着巨大压力。边境战役失败后，普恩加莱在日记中写道：“我们必须下定决心，既要后撤也要进袭。过去两星期的梦幻结束了，现在，法国的未来取决于他的抵抗能力。”

随着德军不断向巴黎推进，普恩加莱表面上平静如常，但内心忧虑重重，甚至有点垂头丧气。因为他必须面对一个残酷的现实：巴黎如果守不住，就要考虑将政府迁到别处，首都将被德国人占领。这是他无论如何也不愿意看到的。

他就这一问题询问加利埃尼，老将的回答更让他灰心：巴黎无法坚守，应该尽快做好撤离的准备。

于是内阁召开会议讨论这一问题。普恩加莱等人认为，政府必须留下，如果放弃巴黎，将会对民心士气造成严重打击，产生绝望情绪甚至革命性后果。而以陆军部长米勒兰为代表的军方人士则主张撤离。他们认为，政府不应冒被德军围困在巴黎的危险，就如同普法战争时那样。

经过一番激烈的讨论，最终决定巴黎不能轻易拱手让人，必须设防保卫。至于政府是否要迁走，没有形成一致意见。

8 月 29 日，德军一架飞机首次飞临巴黎上空，进行轰炸和播撒传单。虽然这样的行动在军事上并无多大意义，但给法国人心理上造成的恐慌却是巨大的。为了防止德机的骚扰，巴黎实施了灯火管制，一到夜晚来临，整座城市一片漆黑。

普恩加莱现在把希望寄托在东线的俄国人身上。他在日记中写道，突破这黑暗的“一线微光”来自东方，即俄国“以柏林为目标展开攻势”。

可是几乎在同时，俄国人在坦南堡战役遭到重创，第 2 集团军全军覆没。随着德军兵锋离巴黎越来越近，普恩加莱面临着“我一生中最沉痛的事变”，他无奈地决定，将政府机构从巴黎迁往大西洋沿岸的波尔多——普法战争中法国政府的临时驻地。

此后，战线一直在法国境内拉锯。随着经济形势的恶化和俄国革命的影响，法军中也出现了反战活动，普恩加莱惊呼：“75 个来攻打我们的德国师的危险要远比我们军队士气的瓦解来得少些！”

德国投降后，普恩加莱在巴黎和会的开幕式上发表演说，痛斥德意志帝国“生于不义，自当死于耻辱”，表现了其对德国的仇恨。

1920 年，普恩加莱的总统任期结束。两年后他再次成为总理并酿成了鲁尔危机，使政府威信扫地。1926 年 7 月，普恩加莱第 3 次组阁，直到 1929 年 7 月因病辞去总理职务。1934 年 10 月普恩加莱去世。

6

法国陆军部长梅西米

在法国备战期间和战争初期，两度担任陆军部长的梅西米无疑是一个重要人物。

梅西米生气勃勃、精力过人而近乎粗野。他长得脖粗脑袋圆，一双农民的眼睛虽戴着眼镜而依然炯炯有神，说话声如洪钟。他 1869 年出生于里昂，原先也是一名职业军官，1887 年毕业于圣西尔军校，1899 年是轻骑兵里的一名上尉，后为了表达对一个案件的不满辞职以示抗议并改行从政。他公开宣布，他的目的是要“使陆军和国民消除嫌隙，言归于好”。因为在法国历史上数次出现的军事政权，使主张共和的民众对军队疑惧颇深，总会将其与“政变”“独裁”联系起来。

进入陆军部后的梅西米锐意布新，当发觉有一些将军“别说率领不了他们的部队，就连跟也跟不上”的弊端时，他立刻效法美国总统西奥多·罗斯福的做法，下令所有将军都得骑马指挥军事演习。此举招来了各方非议，因为这触犯了老朽无能者的利益，梅西米说这正是他的目的。1911 年 6 月他升任陆军部长，在此以前的 4 个月中，这个职位已经四易其人。在他上任的第二天便碰到阿加迪尔港跳出一艘德国“豹”号炮舰的事件，最终酿成了第二次摩洛哥危机，法德处于战争边缘。在危机中梅西米表现强硬，最终德国人在各方压力下退却，这为他赢得了广泛赞誉。

梅西米上任伊始，便免去了最高军事会议副主席米歇尔的职务。米歇尔主张法军在面对德军进攻时实施防御战略，这令梅西米大为不满，认为这位即将肩负总司令重任的人是一个“踟蹰不前，优柔寡断，不堪胜任那顷刻间就要加委给他的重任之辈”，让这样的人处在这样的位置上，乃是“国家的危险”。

扼杀了米歇尔的“异端邪说”之后，陆军部长梅西米便准备运用自己的职权为打赢进攻战尽力装备陆军，但是这一回却轮到他碰壁了。他打算改革法军的传统服装，但对崇尚进攻的法国人而言，即使这样一个无关紧要的变化也是不被允许的。

一段时间内，象征着军队荣誉、颜色鲜艳的军服十分流行。但随着武器杀伤力的增大，这种服装越来越不符合战场要求，欧洲主要国家纷纷更换传统的军服。英国人在布尔战争过后便已采用黄卡其军服，德国人正在打算把军装颜色由普鲁士蓝改成土灰色。但是一战前的法国陆军却仍然穿着1830年的军服：蓝色军上装、红军帽、红军裤。1830年的步枪火力只有200步的射程，军队采用线性战术交战，根本不需要隐蔽；但一战前的步枪的射速、射程均大大增加，在战场上这种显眼的军服为对手瞄准射击提供了最好的参考。

仍保持19世纪装束的法军

梅西米曾于1912年前往巴尔干前线，看到保加利亚人因为军装颜色暗淡而获益匪浅，所以回国后他决心让法国兵不再穿得那么显眼。他提出一个方案，把军服的颜色改成蓝灰色或青灰色。此议一出，立即引来一阵群情激昂的抗议。这可是事关陆军的传统和荣誉啊！陆军的捍卫者们宣称，给法国士兵穿上不光彩的泥巴一样颜色的军装，会影响到军队士气。《巴黎回声报》发表文章说，取消掉“一切鲜明的色彩，一切使士兵仪容生气勃勃的条件，是违背法国人的爱美观念和军队职能的”。

艾蒂安，这位前任陆军部长在议会的意见听取会上更是大声疾呼：“取消红裤子？”“绝对不行。红裤子便是法兰西！”

改革军服的努力就此流产，对此梅西米也无可奈何。后来他写道：“那么盲目、那么愚蠢地死抱住一种颜色，又是所有颜色中最显眼的一种，这自当招来惨痛的后果。”

事实确实如此，后来的法国士兵为这种所谓的传统和荣耀付出了惨重的代价。

贬黜米歇尔后，梅西米急需物色一位令他满意、堪当大任的人来接替米歇尔空出的位置。同时，他还打算将这一职位与总参谋长的职位合并起来，同时撤销陆军部参谋长职位。这样，这位继任者将是个大权集于一身的人物。

梅西米最终选择了霞飞担任最高军事会议副主席。这位工程兵专家在政治上没有问题，是个坚定的共和党人，而且从不介入政治斗争。更为主要的是，霞飞的军事主张与梅西米一致，都主张对德国人实施毫不犹豫的进攻。

大战爆发的这一年，梅西米再度出任陆军部长。然而令他失望的是，他亲手提拔的霞飞在战争初期遭遇了一系列败绩，甚至连首都巴黎都陷入了危险之中。直到此时，梅西米才开始重视巴黎的防务，检查的情况令他震惊，由于迷恋于进攻，巴黎防御工事少得可怜。在恐慌的情绪中，他不得不请老将加利埃尼再次出山，负责巴黎的防务。

但法国国民和议员们无法忍受这种失败，嚷嚷着要求追究责任。他们在抱怨霞飞无能的同时将矛头指向了梅西米，指责他失职，一些人甚至扬言要剥了他的皮。在混乱、紧张和不安的气氛中，梅西米被免去了陆军部长职务。

当得知要求他辞职的消息后，梅西米大发雷霆：“我拒绝将职位让给米勒兰，我拒绝为讨好你们而辞职，我拒绝当不管部部长。”

抗议是无效的，梅西米还是走了。不过他以陆军少校的身份进入军队，此后一直在前线服役，1917 年晋升为将军。

一战结束后，梅西米再度辞去军职进入政坛。

7

法军总司令霞飞

1911 年法、德两国为争夺摩洛哥而剑拔弩张，战争一触即发。随着法国最高战争委员会副主席米歇尔的去职，在当时并不出众，但相对年轻而且政治主张温和的霞飞意外地接替了米歇尔，当上了最高军事委员会副主席兼总参谋长，成为法军统帅。

霞飞生于 1852 年，父亲是法国比利牛斯山区的一个薄有资财的酒桶制造商，共有 11 个子女，以他居长。1868 年霞飞进入巴黎著名的查理曼大帝公立中学，17 岁时考上巴黎综合工科学校学习工程学。1870 年普法战争爆发时以工兵少尉应征入伍，并被提升为陆军中尉，战后返学获工程学学位。但他没有从事土木工程，而是考进陆军实习学校，1872 年毕业后被分配到工程部队任职。1876 年法国与西班牙关系紧张时，他驻守比利牛斯山脉，负责建造明达利防御阵地。1884 年随部队入侵越南，成为殖民地官员。在随后的中法战争期间，他在台湾建造了一条防御工事，以防止中国军队刘铭传部的反攻，一年后被授予荣誉十字勋章。返回巴黎后他先后成为陆军部的铁道处参谋和军事工程学教官，后去西非，并于 1893 年进入梦幻般的城市廷巴克图。在 1900 ~ 1905 年间霞飞作为加利埃尼的部下，担任马达加斯加岛上构筑防御工事的军官。在接下来

法军总司令霞飞

的时间里，他获得迅速提升，1905年当师长，1908年当兵团司令，1910年成为后方勤务总监和最高军事会议委员。

从霞飞的经历看，他并非出身于缙绅之家，既不是圣西尔士官学校的毕业生，也不曾受过更高一级的陆军大学的训练。工程兵军官的身份，决定了他在军队中不过是搞搞防御工事和修筑铁路之类毫无浪漫色彩的事情，而且这一兵种不是产生将帅之才的地方。但他在军事生涯中的一大特色便是在每一岗位上都是不声不响地恪尽职守，干练有为。在他的交往中，没有听说过有什么教权主义分子、君权主义分子，或者别的令人不能放心的人物；他有一个优秀的共和派分子的好名声，就跟他的精心修剪的双手一样，没有什么可以挑剔的。他身躯魁伟，大腹便便，穿着宽肥的军服，白嫩丰腴的脸上点缀着已近霜白的浓浓髭须和天生匹配的两道粗眉，两眼碧蓝安详，目光诚挚恬静，为人稳重沉着，木讷少言，丝毫不动感情。他的性格如果换在别人身上，不免会显得有些妄自菲薄，然而它却像是霞飞庞大安详的躯体上散发出来的灵气一样，令人一见便会信心倍增。

霞飞也知道自己的短处，他未受过参谋业务这门深奥学问的训练，所以需要一个精通这门业务的人作为他的副手。

霞飞本来想选福煦，但是陆军部长梅西米对福煦抱有原因不明的偏见，于是他看重了德卡斯特尔诺。后者是从圣西尔士官学校到陆军大学的正途出身，是加斯科尼人，据说那一带辈出火热心肠又兼冷静头脑的智勇双全人物。但他的家族与一位侯爵有瓜葛，自己跟耶稣会教士相往来，并且还笃信天主教教义。这让梅西米很感为难，他担心会引起左翼政党的攻击。但总统和总理均表示同意。一位好事者向霞飞提出警告，说德卡斯特尔诺会撵他下台。霞飞对此毫不介意，说要用他 6 个月，然后派他去当兵团司令。霞飞确实是这么做的，因为他认为德卡斯特尔诺确是一个不可多得的将才，故在战争爆发后任命德卡斯特尔诺为第 2 集团军司令，而不是兵团司令。

在安详沉静的外表下，霞飞的内心无比自信。上任的第 2 年，他的一位副官问他，战争的爆发是否指日可待。

霞飞认为这不成问题，“我一向是这样看的。战争是要来的。我要指挥作战，我要取得胜利。不论干什么，我都克竟其成，就像我在苏丹那样。这一次也会如此”。

霞飞在检阅部队

“要是那样，你就会有一支元帅杖了。”副官有些肃然起敬地恭维着上司。

“对！”霞飞承认前景确实如此，措辞简洁，语气沉着。

在他的领导下，总参谋部从1911年以后便开始制订新的作战计划，以取代陈旧过时的第16号计划。这些负责作战计划的参谋不是福煦的学生就是他的信徒，他们成了霞飞的左膀右臂。新的作战计划——第17号计划——于1913年4月制订完成，在未经过讨论也没有征求意见的情况下，最高军事会议便于5月份把它和新的《野战条例》一并通过。接着，法军统帅部便根据这个计划改编军队，进行动员、运输、补给准备，以及起草有关指示和命令。到1914年2月，这个计划便已安排就绪，可以按不同情况分别下达给5个集团军的司令，每个集团军司令拿到的只是和他本人有关的部分内容。

该计划的主旨，就是用法军主力直取阿尔萨斯和洛林，进而攻入德国，就是福煦所主张的“我们必须通过美因兹到达柏林”。这样的进攻正好掉进施利芬计划的陷阱中，就如同施利芬希望的那样：一个成功的坎尼会战，不仅需要聪明的汉尼拔，而且需要一个像法国那样的愚蠢的对手配合。

但第17号计划和施利芬计划相比一个优势在于，它没有一个硬性规定的总目标，也没有一个具体的作战时间表，一切根据情况而定。所以与其说它是一个作战方案，还不如说是一个兵力部署计划，实质上是一个对德国人进攻做出反应、实行迅速回击的计划。德国的进攻路线是法国人无法事先知道的，所以他们只能是个“后发制人，相机行事”的应变计划。它既是盲目的，也是灵活的；战略本质上是防御的，战术精神上是进攻的。

第二章

埋葬神话的掘墓人

——坦南堡战役的指挥者

一直以来，俄军不可战胜的神话在欧洲、在世界广为流传，被人们称之为蒸汽“压路机”。俄国，就如同一个巨人横跨在欧亚大陆上——广袤的国土，丰富的资源，庞大的军队，悠久的历史文化，强悍的民族性格，这一切，给世界一种强大的、不可战胜的感觉。正因为如此，俄国的盟友普遍认为，这台沉重的“压路机”一旦开动起来，足以碾碎一切。英国在战前就曾对法国人说过：“俄国的资源非常富足，就是我们不去支援俄国，时间一长，德国人也会山穷水尽。”然而神话毕竟不是现实。实际上，由于连年的对外扩张、穷兵黩武，加之资本主义改革很不彻底，经济发展滞后，俄国衰落了。19 世纪末 20 世纪初，俄国虽然也进入帝国主义阶段，但这个巨人先天不足、外强中干、虚弱不堪，只能依靠武力支撑国运，成为一个典型的军事封建帝国。用列宁的话说，是帝国主义链条中最薄弱的一环。大战爆发后，为了履行对盟友的承诺，俄国人在备战工作很不充分的情况下贸然攻入德国的东普鲁士。结果，坦南堡一战，一个旷世神话破灭了！与此相随的，是一个老朽帝国的命运也行将终结。

埋葬这一神话的掘墓人，不仅是德国这个强大的敌手。从某种意义上说，打破这一神话的，恰恰是俄国自己。

1 沙皇尼古拉二世

1868年出生的尼古拉二世是前任沙皇亚历山大三世的长子。推行农奴制改革的沙皇亚历山大二世遭民粹派暗杀后，亚历山大三世怀着恐惧和仇恨的心理继位。为了躲避可能的谋杀，他放弃在圣彼得堡优雅豪华的生活，移居到加特奇那行宫，在戒备森严中胆战心惊地过日子。因此，被人们耻笑为“加特奇那囚犯”。但是，亚历山大三世却丝毫没有放松他手中的权力。他一上台，便取消了1861年以后开始的许多具有进步倾向的改革，比如禁止车夫、仆役、洗衣妇、小店主的子女上中学，扼杀国民教育，剥夺教务会议选举校长和教授的权利，取消大学自治，对革命运动实行高压政策。这些倒行逆施的做法，在尼古拉二世身上打下了深深烙印。

和强壮如牛的父亲相比（据说亚历山大三世能单臂折弯一根烧火棍，徒手将银器攒成圆球），尼古拉二世身体虚弱，优柔寡断，缺乏自信，根本无法博得父皇的欢心。可能是出于对自己体魄的自信，也可能没有考虑过将皇位传授给这个儿子，亚历山大三世在尼古拉二世即位前，竟然没有对他进行过治理国家、处理政务方面的教育。但尼古拉二世的私人老师波别多诺斯柴夫对他影响很大。这位亚历山大三世的谋臣、东正教事务总管理局局长被人们称为“使社会停滞的高级牧师”，政治上极其反动保守。他告诉尼古拉二世：“所有政治原则中最错误的一条是让人们拥有主权。如果命运给我们一个致命的礼物——人民议会，我们的生存条件将不可想象。但是，命运绝不会这样做。”年轻的尼古拉二世记住了一条原则，沙皇是所有俄罗斯人的父亲，不仅是权力，更是神圣的义务，绝不允许把这个权力拱手让人。

沙皇尼古拉二世

1894 年，亚历山大三世在毫无征兆的情况下身体变坏，不久即死去。尼古拉二世在伤心彷徨中继承了皇位，不仅仅是因为对父亲突然去世感到难过，更主要的是他对如何统治这个巨大帝国感到不知所措。

此时俄国国内矛盾尖锐，革命运动风起云涌。本该趁着皇位交接的机会，革除亚历山大三世统治时期留下的种种弊端，体恤民情，发展经济，改善民生，从而使新王朝呈现出新的气象，但平庸无能的尼古拉二世对此丝毫不感兴趣，他主要的做法就是继续强化其父的做法。

1895 年，在接见地方自治局的自由派代表时，尼古拉二世训斥道：“地方自治局代表中竟有些人在胡思乱想，认为地方自治局代表要参加国家行政管理。希望大家都知道，我要坚定不移地保持专制制度的原则，就如同我那不能令人忘怀的先父一样。”

1896 年 5 月 18 日，尼古拉二世举行加冕仪式。为了庆祝，在莫斯科郊外贺登广场举行了盛大的游园活动，广场摆着马戏场和各种摊子。人们听说按照传统习惯，新沙皇将分发礼物，于是纷纷拥到贺登广场，在约 9 平方千米的地方集中了 50 万以上的人。广场凹凸不平，有不少坑洼沟渠，组织者又没有采取任何防护措施。结果，人群由于起哄而引起严重的踩踏事故，挤死 2000 人，挤伤几万人。但灾难发生的当天晚上，尼古拉二世好像没事人似的，依然和皇后出席舞会、寻欢作乐。

由于早年生活经历的缘故，尼古拉二世不喜欢同臣民密切接触，更嫉妒那些出色的、有能力、有主见的大臣，总是疑神疑鬼地担心有朝一日大臣们会夺走他的君权。

在这种病态心理的驱使下，他逐渐疏远了衷心为他效劳的人，而一些敷衍塞责、阿谀奉承的人却获得他的信任。于是，形形色色的骗子、冒险家、投机者充斥他的四周。

最大的笑话是一个来自西伯利亚的农民拉斯普京——以曾经受过秘密传授医道训练的僧侣出现——受到尼古拉二世的宠信。妖僧拉斯普京淫乱宫廷，结党营私，操控朝政，使国家机构近乎瘫痪。尼古拉二世还对工于心计、玩弄权术的皇后——据说和拉斯普京有染——言听计从，称之为“我绝对信任的人”。

1905 年，当对日作战失败的电报从前方发来时，尼古拉二世正在打网球。他接过电报看了一眼就放入口袋中，好像什么也没发生过似地继续打球。1913 年 11 月，首相科科夫佐夫访问柏林归来，汇报德国的备战情况，尼古拉二世跟往常一样全神贯注，目不转睛，“直视我的两眼”。首相报告完毕，相对无语很长时间，尼古拉二世“才如梦方醒，神情严

1896 年尼古拉二世登基的庆祝场面

肃地说了句，‘愿神的旨意能完成！’”。首相终于知道，这位皇帝早已听得不耐烦了。

就是这样一个活宝式人物，对内统治腐朽无能，但侵略扩张的野心一点也不比他的祖先小。他的一位大臣在日记中写道：“我们皇上脑袋中有宏大的计划：为俄国夺取满洲，把朝鲜并入俄国，还想把西藏并入本国。要夺取波斯，不仅要占博斯普鲁斯，还要占达达尼尔。”更为可笑的是，尼古拉二世还梦想给自己加上“中国皇帝”“日本天皇”等称号。

在远东，尼古拉二世对中国东北和朝鲜半岛垂涎已久。1895 年他拉拢法国、德国干涉日本归还中国的辽东半岛，并顺势攫取了中国东北的大量权益，使之成了俄国的势力范围。1900 年，他派兵参加侵略中国首都的“八国联军”，并占领中国东北。尼古拉二世给俄军指示：“我们不能半途而废，我国的军队应在满洲由北向南通过。”

但在这里，俄国与积极扩张的日本发生了尖锐矛盾并演化为一场战争。但日俄战争的结果让人大跌眼镜，巨人俄国的强大陆军惨败于新兴的小国日本，太平洋舰队也遭覆没。战后，俄国势力被逐出满洲南部地区。对日战争的失败也引发了 1905 年俄国国内革命的高潮，使罗曼诺夫王朝的统治濒临崩溃。为挽救统治危机，尼古拉二世被迫在政治、财政、军事上实行了一系列改革。这些改革暂时延缓了王朝的生命。但专制体制独特的、对人才逆向淘汰的功能，使得这些改革无论如何也难以取得多大的效果。“这是一个愚不可及的政体”，“它是集怯弱、盲目、狡诈、愚蠢于一体的大杂烩”。1903 ~ 1906 年出任首相的维特伯爵如此评价。

在欧洲，他积极参与列强争夺，企图火中取栗。1893 年，俄国与法国签订军事协定。后来随着英国和德国的矛盾日益尖锐，德国也希望拉拢俄国人。1905 年 7 月，德皇威廉二世利用沙皇政府因国内革命高涨和对日战争失利所处的困境，再次提议两国结盟。此前他们已经有过一次不成功的类似经历。于是，尼古拉二世与威廉二世在芬兰的一个岛上签订了反英同盟条约。但这是轻率的决定，因为这意味着俄国将失去法国的依靠，并加剧同英国的冲突，而这时的俄国急需巴黎和伦敦的借款。在大臣们的极力反对下，尼古拉二世只好写信告诉德皇：在同法国谈判以前，条约不应生效。这样就彻底激怒了德国人。此后，俄国加紧同法英勾结。1907 年，英俄协定签订。至此，欧洲的一大战争集团协约国正式形成。

和一切战争贩子通过标榜爱好和平来掩盖自己的战争阴谋一样，尼古拉二世在第一次世界大战前，也极力把自己打扮成和平的维护者形象。他曾于 1899 年和 1907 年先后两次主持海牙国际和平会议，高唱和平、裁军，鼓吹“寻求防止威胁整个世界的灾难的途径”。但实际上，俄国正在法国的帮助下加紧制订战争计划，扩大军队规模，积极准备着大干一场。

1911 年，尼古拉二世在和法国人签订的协议上说：“我们应该对准德国的心脏打击”，“我们两国的共同目标必须是柏林。任何其他地方，我们都不感兴趣！”

1914 年 8 月，第一次世界大战首先在西线打响，德军按照计划取道比利时进攻法国。随着德国军队的迅速推进，法国人催促出兵的电报如雪片一般向圣彼得堡飞来。

其实法国人也知道，以俄国人的办事效率和军队备战工作现状，这是一件困难的事情。因为，在动员期间平均每一名俄国兵的输送距离是 1100 千米，为德国的 4 倍，而当时俄国每平方千米铁路只有德国的 1/10。为了防范德国快速入侵，俄国铁路的轨距造得比德国人的宽，而法国提供贷款新修建的铁路还没有完工。

但这一次，沙皇决心信守诺言。不仅仅是为了盟友的安全，更是为了一展自己的雄心壮志：打败德国，做中东欧的霸主！

就这样，尼古拉二世把他的家族、他的王朝、他的帝国带入了灾难的深渊。

在他的命令下，俄国两个集团军从 8 月 17 日起先后攻入德国领土。本来他们在数量上占有巨大优势，还曾一度使德国人打算放弃这块土地。但无能的指挥、糟糕的供应、混乱的通信给了对手太多机会，最终折戟于坦南堡战役和马祖里湖战役，一个集团军全军覆没，另一个则遭到毁灭性打击。

初战的巨大失败暴露出俄国自身的一系列严重问题，本该需要反省和改弦更张，但尼古拉二世却决心扩大战争，并在 1915 年亲自担任俄军最高总司令，进一步把俄国推上了战争的不归路。

但即使是尼古拉二世亲自上阵，也没有改变军队状况和战场局势。特别是在和德国人的交手中，俄军败多胜少，在随后的两年中损失了数百万的兵力。

战争越往后打，问题就越发严重。前方，军队士气低落，将士普遍厌战；这种情绪传递到国内，加之粮食困难等原因，激起了民众的巨大不满。更为可怕的是，在德国人的暗中资助和支持下，一场革命运动正在酝酿中。

此时的沙皇俄国，犹如一座巨大的纸糊的房子，残破不堪，摇摇欲坠，只差最后一根稻草便会轰然倒塌。

1917 年 2 月 25 日，圣彼得堡罢工工人发动武装起义。尼古拉二世慌了手脚，连忙诏令圣彼得堡军区司令哈巴洛夫进行镇压。但此时的尼古拉二世已经人心尽失，大势已去，不但民众反对他，连他统治的支柱——军队也受到革命的感召，先后转到起义人民方面。2 月 27 日，首都的武

尼古拉二世一家

装起义胜利。3月2日，尼古拉二世被迫退位，罗曼诺夫王朝灭亡。

这位俄国末代君主就这样葬送了他的帝国！和所有被从宝座上撵下来的皇帝一样，等待尼古拉二世的是悲惨的结局。

1917年3月8日，在圣彼得堡工人和士兵的要求下，临时政府将尼古拉二世及其家属逮捕，禁于皇村。临时政府曾准备把他们送到英国避难，因遭到拒绝没有成行。此后，尼古拉二世全家被转移到西伯利亚的托波尔斯克，十月革命后又被转移到叶卡捷琳堡，关押在一个富商的寓所。1918年7月16日深夜或17日凌晨，尼古拉二世家族包括和他们在一起的随从近10人被看管他们的布尔什维克秘密警察集体处决。这一年，尼古拉二世恰好50岁。

一代沙皇的乱世情仇和雄图霸业就这样在俄国无产阶级凯歌的号声和“红色革命”的枪声中烟消云散了。

关于处死沙皇一家的行为有两种说法：一种认为这是叶卡捷琳堡的地方政权自作主张；另一种说法认为是奉了莫斯科的命令行事的，坚持这一说法的是参与这一行动的“契卡”人员。不过，有一点是可以肯定的，在沙皇一家被处决后，苏维埃中央机构确认了这次行动。1918年7月18日，全俄中央执行委员会主席团召开会议讨论了此事，随后作出的决议是“认为这一决定是无条件正确的”。7月23日，《乌拉尔工人报》发表了如下消息：“7月16至17日夜间，根据乌拉尔州工人、农民和红军士兵苏维埃的决议，枪决了前沙皇尼古拉·罗曼诺夫。这个戴着皇冠的刽子手利用革命的仁慈，活得太久了。”

苏联解体后，沙皇一家的遗体被找到，并经 DNA 检测得到确认。1998 年，根据俄罗斯联邦总统叶利钦的命令，沙皇一家的遗体被隆重地重新安葬在圣彼得堡的一座教堂中。2000 年，尼古拉二世全家被俄罗斯东正教会追封为殉教圣徒。

2

俄国陆军大臣苏克霍姆利诺夫

在尼古拉二世的统治下，俄国外强中干，强大的外表掩盖了内部的空虚。如果用什么词语能够形容这种状态的话，则一切不好的话都可以用上，诸如腐败无能、奸佞当道，横征暴敛、民不聊生……

就军队而论，虽然日俄战争以后在失败的刺激下俄军开启了部分改革，但长期形成的积弊根本难以一时清除。西方一位著名军事史学家认为："虽然自从日俄战争战败之后，俄军是已经有了相当的进步，可是俄国人的本性却是无法改变的，他们对于一切都缺乏思考。俄国的将领们都能力很差，而更坏的，却是他们又都迫切地希望与敌人发生战斗。参谋人员的效率低到令人难以置信的程度，譬如以第二军团而论，他们的参谋人员就是'只有罗盘而无地图'，即可以想见其一般。"

这样的军队去参加一场世界性的大战，其结果可想而知。更为可怕的是，执掌军队大权、决定军队命运的大多为庸碌无能之辈。他们饱食终日、无所事事，将全部的精力用于如何保住自己的位子和到手的好处，至于国家的前途、军队的安危、官兵的利益，统统见鬼去吧！

此时的俄国陆军大臣苏克霍姆利诺夫就是其中最具代表性的一个。此人于 1867 年从尼古拉骑兵学校毕业后进入部队服役，并在 1877 年对土耳其的战争中因作战勇敢而获得一枚圣乔治十字勋章。但在俄国官场和军队习气的熏染下，这位昔日英勇的骑兵军官迅速变成了一个十足的官僚。

第一次世界大战爆发时，苏克霍姆利诺夫已经超过60岁，他给人的印象是矮矮胖胖、细皮白肉、媚态十足，同时又诡计多端、游手好闲、贪婪好色。“要他干工作固然很不容易，可是要他说实话那就简直难如上青天。”他的一位同僚如是评价他。

1906年，苏克霍姆利诺夫迷上了一位外省省长的美丽夫人，虽然这个尤物比他小30多岁，但他依然不顾一切地将之弄到手并做了他的第四任夫人。用法国大使的话说，苏克霍姆利诺夫“把他全部精力专门用来跟一位比他年轻32岁的夫人尽享鱼水之乐”。此后，他便陶醉在温柔乡里，想方设法讨得美人欢心。这位新夫人喜欢从巴黎订购时装，出入豪华的酒楼饭馆，举行派对舞会。为了满足美人的挥霍需求，苏克霍姆利诺夫肆无忌惮地贪污公款，虚报开支就是其中一个生财之道。他按照每天24俄里骑马视察的费用向公家报销旅费，实际上他的出巡全部乘坐火车。此外，他投机股市，利用能够得到股票市场行情的幕后消息而财源滚滚，六七年间他便在银行里拥有了70多万卢布的存款，而在此期间他个人的薪俸才27万多卢布。

这位陆军大臣的生财之道还包括来自亲信下属的孝敬，通过签发军事通行证、赠送参观演习的票券或内部材料，他便能收到一笔不菲的钱财。有一个为苏克霍姆利诺夫夫人提供离婚证的奥地利人，经常以朋友的身份随意出入陆军大臣的府邸和办公室，那里有很多机密文件，而苏克霍姆利诺夫对此毫无警惕。在“朋友”离开俄国后，真相被揭露开来，他原来是奥地利派来的间谍。还有一位盛传是苏克霍姆利诺夫夫人情夫的上校，虽然他只是一个边境上的铁路警务处长，居然拥有数枚德国勋章，并曾受德皇邀请到皇帝行猎别馆赴宴。毫无疑问，这位上校有从事间谍活动的重大嫌疑。他被捕后，由于苏克霍姆利诺夫的干预而被宣布无罪，直到这位陆军部长失势后才再次被捕并以间谍罪被处死。

如此昏聩无能、劣迹斑斑的人之所以能身居高位，主要是由于善于献媚逢迎和屈意承欢而得到沙皇和皇后的恩宠。苏克霍姆利诺夫经常在尼古拉二世和他言听计从的皇后面前说一些小故事和奇闻逸事，或者做出一些逗趣滑稽的动作，以此来博得欢心，加上小心伺候宫中红人拉斯普京。因此，不管是营私舞弊和贪污公款的罪名，还是闹得满城风雨的离婚丑闻，甚至震惊朝野的间谍大案，都对他的位置毫不影响。他依然尸位素餐，还离奇地被认为是军事家。

陆军部的主要工作是备战，而苏克霍姆利诺夫根本看不到世界军事发展的趋势，仍然死守他1877年土耳其战争中获得的经验，认为打仗就是靠马刀、旗杆矛和白刃，而对大炮、机枪等新式武器嗤之以鼻。他一听到“火力”两个字就烦，当然他最听不得的还是“现代战争”这样的新名词。他毫不羞耻地说：“过去的战争是这样，现在的战争也还是这样，能有什么变化？这种种玩意儿都不过是邪门歪道的新花样。拿我本人来说，25年来我就没有看过一本军事手册。”

在他的影响下，直到战争爆发，不少俄国军官依然把苏沃洛夫“子弹是懦夫，刺刀才是好汉”的话奉为经典。直到战争中被撞得头破血流。

苏克霍姆利诺夫拒绝一切在军队中的改革，因为改革会影响他到手的权力和利益，虽然他几乎什么也不做。他顽固地认为俄国以前的失败，是各级指挥官的错误，而不承认是因为训练、战备和供应方面的不足。他对“射击的组织与实施”之类代表军事发展趋势的战术理论深恶痛绝，为此还将参谋学院的5名教官撤职。本来在改革中总参谋部已经独立建制，负责拟制战争计划，但他毫不犹豫地将总参谋部归入自己的管辖之下。在他的折腾下，总参谋部长官如同走马灯似地换来换去，且多是和他一样的无能之辈，无法拟制出详细周密的作战计划。他根本不肯花力气去兴建工厂，生产枪炮子弹，以致战争爆发时，俄军每门大炮只配有850发炮弹，而西方国家则有2000～3000发炮弹。有的士兵甚至连步枪也没有，赤手空拳蹲在战壕里等待从同伴的尸体上捡起枪支去冲锋。

由于缺乏有效的人才晋升途径，军队内部冗员、庸才充斥。军官们的主要兴趣不是马上比武，也不是研究战术，更不是图上作业，而是打纸牌，以此来博取上级的欢心。不顾身体和能力条件而让他们占据现役军职，为的是要保全他们在宫廷里的恩宠和权势。军官的任命和晋升，主要依靠的是社会地位或靠山。虽然他们之中不乏有才干之人，但在这个制度环境下，大多数人才难以崭露头角，更难以把最优秀的人才推上最高层。军官普遍懒惰怕动，脑满肠肥，大腹便便。他们对于运动的"怠惰和不感兴趣"，曾使一位英国武官感到惊讶。这位武官访问过距阿富汗边境附近的一处俄国边防军营地，使他大惑不解的是那里居然连"一个网球场也没有"。日俄战争后，军队在一年之内清除不合格将官达340多人，这个数字接近法国陆军的将官总数，遭到同样处理的校官也有400人。尽管在薪金和晋升方面有所改进，但在战前的1913年，俄军军官缺额仍达到惊人的3000多人。

这就是苏克霍姆利诺夫主持陆军部工作时的俄国军队。对此，俄国的盟友中有不少人有清醒的认识。一位英军军事观察员汉密尔顿在深入了解后指出了俄军的弱点：情报工作很差，部队不知隐蔽，不知保密，也不讲求行动的敏捷，缺少斗志和主动性，缺少良好的将才。英国驻俄军第2集团军的一位随行武官也写道："有一个少不更事的少年与我一同旅行，他是华沙一家巧克力糖工厂中的小开，他之所以能荣任第2军团参谋的原因，就是因为他会画讽刺画。"

当然，这些缺点和劣势对它的英法盟友来说不足为虑。他们最关心的是俄军能否在法、德各自在西线发动攻击的同时，迅速在东线发动进攻，也就是尽可能在动员开始的15天时间内采取行动，从而迫使德国人陷入两线作战的境地。

俄军攻入东普鲁士后，备战工作的不足严重制约了部队作战和行动。和灵活高效的德军相比，俄军仿佛一个虚胖的老头——体型巨大，行动迟缓，耳目不灵。作为陆军大臣，苏克霍姆利诺夫应该积极想方设法改善部队的后勤体系，提高供应能力，但他在这方面乏善可陈。

东线战败后，苏克霍姆利诺夫并没有引咎辞职或受到什么影响，继续做他的陆军大臣。直到1915年因俄军屡遭败绩引起朝中大臣公愤才被解除职务，后被指控叛变罪遭到逮捕，但因尼古拉二世的庇护没有被起诉。

1917年8月，苏克霍姆利诺夫再次被捕。此时庇护他的沙皇已经逊位，临时政府也近于土崩瓦解。在一片混乱的局面下，这个祸国乱军的老家伙才被以叛国罪起诉。经过1个月轰动一时的听证，检察官把他种种罪状归纳成为一条：俄国老百姓被迫作战，既无枪炮又无弹药，去前线白白送死，因而对政府完全丧失信心，这种绝望心情散布蔓延，无异于瘟疫，“后果极为严重”。而这些都是旧政权的种种罪恶。他摆脱了叛国罪的指控，但贪赃舞弊荒淫纵欲的具体情节真相大白，最后以“滥用职权，玩忽职守”罪被判处终身苦役。只不过几个月后他就被布尔什维克新政权释放，随即前往柏林定居，直到1926年病故。

1924年苏克霍姆利诺夫在柏林出版了一本回忆录并题字献给德国的废帝威廉二世。他在序言里称，俄国和德国这两大君主政体由于在战争中互为仇敌而同归于尽，只有两国言归于好才能使两国的君主重新复位。这个见解使流亡在外的威廉二世感触至深。只不过苏克霍姆利诺夫可能不知道，他的旧主——尼古拉二世——早已不在人世多年。

3

俄军总司令尼古拉大公

对沙皇俄国来说，缺少人才固然是可悲的，但有了人才而不重用才是最大的可悲。

尼古拉大公就是这种悲剧下的牺牲品之一。因为和当时大多数庸碌的王公贵族和俄军高级将领相比，尼古拉大公算得上是一位不可多得的俊彦之才。

他1856年11月生于圣彼得堡，其父是老尼古拉·尼古拉耶维奇大公，沙皇亚历山大三世是其堂兄，也就是说，他是现任沙皇尼古拉二世的叔父。尼古拉大公1872年参加陆军，毕业于尼古拉工业学校和总参谋部军事学院。俄土战争时期，尼古拉大公在巴尔干战区俄军总司令的参谋部工作；后任禁卫军骠骑兵团长、旅长和骑兵师长。这种经历对于他的才能提升有很大帮助。在1895～1905年任骑兵总监期间，他注重引入新的训练方法和装备，提高俄军的现代化水平。随后他改任禁卫军司令和圣彼得堡军区司令直至大战爆发。他积极运用现代方法，研究吸取日俄战争中的经验提高训练效果。1905～1908年他还兼任国防委员会主席，虽然担任如此高的职务，但并无多少实权。1909年苏霍姆利诺夫任陆军大臣后，即解散了国防委员会，并在不与他磋商

俄军总司令尼古拉大公

的情况下制订作战计划。

尼古拉大公高大魁梧，仪表堂堂。他机智、热情而且能干，不仅是一位熟练的管理者，而且是一位充满生机和讲求效率的战场指挥官。在俄国王公贵族的眼中，他是一位真正的男子汉，是专门与以皇后为代表的“德国帮”和宫廷里的形形色色坏人作斗争的俄罗斯利益的捍卫者。

他具有明显的仇德情绪，认为德国是破坏欧洲和平的罪魁祸首，只有彻底打败德国，并将之重新肢解为无数小邦，欧洲和世界才能获得和平安宁。同时他的亲法倾向也是众所周知的。

但是，这位皇叔并不受尼古拉二世的待见，因而也就没有机会走上更关键的位置施展自己的抱负。这其中可能既有皇后和妖僧拉斯普京进献谗言的因素，因为大公不愿意谄媚巴结他们；也有可能是他们叔侄二人在历史上合作不愉快的经历导致。

1905 年俄国革命事件发生后，首相维特伯爵——一个精明能干的人——向尼古拉二世进谏，若不顺应民意，颁布宪法，就必须厉行军事专政，以恢复国内秩序。

尼古拉二世迫不得已选择了前者。这倒并不是这位专制皇帝对民主有什么兴趣，纯粹是因为担任圣彼得堡军区司令的皇叔拒不承担军事专政责任的缘故。大公这一坐失机宜，便永远也得不到沙皇和那些极端保守的皇权主义分子的宽宥。直到大战前夕，沙皇迫于形势需要和公众舆论，才任命尼古拉大公为俄军总司令。

当尼古拉大公得知自己被任命为总司令时，竟然潸然泪下。

后来许多人认为，大公是一个徒有其表、骗取公众好感的花瓶，落泪是无能的表现，因为他不知道如何完成沙皇赋予的任务。

但这种看法可能误解了这位大公。男儿有泪不轻弹，只缘未到伤心时！也许是出于对皇室和祖国命运的担忧，也许是由于明知不可为而为之的无奈，也许是对于担负大任的激动和期待，也许这几种感情因素兼而有之。毕竟，这是一场决定国家前途命运和皇室存亡绝续的大战。

而且，第一次世界大战中哭泣的不止是他一人。

8月5日，法国陆军部长梅西米在内阁会议演说，开始还信心十足、神采飞扬，但讲到一半时，这位部长突然掩面而泣、难以为继！

英国海军大臣丘吉尔在送别英国远征军开赴法国时，也是情绪失控，泪如雨下！

和普通大众得知战争爆发后的兴奋和歇斯底里不同，也有一部分头脑清醒的人。他们认为人类在科技和文明发展到如此地步的今天，居然要通过一场空前的战争来解决争端，从而感到失望无奈，感到担忧害怕！

大公面临的形势确实是困难重重。首先是人才的缺乏，经过苏克霍姆利诺夫当陆军大臣这几年的折腾，能干的人才要么被压制贬斥，要么就被迫离开军队，剩下的大多是和他一样的庸碌之辈。总参谋长雅努什克维奇是个44岁的年轻人，被苏克霍姆利诺夫轻蔑地称为“仍旧是个娃娃”。如此年轻就走上这样的高位，并不是雅努什克维奇有什么过人之处，而是因为他曾经和尼古拉二世在一个部队服过役，是一起摸爬滚打过的兄弟。

此时，雅努什克维奇担任总参谋长才3个月时间，既没有什么经验，更不了解情况，根本不能指望他对即将到来的作战有什么出色的组织和精细的筹划。

更为要命的是组织工作千头万绪。俄国幅员辽阔，境内民族众多。要在如此大的范围内进行快速高效的组织动员，是一项十分庞大复杂的工程。问题是俄国根本不具备这样的能力。20世纪初的俄国虽然在工业化方面有了长足进步，但在欧洲几个主要资本主义国家中，它的现代化程度无疑是最低的。境内铁路稀少，现代通信设备缺乏，这些因素制约了它的行动。

尽管如此，尼古拉大公还是向法国人保证，俄国人会信守此前的诺言。因为他知道法国的生死存亡对俄国的前途命运关系重大。

尼古拉大公（右坐）与沙皇在一起

8月6日，俄军总参谋部命令部队："尽快对德发动一场有力的进攻以缓和法国面临的局势。当然，这只有具备足够力量时才能进行。"

此后，由于局势的快速发展和法国人一再催促，俄国人加快了行动的步伐。8月10日，俄军总参谋部再次命令："鉴于德国对法国准备突然给以猛击，支持法国自属我们的义务所在。而这一支持，又必须以尽快的方式进攻德国，攻打其留在东普鲁士的部队。"和上一条命令相比，10日的命令省略了至关重要的话——"具备足够力量"。

在这些命令的催促下，俄国这个庞然大物终于踉踉跄跄走上了东线战场，去迎接未知的命运和未来。

在一个迷人的夜晚，尼古拉大公离开首都圣彼得堡前往设在巴拉诺维济的前线司令部。那里是一个铁路枢纽，在此位置上可以兼顾东普鲁士和奥地利两个作战方向。本来计划沙皇要来亲自给他送行，大公率一众随行在车站敬候皇帝陛下的到来。但不知什么原因，尼古拉二世始终没有露面，大公只得率领手下心情黯然地登上火车离开了。

尼古拉大公的职责是指导西北和西南两个方面军的作战行动。到达前线司令部时，俄军已经开始行动。不幸的是，西北方面军司令吉林斯基也是个无能之辈。在吉林斯基的指挥下，俄国第1、第2集团军相继攻入德国的东普鲁士，但随即变成一场无序混乱的进军。第 1 集团军在取得初步胜利后待在原地丝毫不动，与当面的德军失去了接触；而第 2 集团军则在吉林斯基的催促下从马祖里湖的南部深入东普鲁士腹地，并不断与德军发生战斗。

尼古拉大公得知这一情况时，立刻意识到其中蕴藏的巨大危险。8 月 26 日，当他听到第 2 集团军重新开始进攻的消息后，立即前往吉林斯基的司令部，命令他催促第 1 集团军加快前进，进行配合。

但这时一切都晚了，德国人已经完成了对第 2 集团军的三面合围。数天后，第 2 集团军全军覆没，紧接着第 1 集团军也遭到重创。这就是令俄国人刻骨铭心的坦南堡战役和马祖里湖战役。

这两次战役的失败，主要是俄军战备工作不足和前线指挥官无能造成的，但尼古拉大公作为俄军总司令，当然也逃脱不了干系。只是由于俄军在南线加利西亚战役中取得胜利，才部分抵消了这两次战役失败的影响，尼古拉大公才没有被立即追究责任。

坦南堡战役和马祖里湖战役，对俄国人来说是一场灾难，对法国人来说却是一个福音。法国一位情报处长说："让我们向盟军致敬，它是受之无愧的，它们的失败是我们得以在马恩河取胜的一个因素。"对此，尼古拉大公大度地说："能为我们的盟国作出这样的牺牲，我们很高兴。"

话虽如此，但在战争开始初期即损失了 25 万以上的军队和大批军械物资，如此惨痛的失败、巨大的损失加剧了国内矛盾，引发了革命高潮。帝国已经支撑不到战争结束的时候了，统治俄国几百年的罗曼诺夫王朝即将寿终正寝，俄国也是人类历史上一个新的时代即将到来。

至于大公本人，还在为帝国的命运苦苦支撑。他于 1915 年 9 月被免去俄军总司令职务，降为高加索方面军司令，传说对妖僧拉斯普京的蔑视是他被降职的主要原因。他在高加索地区恢复了军队的生机，于 1916

年2月在亚美尼亚发动了进攻，并夺取了埃尔祖鲁姆的要塞埃尔津詹和特拉布宗古堡。7月又击退了奥斯曼土耳其帝国陆军部长恩维尔帕夏指挥的反攻。可笑的是，沙皇在被废黜前夕再次想到了他，任命他为俄军总司令，但不到24小时就被撤销任命。十月革命后，尼古拉大公隐居在克里米亚，1919年3月乘英国巡洋舰离开他的祖国，1929年卒于法国。

4

俄国西北方面军司令吉林斯基

1911年，法国陆军参谋长迪巴伊将军奉命前往俄国，去给俄军总参谋部负责拟制战争计划的同行们灌输法军所崇尚的攻势作战思想。

当时的法国军事思想界，正被一个叫格朗迈松的军阶不高的职业军人提出的新学说所主导。格朗迈松大肆嘲笑普法战争以来主张防御的法国军事学说，提出了一套完全相反的观点：战场上取得胜利的关键就是要有竭尽所能、永不言退的攻击性。他的论调具体说有两点：一是知道敌人在哪里，二是知道自己要干什么，完全无视对手的情况。奇怪的是，在当时法军内部，谁对这个学说提出异议，谁不接受这个学说，就会被怀疑、被排斥、被边缘化。因此，后来人们将这一学说称为“攻势邪教”再贴切不过了。

一位法国著名的军事学家在1912年曾经写道：“假使法德两国之间发生了战争，则我们认为不会有堑壕的会战。像普利弗拉和奉天会战的情形，在法国陆军所参加的战争中是永远不会有的。”类似的思想甚至在法国社会也流行开来。诺贝尔奖获得者法国哲学家亨利·柏格森就曾鼓吹，生命力具有奇特而神秘的力量，只要法国人能控制生命力，就能打败强大的德国。

法国人的攻势作战思想正中俄国人下怀，因为他们具有哥萨克骑兵跃马冲锋和刺刀见红的传统。尽管在一场与同盟国的欧洲大战中，俄军至少需要用一半的兵力对付奥地利，而对付德国的兵力——根据最乐观估计——也只能在动员的第15天时有一半准备就绪。但此时俄军上下雄心勃勃、跃跃欲试，他们迫切需要一场战争来清除积弊，重振军威！至于具体细节，则放到了次要的位置，他们宁可相信船到桥头自然直。

这自然是大胆有余而计划不足。在制订作战计划的大部分时间里，俄军的总参谋长一直由吉林斯基将军担任。

和当时大多数俄军将领一样，吉林斯基并无过人的能力和才华。在日俄战争中，吉林斯基任总司令库罗帕特金的参谋长。在这个位置上，他小心翼翼，表现平平，虽没有什么特别的建树，也没出现什么重大的错误。正因为如此，他才在仕途上顺风顺水，一直混到了总参谋长的位置，虽然他根本不具备一名总参谋长所需要的战略眼光和组织筹划能力。战争爆发前3个月，他才改任俄国西北方面军司令官，具体负责指挥第1、第2两个集团军对德作战。

吉林斯基任总参谋长期间，法俄两军总参谋部之间开展了一年一度的会谈。这种会谈也正是法俄同盟的一个特色。1912年，吉林斯基访问巴黎；1913年，霞飞将军访问了俄国。经过这一系列的互访会晤，俄军提早发起进攻的协议得到巩固和加强。此时的俄国，此时的吉林斯基，已经失去了理智和清醒，完全受制于冲动的魔力。1912年，也就是吉林斯基出访法国那年，他承诺将用于对德作战的80万人在动员的第15天全部运抵前线，根本不考虑俄国的铁路运输能力；1913年，他又把进攻的时间提前两天，而不顾俄国的军工生产的炮弹数量不到估计需要量的2/3，步枪子弹更是不到1/2。

在法国人的影响和帮助下，吉林斯基的总参谋部制订了具体的作战计划，即第19号作战计划。该计划视德国行动的具体情况而定，分两种方案：如果德国以主力进攻法国，俄国就以主力进攻奥地利；另一个计划纯粹是防御性的，适用于德国最初以主力向俄国强行推进。

原定计划的第一种方案中，俄国是想用第1集团军挡住德军，而集中4个集团军给予奥地利以致命一击，第2集团军则留在华沙作为预备队，以防德国人的进攻。在动员令下达后，为了帮助法国人减轻西线压力，这个计划又匆匆进行了临时修改：第2集团军奉命向东移动，以求与第1集团军配合共同进攻东普鲁士。其中，第1集团军从北路直接进攻，第2集团军从南路绕过马祖里湖泊，两军采取钳形攻势，第一步切断德军退往维斯瓦河的道路，包围歼灭德军在东普鲁士的军队，第二步兵锋直指德国的心脏——柏林。这样，俄军的作战计划就由当初的一攻一守改为在两个方向上同时发起进攻。

因此，俄军的第19号作战计划虽然十分宏伟壮观，也足以激动人心，但却完全不顾俄军能力和备战情况的现实，也无视对手的情况。

因为俄军要同时对付的是结成同盟的、强大的令人生畏的中欧两大帝国——德意志第二帝国和奥匈帝国。虽说哈布斯堡王朝统治下的奥匈帝国比罗曼诺夫王朝统治下俄罗斯帝国情况好不到哪去。但此时的德意志帝国，已经成为欧洲的第一号强国。特别是德国军队，自从在普法战争中打败欧洲强国法兰西之后，便获得无敌常胜军队的美誉。

的确，德军尤其是德国陆军是强大的。崇尚武力的民族传统、严密高效的组织体系、引领潮流的军事学说、性能优良的武器装备，还有专业的军官队伍，使得德国陆军成为世界各国尤其是新兴国家——譬如日本学习的典范。德军的高级指挥官和参谋人员，基本上由德国社会的精英容克贵族所垄断，他们世世代代以军事为职业，大多来自东普鲁士，而那里正是俄军要进攻的目标。

因此，俄军的作战计划完全是在法国“攻势邪教”学说蛊惑下的臆测和幻想。

不过这恰恰正是法国人所需要的。对他们来说，哪怕俄国人用于对德作战的80万兵力在动员后第15天只有一半人能够进入阵地，但只要他们能够攻入德国的东普鲁士，甚至不管胜败如何，就足以产生震撼世界的效果，当然也可以大大减轻法国在西线所承受的压力！

东线战役开始后，吉林斯基将他的司令部设在远离战线的沃尔科威斯克。这里离战场直线走就有近300千米，如果坐火车则更是遥远，因而也就对战场情况如雾里看花、一知半解。

此时，法国人在西线遭到了巨大的压力，他们迫切希望俄国人在东线发起强有力的攻势来减轻这种压力。法国人在不断催促俄国人，圣彼得堡又将这种请求源源不断地发往吉林斯基的司令部。

作为西北方面军司令的吉林斯基，主要职责是指挥协调属下两个集团军的行动，为他们提供后勤补给和情报保障。但是他对于如何完成这些任务并没有具体的计划和办法，只是一个劲地催促部队前进。他已经基本兑现了当初对法国人的承诺，因此对目前的状况感到满意，感觉自己就是历史性胜利的总策划人。

8月17日，俄第1集团军进入东普鲁士并随后与德国人发生了战斗。于是，吉林斯基将要求尽快行动的命令全部发给了第2集团军司令萨姆索诺夫：“第2集团军要赶紧推进，你们要加速行动，要尽量使劲。”

在吉林斯基的一再催促下，第2集团军经过长途跋涉，于8月21日疲惫不堪地进入东普鲁士，并连续占领了德国境内的几个边境小镇。德国人选择了战术上撤退，以便在更好的地形上迎击俄国人。

远在后方的吉林斯基根据这一情况，异想天开地认为南线的德军正

正准备发起攻击的俄骑兵部队

在仓促撤退中。于是他不顾第1集团军已经停止不前的现实，要求第2集团军“必须进攻并拦截在莱宁坎普前面退却之敌，断其去维斯瓦河的退路”。

与他猜想的情况相反，德军此时正在马祖里湖西部地区，处于俄国两个集团军之间，可以随时对其中任何一支俄军发起攻击。

8月26日，战场情况发生了巨大变化，俄第2集团军四周出现了大量德军。第2集团军向吉林斯基报告，要求停止向前挺进，转而对付两翼的敌军。吉林斯基对德军的情况一无所知，完全靠着幻想和“臆断”来做出决定，他粗暴地拒绝了萨姆索诺夫的建议：“我决不让萨姆索诺夫当懦夫，我要求他继续向前攻击。”

同日，吉林斯基给第1集团军司令莱宁坎普下了一道前进的命令，要求他追击可能在退却中的敌人，却丝毫没有提及向萨姆索诺夫第2集团军靠拢一事。只是笼统要求两个集团军配合行动，压迫德军远离维斯瓦河。但是，他们行军方向不一致，对敌情茫然无知，根本谈不上什么配合。

8月27日，俄第2集团军遭到猛烈攻击。直到这时，吉林斯基才勉强弄清楚战场情况，萨姆索诺夫的第2集团军正遭受猛烈攻击，德国人根本没有向维斯瓦河撤退。他打电话要求莱宁坎普的左翼向萨姆索诺夫靠拢，实施增援。但一切为时已晚，他的第2集团军正在崩溃中，几天后这支部队就不复存在了。

坦南堡战役后，吉林斯基企图将战败的责任全部推给莱宁坎普，指责他救援不力，临阵逃脱。他的这种做法使总司令尼古拉大公非常愤怒，大公认为吉林斯基难辞其咎，他的无能和失职是战败的主要原因，于是解除了吉林斯基的职务。

5

俄国第 1 集团军司令莱宁坎普

俄国第 1 集团军司令保罗·冯·莱宁坎普是一员沙场老将，他于 1873 年、1882 年先后毕业于赫尔辛弗斯步兵士官学校和总参学院，1900 年率部参加入侵中国的“八国联军”，在日俄战争期间担任骑兵师长。在俄国的王公贵族和高级将领中，有德国姓氏的极其罕见。可能是为了打消人们对他有日耳曼血统的怀疑，虽然他已经 61 岁了，但奋勇当先的劲头丝毫未减。

1914 年 8 月 12 日，他的一支由 1 个骑兵师配属部分步兵组成的先遣分队已经进入德国领土，占领了东普鲁士的小城马格拉博瓦镇。俄军没有遇到抵抗，因为德军已经撤走。

接到先遣部队进展顺利的消息后，莱宁坎普十分高兴。看来这群德国佬已经被吓破了胆。

8 月 17 日，在没有准备完毕的情况下，莱宁坎普率领第 1 集团军主力大举越过国境线，朝 60 千米外的因斯特堡峡口猛扑过去。这个峡口是一片约 50 千米的开阔地带，背靠柯尼斯堡要塞，南连马祖里湖。莱宁坎普打算在这里与德军主力交战，直到俄国第 2 集团军从马祖里湖南侧迂回到来，再前后夹击歼灭德军主力。

同日，他的一支前卫部队在距贡比南前方约 30 千米的施塔卢珀南和

俄军开赴前线

弗朗索瓦的第1军——德国第8集团军的主力交火，战斗规模不算很大，莱宁坎普受到了一些损失。战斗结束后德国人撤退了。

这次战斗实际上是对莱宁坎普的一个提示和警告，德国人并没有惊慌失措，可以肯定他们正在前方的某一地方做好了精心准备，等待俄军的到来。但莱宁坎普却不以为然，这场遭遇战的损失对他来说根本不算什么，他下令部队继续前进。

在接下来的两天里，俄军一路前进，攻占城镇，烧毁容克的农庄。入侵者和当地居民冲突难免，双方施暴不断。

一位英国随军军官后来就他的所闻所见写道：“哥萨克人强烈厌恶做俘虏”，“我知道好几个哥萨克人宁可自杀也不愿落入德国人之手。根据我们获得的报告，德国人非常讨厌哥萨克人，抓住哥萨克人后，施以酷刑，然后杀死他们。农民照样对落入他们手中的落伍士兵没有怜悯之心。农民用稻草叉子杀人，边境双方的妇女也喜欢这种致命武器，许多纯种条顿人就是被这种稻草叉子戳死的”。

大批逃难的人群和他们的行李、牲畜塞满了道路，使俄军的行军速度受到极大影响。组织准备工作上的缺陷此时也显露出来，离开国境线才几十千米，后勤供应就开始出现问题，通信联络更是糟糕，时续时断，司令部根本无法准确掌握各部队的具体位置。

道路上混乱的情形，弗朗索瓦的连夜撤退，各种情况结合在一起，使莱宁坎普认为德国军队可能在向维斯瓦河以西撤退，这不符合他们发起钳形攻击的本意。于是莱宁坎普决定：暂时停止前进。一方面恢复行军秩序和通信联络，恢复后勤供应；另一方面，将德军留在维斯瓦河东岸，引诱其前来交战，并等待萨姆索诺夫的第 2 集团军前来会合。

莱宁坎普突然停止不前，打乱了德国人的预先计划，时间是他们的最大问题。于是，8 月 20 日，德国第 8 集团军主动向贡比南以东约 16 千米的俄第 1 集团军发起了进攻。但这一次，德国人在战术的配合协调上出现了问题。

俄军右翼最先遭到攻击，德国人的攻击很高效，取得了局部的胜利。但另外两支德军没有及时赶到战场，这给了中路和左翼俄军充分的准备时间，他们严阵以待。当德军在这两路投入进攻时，已经失去了出其不意的效果，他们遭到俄军的迎头痛击并向后溃退了几十千米。

莱宁坎普的第 1 集团军取得了贡比南战斗的胜利。

对莱宁坎普而言，贡比南之战的胜利本是他置德国人于死地的绝佳机会。如果他命令部队在击溃中路德军后继续跟踪攻击，保持接触，不让德国人有喘息调整的机会，则德国第 8 集团军要么被消灭，要么狼狈不堪地退到维斯瓦河以后地区，从而放弃东普鲁士。如此一来，东线战场的局势将会改写，一战的历史也会改写。

实在无法理解莱宁坎普为什么让部队在取胜后停止不前。可能是对于单独对付德国人没有信心，可能是糟糕的后勤供给拖了他的后腿，可能是他不想过早把德国人逼退到维斯瓦河以西，也可能是一时心血来潮。

总之，永远也无法确切得知他当时内心的真实想法。

西方的军事家对此也无法理解，不过他们却把莱宁坎普当时的表现刻画得活灵活现。

“莱宁坎普本来是快要被击败了，现在转败为胜之后，就高兴得很，坐下来欣赏他的胜利，由此即可以想见俄国人的心理是如何的古怪，我们可以引证目击者，诺克斯将军的叙述：一位将领问莱宁坎普他是否可以上床睡觉，他回答说可以的，但最好不要脱衣服。他躺下了一个钟点之后，莱宁坎普却把他喊醒，站在他的床边，微笑地对他说：‘现在你可以脱下你的衣服了，德国人已经正在退却中。’诚如诺克斯所批评的，这才不是脱衣睡觉的时候，而应该尽最大的努力，以与正在退却中的敌军保持接触。”

贡比南战斗后，莱宁坎普和他的第1集团军就一直停在原地不动。他担心过早把德军逼退过维斯瓦河，于是等待俄军另一只钳子——萨姆索诺夫的第2集团军——迂回切断德军退路。这样他既和德军脱离了接触，糟糕的情报工作也使他根本就不知道德军在哪里。

直到8月23日，莱宁坎普才终于再次前进。不过他并没有往西南方向前进和萨姆索诺夫第2集团军靠拢，而是径直往西向柯尼斯堡方向挺进。之所以这样，是因为他对德军的行踪完全无法掌握，而是荒谬地“猜测”德军向北撤退了，躲进了柯尼斯堡要塞。他觉得如果能将德国第8集团军主力围困在柯尼斯堡要塞，则夺取东普鲁士，乃至进军柏林就是轻而易举的事情。只是莱宁坎普不知道，小毛奇早就明确德军退入柯尼斯堡要塞是绝对不允许发生的事情。

这样俄军的两支钳子非但没有靠拢，反而拉开了距离。莱宁坎普的盲目行动将俄第2集团军置于了巨大的危险之中。

8月26日，远离主力的俄第2集团军右翼末端和德军发生战斗，这是个极其危险的信号。此时，莱宁坎普的左翼能否及时赶来会师，成了拯救俄第2集团军的唯一机会。但这个机会消失了，莱宁坎普的部队没有出现。第二天，德军发起了全线攻击，俄第2集团军迅速瓦解。

坦南堡战役后，德第8集团军兵强马壮、士气高涨，转而对付莱宁坎普的俄第1集团军，发动了马祖里湖战役。由于萨姆索诺夫全军覆没，此时的莱宁坎普早已心惊胆战、畏敌如虎，在战役的关键阶段丢下军队骑着摩托车独自逃回俄国。这样，德国人就以伤亡1万多人的微弱代价取得了歼灭俄军14万多人的辉煌，并将俄国人彻底逐出了东普鲁士。

作为一名败军之将，莱宁坎普付出了高昂的代价。他临阵逃脱的可耻行为引起了高层的震怒，有人甚至说他是德国奸细。1914年年底，他

俄第1集团军正在通过东普鲁士的一个小镇

被革除了集团军司令职务。后因在战争初期犯有盗窃公款罪，被沙皇作退职处理。十月革命后他被逮捕，1918 年经塔甘罗格革命法庭审判处死。

6

俄国第 2 集团军司令萨姆索诺夫

在坦南堡战役中，萨姆索诺夫算得上是一个悲剧性的人物。在俄国冒险的作战计划和上级无能的指挥下，他本人和他指挥的第 2 集团军毫无意义地成了牺牲品。

萨姆索诺夫生于 1859 年，从圣彼得堡骑兵学校毕业后，他作为一名骑兵军官开始了军事生涯。在 1877 年对土耳其战争期间，萨姆索诺夫初次参加战斗。1884 年，他从尼克拉夫斯卡军事学院毕业后进入总参谋部工作，两年后任圣彼得堡骑兵学校校长。1900 年，他指挥了一支骑兵部队参加了“八国联军”，并残忍地镇压中国的义和团运动。43 岁那年萨姆索诺夫晋升为准将，在日俄战争期间指挥西伯利亚哥萨克骑兵师中的乌苏里山地旅，获得了“精力充沛”和“足智多谋”的声望。日俄战争结束后的两年里他担任华沙军区参谋长，1909 年他成为顿河地区哥萨克骑兵的总指挥官。1910 ~ 1914 年，他升任土耳其斯坦总督以及该地区军队的总司令。

俄国第 2 集团军司令萨姆索诺夫

第一次世界大战爆发时，他正在高加索疗养。直到 8 月 12 日才到达驻波兰的第2集团军司令部就任。由于这一原因，他对东线的战场环境感到陌生，对他属下的这支部队也不太了解，此前从未有过接触，因而缺乏号召力和凝聚力。

萨姆索诺夫为人朴实厚道，友善单纯。作为一名军人，他的勇敢无可置疑，总是毫无条件地执行上级命令，这是他的一个优点，也是一个不足。此前，他在旅级和师级指挥官的位置表现出色，但没有担任过集团军司令，指挥大兵团作战显得经验不足。

按照计划，萨姆索诺夫的第2集团军从马祖里湖南侧进入东普鲁士，截断德军退往维斯瓦河以西，然后和莱宁坎普的第1集团军一起，将德军围歼于东普鲁士。

对俄国人而言，这次军事行动能否获得成功的关键就是两个集团军之间的配合，只要将进攻的两只钳子准确地合拢，就可以置德国第8集团军于死地。

但是，他们糟糕的后勤保障和通信联络使得完成这一任务困难重重。

由于第2集团军驻地在远离东普鲁士的华沙，到达战场需要作长距离行军。因此，当萨姆索诺夫带着他的部队经过1周的艰苦行军，穿过无数河流、沼泽、荒原进入东普鲁士后，各种组织工作上的问题就暴露出来。各种供应保障盲目而不足，士兵们饥肠辘辘、疲惫不堪，行军秩序极为混乱。一位目击者对此描述道："全军从拜罗斯托克前进时，即缺乏粮食的补给。甚至于尚未达到拉流之前，行军的纪律即已经坏到了极点，从那一条河起到普鲁士边界为止，俄军的纵队必须越过沙河徒涉而过。部队的神经都极为紧张，见着飞机就开枪，甚至于还射击自己的汽车。高级指挥官对于敌人的行动，简直毫无所知。各军长所知道的情报，最多只限于其邻近的目标，譬如说，对于莱宁坎普军团的任务，他们就一点都不知道。”

莱宁坎普的第1集团军已经于几天前进入了东普鲁士，并在贡比南和德军发生了战斗。于是，萨姆索诺夫的顶头上司吉林斯基要求他加快进军速度。

老实厚道的萨姆索诺夫报告：“正在按时间表前进，每日行军20公里以上的沙砾路，不事休息，已无法再快。”

萨姆索诺夫知道，如此行军会拖垮他的部队。但他的上司不为所动，依然要求他“坚持要立即投入决战”。

8月22日，萨姆索诺夫的部队和德国朔尔茨的第20兵团发生接触。战斗打响后，朔尔茨鉴于地形不利，将部队撤到比以前位置更好的阵地，俄军占领了德国的小镇佐尔道和奈登堡。这给萨姆索诺夫造成一种印象：德军正在败退。于是，他指挥着手下的部队继续挺进。

这样，萨姆索诺夫的第2集团军就一步步钻入了德国人预先设好的口袋。更致命的是，莱宁坎普的第1集团军没有向他靠拢，相反，和他拉开了距离，他发出的电报又被德军截获，使对手清楚掌握他的行踪。于是，德国人放心大胆地置莱宁坎普的第1集团军不顾，全力攻击萨姆索诺夫的第2集团军。

26日，萨姆索诺夫的中路恢复了对当面德军的进攻，但他右翼一个远离主力的军受到了另外一支德军的进攻，并很快被击溃。但萨姆索诺夫和部队之间差劲的通信联络使他对战场情况不甚了解，当然也就无法进行有效的兵力调动。

虽然如此，萨姆索诺夫还是通过一些零星、混乱的情报感到了事态的严重，这令他非常不安。情况显示他面对的不是一支不断退却的敌军，而是攻击力很强的生力军，特别是他的两翼突然出现了大量的敌人。

萨姆索诺夫向吉林斯基报告，要求停止向前挺进，转而对付两翼的

萨姆索诺夫与参谋们在研究敌情

敌军。但被吉林斯基粗暴地加以拒绝。

萨姆索诺夫无可奈何地服从了命令，命令部队继续前进。虽然他知道部队已经十分疲劳，两翼已经出现混乱，虽然他已经感到敌情严重，但他没有根据实际情况选择谨慎的撤退或原地驻扎伺机而动，而是盲目执行吉林斯基的命令，这是萨姆索诺夫在坦南堡战役中的最大失误。这一失误不但葬送了第2集团军，也葬送了他本人。

26日的战斗持续了一整天，情况越来越严重。尽管如此，萨姆索诺夫还是决定继续中路的进攻，缠住德军直到莱宁坎普前来给予致命一击。他命令一个军加强左翼防守，保护全军侧翼。到了晚上，萨姆索诺夫焦急地向莱宁坎普询问能否前来会合，但是莱宁坎普没有回答。

27日凌晨，德军发动了对萨姆索诺夫的总攻，俄第2集团军关键的左翼在德军炮火下很快崩溃。至此，萨姆索诺夫的两翼已经折断，德国人布置的大网正在收拢，第1集团军根本来不及增援。但战斗还在激烈进行，萨姆索诺夫命令中路继续进攻。俄国士兵也知道自己的命运到了关键时刻，以玩命的精神向德军阵地发起一次又一次无畏的冲锋，攻势空前猛烈。一度差点撕开德军的中路防线，但顽强的德军顶住了。

8月28日凌晨，在经过调整和准备后，德军再次在左翼发动进攻。俄第2集团军左翼彻底瓦解，毫无斗志的士兵全部跑进了附近的森林躲了起来。德军横向一路向东，完成了布网的最后一道工序——扎紧网口。俄第2集团军被彻底包围了。

接下来的几天里，战斗变成了德国人的猎杀游戏。俄军四散奔逃，试图突出包围圈，但每次都被德军的机枪打退回来。随着时间的推移，战场上的枪声逐渐停息了下来，到了 31 日，有组织的战斗已经结束，俄第 2 集团军作为一个建制部队已经不复存在。

萨姆索诺夫在最后时刻显露出了一名军人的勇气和血性，他没有独自逃跑，决心与他的部队共存亡。当德军的脚步越来越近时，他在离自己祖国边境不远的一个树林里举枪自杀了。

一员老将战死沙场，也算是他最好的归宿。

萨姆索诺夫的遗体被德国人发现后埋葬在维仑贝格。两年后，在红十字会的协助下，他的遗体被其遗孀带回俄国安葬。

被德军俘虏的俄军

7

德军参谋总长小毛奇

随着战争在西线的打响，作为德军最高统帅小毛奇，此时正承受巨大的精神压力。一方面他需要时刻将目光放在西线，按照宏大的“施利芬计划”指挥上百万德军的行动，同时又要密切关注东线俄国人的行动。

对于俄国人可能到来的进攻，德国人早有准备。1905 年施利芬在制订他的计划时，俄国刚刚处于日俄战争失败后最虚弱的阶段。考虑到俄军的动员能力和行动速度，施利芬认为在战争爆发后的 6 周内俄军无法发动大规模进攻。于是他决定利用俄德边境的天然地形，采取虚弱正面、加强两端的部署，构筑要塞工事，修筑铁路网络，希望在战争初期把俄军牢牢限制在这个三角地带，待德国在西线击败法国后再将兵力东运，配合东线强有力的两翼，一举包围歼灭俄军。

到了 1913 年，情况有了变化。俄国已经从日俄战争的重创中恢复了一部分元气，在法国人的帮助下，铁路运输系统也有了一定程度的改善和增强。所以小毛奇认为俄国的动员时间可以缩短，因此他决定在东线

开往前线的德国军列

上也需要一个强有力的军团——第 8 集团军。

第 8 集团军共由 11 个未满员的步兵师和 1 个骑兵师组成，人数约 13.5 万，约占德军总数的 1/10。以 1914 年的标准看，第 8 集团军的规模是很小的，而与之对阵的俄国两个集团军则十分庞大，总兵力是德国的 2 倍。

形势似乎对德国人不利。但德国人深入研究了东线的地形，加上出色的情报工作，使他们基本上研判了俄国人的进攻路线、方式和大致时间，已经在战略上占据了主动和先机。此外，德军经常在这一带举行演习，熟悉当地环境，还有高效通畅的铁路运输系统。因此，德国人认为，如果俄国人提前发起对东普鲁士的进攻——虽然他们不愿意看到这种情况——他们对付的办法就是施利芬的策略："投入全部兵力，对首先攻入我军射程的一路俄军予以痛歼。"

德国盟友奥地利人也制订了作战计划，而且也是两套方案：一个计划是设想只同塞尔维亚打仗，把奥地利 6 个集团军中的 3 个用来进攻塞尔维亚，其余 3 个集团军用于在加利西亚挡住俄军；另一个计划是同俄国和塞尔维亚两国作战，在这种情况下只派两个集团军进攻塞尔维亚，4 个集团军则驻守加利西亚战线。

很显然，奥地利人的这套作战计划和俄国人一样不太靠谱，和它的德国盟友比起来实在差得太远。

不管如何，双方已经拉开阵势，做好厮杀的一切准备，就等着最后时刻的到来。这种情形就好像美国总统使者访问柏林后给威尔逊的报告所说："整个的德国都好像是充了电一样，每个人的神经都是紧张的。只要有一个火花即可以引起全面爆炸。只要英国一表示同意，法俄两国就会与德奥两个打起来。"

1914 年 8 月 17 日，俄国第 1 集团军大举越过边界进入东普鲁士，一路向西挺进。几天后，第2集团军也从马祖里湖南侧杀进东普鲁士。

虽然事先有预计，但俄国人的行动之快还是大大出乎小毛奇的意料之外。而且，在德国的领土上出现俄国军队，这还是拿破仑战争以来的第一次，这给德国人心理上的震撼是难以形容的。

特别是此时东方的日本已宣布加入协约国集团，这样就使俄国可以放心地将远东地区的兵力抽调到西线作战。这让小毛奇对东普鲁士的安危更加焦虑不安。

东普鲁士虽是德意志第二帝国各邦国中最偏远的地区，但对于德国人而言，这是一片神圣的土地。这里居住着一些古老的家族，他们世代经营着自己的农庄，成为德意志的领导阶层，德国军队的精英——容克——基本来自这里。1701年，霍亨索伦家族的第一位君主腓特烈一世就是在东普鲁士的柯尼斯堡加冕为普鲁士国王的。因此，霍亨索伦家族把东普鲁士看作德意志帝国的心脏，德国人特别是容克贵族把这里看作他们的精神家园。

现在，小毛奇最不愿意看到的局面出现了：德军不得不在东西两线同时开打，而且可能还要承受放弃东普鲁士的痛苦。

德军在丛林中向前推进

小毛奇给德国第8集团军的作战命令贯彻了施利芬的意图：利用手中已有兵力尽量保卫东普鲁士，不让俄国人在兵力上形成对德军优势，更不能让俄军将自己压入柯尼斯堡要塞，如果情况紧急，万不得已，可以将部队撤退至维斯瓦河以西，放弃东普鲁士。

发出这道命令实在是无奈之举。放弃东普鲁士简直是件不敢让人想象的事情，得在道德上、精神上、舆论上承受多大的压力，这可是霍亨索伦家族的兴盛之地啊！但是，小毛奇也知道，让第 8 集团军独自对付俄国两个集团军，确实有点勉为其难。暂时放弃东普鲁士，全军死守维斯瓦河防线，等到德军在西线打败法国，一切还有机会。可是如果失去第 8 集团军，则德国在法国的所有胜利将毫无意义！

执行这道近乎艺术的命令是件困难的事情，全看前线指挥官的衡量局势和把握机会的能力。可是第 8 集团军司令普里特维茨显然不具备这样的能力。

普里特维茨 1848 年出生在德意志邦国西里西亚的一个世袭贵族家庭。他的性格优柔寡断，谨小慎微，根本不适合做一名指挥官。但他是威廉二世的宠臣，已是 66 岁高龄。他的心思和兴趣不是研究军事，而是想方设法通过在饭桌上讲荤段子博取皇帝的开心。此人贪嘴的习惯要比他的军事才能出名得多，因此得到了“胖家伙”的绰号。小毛奇一直认为普里特维茨不能胜任现在职位，多次想把他换掉，但每次都因为威廉二世的反对而作罢。

正因为如此，普里特维茨在军中威望不高，难以服众。在东线战场，他指挥的第 8 集团军要独自对付两个俄国集团军，这让他感到力不从心、勉为其难。

因此，当俄第 1 集团军的进攻开始后，根据霍夫曼的建议，普里特维茨决定先向后撤退，尽量让俄军深入境内，以远离他们的后方基地，增加俄军行动的困难，这样好更容易击败他们。他计划在 8 月 19 日或 20 日，即莱宁坎普的俄第 1 集团军到达因斯特堡峡口以前，在距离俄国边境约 40 千米的贡比南地区发起进攻。在此之前，不应对莱宁坎普进行狙击。因为第 8 集团军的时间不多，他需要在两路俄军会合之前完成攻击一路的任务，然后再转头对付另一路。

根据这一计划，他率领第 8 集团军司令部前移到因斯特堡附近的巴腾施泰因等待莱宁坎普这一路俄军的到来。

但是他的计划遭到了部下的反对。他们希望尽可能在靠近边境的地方将俄国人驱逐回去。

8 月 17 日，也就是莱宁坎普越过边境的当日，弗朗索瓦的第 1 兵团在距贡比南前方约 30 千米的施塔卢珀南和俄军前卫遭遇，双方随即发生了一场规模不大的战斗。德军取得小胜。

弗朗索瓦的单独行动打乱了普里特维茨的原定计划，这使他异常恼火，他现在最担心俄第 1 集团军因此而警觉起来。

俄军似乎不以为意，继续向西挺进。但两天后俄军突然停止了前进，待在贡比南以东地区不动了。因为莱宁坎普认为德国人正在慌乱撤退中，担心追击会把德军过早地逼退过维斯瓦河。

对普里特维茨而言，莱宁坎普这一不可思议的判断和举动反倒让他陷入两难境地。本来，他已经在贡比南后方的安格拉普河沿岸构筑好了阵地，以逸待劳等待俄军的到来。现在莱宁坎普停了下来，使他的原计划成了泡影。

普里特维茨此时被战场上出现的复杂局势弄得心烦意乱。打还是不打？打，就意味着德军要脱离既有阵地发起攻击，没有必胜的把握；不打，继续在安格拉普河阵地等待俄军，时间不允许，天知道莱宁坎普会停多久，而萨瓦索诺夫的第 2 集团军随时会从南线迂回过来。而且，不加抵抗就把大片国土拱手让给俄国人已经引起德国的王公贵族、军队将士和当地居民的强烈不满，让普里特维茨感到了压力。

就在普里特维茨举棋不定的时候，南线部队发来一条重要情报：发现了萨姆索诺夫的俄国第2集团军的踪迹。这就意味着俄军的两只钳子正在合拢中。

必须马上做出决定！要么离开安格拉普河阵地攻击莱宁坎普的俄第1集团军，要么全军南下，全力攻击萨姆索诺夫的俄第2集团军。

实际上，在目前形势下，普里特维茨只能选择前者。因为如果德军舍近求远攻击萨姆索诺夫，一旦莱宁坎普在后面尾随而来，德国人无异于是作茧自缚。于是他命令德军于8月20日向当面的莱宁坎普发起进攻。

但是，由于指挥协调问题，德军对贡比南俄军的进攻失败了。

贡比南战斗的失败让普里特维茨惊慌失措。尽管弗朗索瓦的第1兵团取得了局部的胜利，尽管另外两只部队的实力没有受到多大的损失，尽管俄军的后续行动还不确定，但他还是坚持认为，情况已经到了绝望的地步。如果俄军尾随溃退的德军中路冲过因斯特堡峡口，就有可能将第8集团军割裂为两部分，北部的第1兵团将被逼入柯尼斯堡要塞，这是统帅部三令五申绝对不允许出现的情况。

一想到这里，普里特维茨心里一阵恐慌。小毛奇曾交代过："在绝对必要时，可放弃维斯瓦河以东地区。"现在情况不是已经到了"绝对必要"的时刻了吗？

但是他的决定遭到了众人的反对。在第8集团军司令部里，除了普里特维茨本人以外，几乎所有人都认为局势还没有到必须放弃东普鲁士的地步。

但普里特维茨决心已定，他说："假如我们继续对维尔纽斯军（即俄第1集团军）作战，华沙军（即俄第2集团军）将会向我们背后挺进，切断我们通向维斯瓦河的去路。我们必须停止对维尔纽斯军的作战，退过维斯瓦河。"

随后，他独自向统帅部报告了撤退的决定。这引起了小毛奇的震怒，决心撤掉普里特维茨的职务。

不过在部下的反复劝说下，普里特维茨从慌乱中恢复了镇静，同意了不向维斯瓦河撤退的建议。

但是普里特维茨在做出正确决定的同时却犯了两个错误。一方面他没有告诉霍夫曼和司令部的其他人员他曾向统帅部要求撤退，另一方面他又忘记将新的决定告诉小毛奇。这个疏忽决定了普里特维茨的命运。

德军东线的指挥者们

对于普里特维茨下令后撤的轻率决定，小毛奇感到无比震惊！轻易放弃东普鲁士，不但会对德军士气造成巨大打击，还会使德国失去粮食、战马和乳制品的产地。更为严重的是，如果让俄国人占据东普鲁士，不但德国心脏柏林立刻处于俄国人的威胁之下，铁杆盟友奥地利也将朝不保夕。小毛奇十分懊悔，由于自己在给第8集团军的作战命令中留下了个尾巴，现在竟被普里特维茨因为自己的无能而抓住加以利用。

为了弄清战场上的实际情况，小毛奇绕过普里特维茨，直接向第8集团军几个军的指挥官打电话了解情况。那时的电话技术水平较低，打电话非常费力，需要耐心等待连接，对着话筒大喊，难以听清对方微弱、嘈杂的声音。当电话接通后，小毛奇就问一个问题：必须要撤退吗？得到的答复几乎是一致的：目前的情形虽然严重，但还没有糟透到撤退的地步。不必撤退，也不能撤退！

小毛奇认为，普里特维茨已经失去了作为战场指挥官的信心和勇气，他必须要为东线选择一位勇敢、无畏、坚强的将领，去扭转那里的局势。

他免除了普里特维茨的职务，任命1913年以前一直是他最重要参谋的鲁登道夫——这位列日之战的英雄——担任第8集团军参谋长，实际负责东线指挥。

果断换将，是小毛奇对东线战场的最大贡献。

此后，远在科布伦茨德军总部的小毛奇一直没有收到第8集团军的最新战报。由于德军在法国境内推进顺利，使统帅部认为胜利在望。处于对东线的担心，他决定从西线抽调3个军和一个骑兵师乘火车增援东线。

后来许多战史学家批评小毛奇在关键时刻抽调西线兵力，认为这一决定是导致西线失败的重要因素。但对小毛奇而言，这是不得已而为之，也有一定的道理。他不仅需要对东普鲁士战局保持警惕，而且需要高度关注整个东线形势。他反对奥地利人入侵塞尔维亚，哈布斯堡的所有军队都应该用来对付俄国人。但康拉德还是入侵了塞尔维亚并招致了彻底的失败。此时，大量的俄军正集结在加利西亚平原，如果奥地利在那里也招致失败，不但康拉德和整个奥匈帝国将处于绝望的境地，而且东线战局也将变得更加严峻。

小毛奇从西线调动兵力增援东线

在鲁登道夫指挥下，德国第8集团军全歼俄军第2集团军，取得了坦南堡战役的决定性胜利。

不幸的是，在加利西亚平原，小毛奇担心的事情又发生了。就在俄第2集团军崩溃的当天，奥地利总参谋长康拉德向人数占有优势的俄军发起了主动进攻。这次进攻招致了惨重的失败，奥军损失了30万以上的军队，被俄军打退了几百千米，完全丧失了加利西亚。这个损失，远远超过了入侵塞尔维亚的代价，也超过了俄军在坦南堡战役和马祖里湖战役的损失。

对于加利西亚战役，不能完全责备康拉德一人。因为小毛奇担心加利西亚的俄军赴东普鲁士作战，便要求奥军进行配合，改防守为主动进攻。为了让康拉德宽心，小毛奇承诺在打败法国之后立即增兵支援，并安慰道："俄国的命运不取决于加利西亚的巴格河，而取决于法国的塞纳河。"也就是说，俄国人不是什么障碍，只要打败法国一切都不成问题。

奥地利人通过付出巨大代价不但牵制住了加利西亚的大量俄军，而且把在波兰的俄军预备部队吸引到了这一方向，保证了德军在东普鲁士的战斗。但从长远看，这次失败却是一场真正的灾难，奥地利人从此失去了单独对付俄国人的能力而成为德国的累赘，奥匈帝国——德国为数不多的盟友中稍具实力者——进入了死亡的倒计时。

与小毛奇从西线抽调兵力增援东线一样，加利西亚战役是又一个战术上成功、战略上失败的典型。可能对于小毛奇而言，做出这些选择和决定也是两难和无奈之举。但正是这种无奈，反映了德国人在事先战略设计上的缺陷和作为德军统帅的小毛奇在战略定力和指挥能力上的不足。

8

德国第8集团军司令兴登堡

就在德军统帅部在选择鲁登道夫担任第8集团军参谋长的同时，他们还给他安排了一个搭档——集团军司令官兴登堡。选择一个已经退役的老将来担任这个职务，可谓是经过深思熟虑，在考虑了很多人选之后才做出的选择。兴登堡之所以能够进入视野，是因为他在大战爆发时给老朋友小毛奇的副手施泰因写过一封信，说“如果情况的发展需要一个指挥官的话，不论哪里，请不要忘掉我”。

兴登堡

1847 年 10 月，兴登堡出生于东普鲁士波森市（今波兰波兹南市）一个容克地主家庭。他的外曾祖父是普鲁士皇家榴弹兵，外曾祖母则做过宫廷洗衣妇，父亲是普鲁士陆军的一位要塞副司令，母亲是军医的女儿。如此的家庭背景和环境，使兴登堡有着强烈的忠君意识和尚武精神。

12 岁那年，兴登堡进入了一所寄宿制的陆军幼童学校。在那里，他接受了启蒙的军国主义教育，普鲁士那种绝对服从、对上忠诚、勇猛果敢、永不言败的精神在少年兴登堡心里扎下了根。这种心理意识伴随了他一生。陆军幼童学校毕业后，兴登堡于第 2 年进入了柏林第一士官学校学习军事并成为皇家候补军官团的一员。

1866 年 3 月，19 岁的兴登堡少尉来到普鲁士驻但泽第 3 步兵近卫团，随后参加了普奥战争。普奥战争是德意志统一过程中的关键一仗，也是兴登堡的初出茅庐之战。克尼格雷茨之战中兴登堡表现突出，在进攻奥军炮兵阵地时英勇奋战头部受伤而闻名全军，得到了威廉一世的称赞，把一枚只有上尉以上军官才能得到的赤鹫勋章亲自颁发给他。在 1870 年开始的普法战争中，晋升为中尉的兴登堡先后参加了 8 月 18 日圣普里瓦会战和 9 月 1 日的色当之战。兴登堡再次以其英勇表现获取殊荣，威廉一世把自己佩戴的铁十字勋章直接奖给他。1873 年进入柏林军事学院深造，后以优异成绩毕业，受到总参谋长老毛奇的赏识，并调入德军总参谋部工作。1883年，兴登堡调任军事学院教官，1889年任陆军部步兵局局长，3年后晋升少将军衔，1903年升任军长并晋升为中将军衔。在1908年的陆军演习中，他指挥的部队表现非凡，以至于裁判不得不宣布与其对阵的由德皇威廉二世指挥的部队被击败。但这一胜利并没有给兴登堡带来好运。由于对新皇的内外政策感到怀疑，他面陈己见，直言劝谏。但威廉二世主观任性，听不进逆耳忠言，使兴登堡一再受到冷遇。1911年，兴登堡称病请求退役并很快得到批准。他怀着怅惘、无奈的心情，回到了汉诺威的庄园。作为一名军中耆宿，兴登堡老成持重，沉着冷静，熟悉东普鲁士的一切。这正是第8集团军司令官的理想人选。

8月22日下午，兴登堡在汉诺威的家中收到了任命他为第8集团军司令官的电报，让他立即前往前线就职。

由于军情紧急，时间紧迫，兴登堡甚至来不及换上新军装，只穿了身他退役时的旧军装就匆匆出发了。

当天夜里，兴登堡在汉诺威车站登上火车，随后与鲁登道夫一起赶赴前线。

兴登堡和鲁登道夫的列车于23日凌晨到达东普鲁士。一下火车，他就毫不犹豫地告诉普里特维茨，他已经被停止行使第8集团军司令官的权力，命令立即有效，虽然普里特维茨是兴登堡妻子的表兄。

此后，兴登堡放手让鲁登道夫指挥作战，先后取得了坦南堡战役和马祖里湖战役的巨大胜利。同时，由于俄军在加利西亚的胜利，把德国西里西亚暴露在敌人前面。兴登堡迅速行动，派马肯森将军率领刚刚组建的第9集团军乘火车去增援奥军，这才稳住了局势。

还在围歼俄第2集团军的战斗即将胜利之时，兴登堡和鲁登道夫率众来到一个叫坦南堡的小村庄附近。根据霍夫曼提议，他们将这场战役命名为坦南堡战役。对德国人来说，没有比这个名字更合适的了。因为在1401年，波兰人和立陶宛人曾在这里击败了条顿骑士团。德国人认为，通过坦南堡战役，日耳曼人终于报了斯拉夫人的

兴登堡在观察敌情

“九世之仇”。尤其是兴登堡，坦南堡战役的胜利让他感觉格外美好，因为他就是来自东普鲁士的传统的容克贵族。

当坦南堡战役胜利的消息公布后，上至德皇威廉二世，下至普通民众，都兴高采烈，他们将兴登堡和鲁登道夫视作拯救东普鲁士和德国的英雄。尤其是老将兴登堡，各种有关他的离奇传说不胫而走。在战斗中曾有一个俄国师的几个连，在惊慌失措中晕眩地走进了水里，有些人被淹死了。德国人把它渲染为传奇，说是兴登堡把萨姆索诺夫的军队驱入沼泽，死者数万人。对此，凡牵涉到个人威信时总是注意使记载保持准确的鲁登道夫不屑一顾，斥之为“传说是个神话，那附近根本没有沼泽地”。

1914年9月下旬开始，兴登堡指挥了在波兰的战役，这一战役以在11月的罗兹之战构成胜利的顶峰。1914年11月1日，兴登堡被任命为东线德奥联军司令并被提升为陆军元帅。

9

德国第8集团军参谋长鲁登道夫

在一场世界性的大战中，有的人会身败名裂，有的人则被视为英雄。

鲁登道夫

鲁登道夫无疑属于后者。

艾里希·鲁登道夫，1865年4月出生在波森（现波兰的波兹南，笔者注）附近的一个小镇。从他的名字就可以看出，他不是容克贵族家庭出身，他的父亲是一个靠卖保险为生的没落地主。直到后来由于在战争中的卓越功绩，他才被德国皇室封为贵族，改名艾里希·冯·鲁登道夫。

鲁登道夫12岁时进入陆军幼童学校学习，1881年从陆军士官学校毕业并于第2年入伍，被授予少尉军衔。

由于他出身平民，要想有所成就，必须加倍付出。因此鲁登道夫十分勤恳努力。1890年，他凭借出色的才智和胜任艰苦工作的能力进入柏林军事学院深造，并于3年后以优异成绩毕业。学校对他的评价是："头脑清楚，思维严密，生活习惯良好，各科成绩都很优秀，战史和战术成绩尤为出色，适应任何工作。"

长期的军队生活，使鲁登道夫逐渐成为了一个精力旺盛、权力欲望极强而又神经过敏的人。他对一切的兴趣都从属于军事。德国一位首相评价他："你不了解鲁登道夫，他只是在成功时才了不起，如果事情变糟了，他就会沮丧起来。"联系到后来他的表现，这个评价真是入木三分！

1894年，鲁登道夫进入德军总参谋部工作，受到总参谋长施利芬的赏识，参与了"施利芬计划"的修订工作，从此成为施利芬最忠实的信徒，称他为"古往今来最伟大的军人之一"。从1904年开始，鲁登道夫在负责训练和动员的第二处任职，并在1908年升任该处处长。期间，他根据多年来任职经验，向上级递交了一份阐述军事、政治形势的报告，威廉二世和顶头上司小毛奇对他深刻的洞察力和周密的设计留下了深刻印象。

但好景不长，他的扩军主张引起了总参谋部内容克贵族的不快，最终被赶走。因为一旦急剧扩军，一时找不到那么多容克贵族来充任新的职位，将不得不给如鲁登道夫一样的平民阶层授予权力，这也意味着容克贵族将不能继续维持对军队的控制。

离开总参谋部后，鲁登道夫先后任团长、旅长。1914 年晋升为少将，在德国第 2 集团军任副参谋长职务。

在进攻比利时列日要塞时，鲁登道夫表现出了一名优秀军人所应具有的英勇果敢和足智多谋。因此，当小毛奇决心更换第 8 集团军指挥官时，他首先想到了鲁登道夫，认为他完全有能力担当东线的大任，并对他寄予无限希望，称“除他外，我不会对任何人有绝对信任”。

当一位参谋骑着摩托车于 22 日上午将命令送到鲁登道夫手中时，他正在前线猛攻比利时第二大要塞那慕尔。

“你也许能挽救东线的局势。”命令中充满了老上司的期望，同时还给鲁登道夫鼓气打劲，“这场决战，请上帝保佑，将是最后一战”。“你无须对东线已经发生的情况负责，而且以你的能力，你足可防止最糟的情况发生。”

小毛奇给鲁登道夫的任命是第 8 集团军参谋长，而不是司令官。很显然，在论资排辈和讲究身份的德军中，鲁登道夫的年龄和出身是影响的主要因素。一位历史学家写道：“毛奇认为，鲁登道夫做集团军司令太显年轻，资历也不够，不能给一个暴发户式的平民太多的东西。”

鲁登道夫在接到命令 15 分钟后就登上了为他准备好的列车。

在去东普鲁士的路上，鲁登道夫在科布伦茨停留了一下。他拜会了小毛奇，两人共同探讨了东线的情况，一致认为局势还有希望。鲁登道夫建议对两路俄军实施各个击破，小毛奇表示同意。鲁登道夫和霍夫曼用相同的设想，没费多大力气便分别说服了小毛奇和普里特维茨，这并不是什么特别的惊人之举。因为德军统帅部早就研究过东普鲁士的防御问题。鲁登道夫和霍夫曼的建议其实是基于已有的考虑，小毛奇和普里特维茨同意他们的建议其实就是对已有考虑的认可和肯定。只不过，德军在贡比南的失败让普里特维茨一时惊恐不已，忘记或抛弃了原有的战略计划。

离开科布伦茨前，鲁登道夫觐见了德皇威廉二世。威廉二世故意显得十分镇静，并授予他蓝玛斯克勋章。这是德国授予军人的最高勋章，比铁十字勋章级别更高，由腓特烈大帝创立并命名。威廉二世告诉鲁登道夫，第 8 集团军已有任命，新司令官将在汉诺威同他会合。

在科布伦茨短暂停留后，鲁登道夫乘上火车继续东进。次日凌晨，火车在汉诺威站停靠，兴登堡登上列车。这是一个重要的历史时刻，这两位从未谋面的德国巨人，就这样在一列车厢里匆匆见面了。在此后数年的岁月里，这对令人生畏的搭档，即将震撼东线战场，震撼一战战场，并统治德意志第二帝国直到结束。

兴登堡和鲁登道夫

当鲁登道夫乘坐的火车在 23 日凌晨到达前线后，他立即召开了一个情况介绍会，了解当前局势。根据第 8 集团军作战处副处长霍夫曼介绍，目前莱宁坎普的俄国第 1 集团军在马祖里湖以北地区，萨姆索诺夫的俄国第 2 集团军在马祖里湖以南地区，他们必须共同向西前进才能会合。而德国第 8

集团军则处于马祖里湖以西地区，在两支俄军的中间，随时可以攻击两支俄军中的任何一支。

对鲁登道夫而言，这其实是一种痛苦：攻击任何一支俄军，都有可能遭到另一支俄军的背后袭击，都必须留下足够的兵力殿后。而他手头的兵力显然不足以完成这样的任务。

根据霍夫曼的建议，鲁登道夫同意攻击萨姆索诺夫的俄第2集团军。但最困难的就是无法搞清两支俄军的具体行动计划，由于巨大的背后威胁始终存在，也就无法最后下定决心进行兵力的部署调动。鲁登道夫后来回忆道："最大的问题就是能否真正地把第1后备兵团和第17兵团，从他们面对着莱宁坎普的位置上抽出来，使他们加入在第8集团军的其他单位，以来打击萨姆索诺夫军团。这完全是要靠莱宁坎普自己来决定，假使他知道如何充分地利用其在贡比南的胜利，而迅速前进，则我的计划就会成为泡影了。"

就在此时——8月25日，也就是西线英军从蒙斯撤退、克卢克恢复向巴黎进发的日子——发生了一件非常偶然的小事。但正如美国内战期间南方的罗伯特·李将军的进攻命令在大街上被人意外捡到导致失败一样，这类小事往往会改变一支军队甚至一个国家的命运。

事情是这样的，在东普鲁士发生的一次普通冲突中，一位俄国军官被杀死，在他身上发现了一份记录俄国两个集团军行动的计划。

情报明白无误地将俄国两个集团军的行军态势告诉了德国人：萨姆索诺夫的第2集团军计划继续前进，而莱宁坎普的第1集团军则不打算配合这一行动。

事情如此顺利，以致德国人有点怀疑情报的真实性。但随后截获的两份俄军电报证实了这一消息。

俄军的通信联络实在糟糕透顶，有线通信很有限，根本不能满足部队行动的需要，以至不得不借助无线电通信，更要命的是他们以明码发报。

电报是两份，一份是莱宁坎普发出的，规定了俄第1集团军的进军路线，表明了他们不会前进得太远，不足以威胁德军的后方；另一份则是萨姆索诺夫发出的，要求俄第2集团军继续前一天的进军，并且详细规定了各部队的行军路线和时间。

所有的问题和障碍都克服了。俄国人的情报告诉德国人不必有什么顾虑。

于是鲁登道夫立即按照事先计划部署兵力，整个德国第8集团军在俄第2集团军面前布置了一个口朝东南、100千米宽的大口袋，只等待萨姆索诺夫一头扎进里面就开始收网。只留下一个骑兵师象征性地对莱宁坎普实施警戒。

8月26日，飞机侦察发回报告，莱宁坎普方向似乎有大量俄军出现。这一消息让鲁登道夫紧张万分，他打算让右翼的第1兵团提前开启为俄国人精心准备的陷阱。但后来证明这只是虚惊一场。

同日，俄军的中路恢复了向德军的进攻，但德军向萨姆索诺夫右翼的一个军发起了攻击并将其击溃。

几乎与此同时，统帅部通知，将从西线抽调3个兵团的兵力支援东线。这一消息让鲁登道夫大为震惊。他以前在总部搞过动员工作，而且刚刚从西线过来，对那里的兵力分布状况十分清楚。施利芬计划恨不得把最后一兵一卒用来加强右翼。在这个关键时刻抽调兵力，将会严重削弱西线的攻击力。

鲁登道夫告诉统帅部不需要兵力增援，而且即使增援了也赶不上东线的战役了。但小毛奇最终还是决定向东线派出两个军和一个骑兵师。这些部队之所以全部来自右翼的第2、第3集团军，是因为他们的司令官不是皇室贵胄。

27日凌晨，德军在右翼发起总攻，迅速将俄军左翼打垮。此时俄军两翼已经崩溃，但中路俄军对朔尔茨的第20兵团进行猛攻。

鲁登道夫开始担忧他稍显薄弱的中路，因为一旦让俄军冲破中路的防线，则德军的围歼计划将功亏一篑。

德军的机枪给俄军造成了大量伤亡

于是鲁登道夫命令左翼的弗朗索瓦第一军增援中路的朔尔茨，但弗朗索瓦没有执行这道命令。鲁登道夫对弗朗索瓦屡次抗命不遵非常恼火，最后兴登堡温和地撤销了这道命令。

8月28日，德第8集团军完成了对俄军的合围。数天后，这支俄军全军覆没。鲁登道夫指挥的德军取得了坦南堡战役的巨大胜利。

坦南堡战役中双方损失对比的数据是惊人的。德国人用伤亡3万多人的较小代价取得了杀死30万多俄国人、俘虏9万多俄国人的巨大战果，缴获的战利品不计其数。俄第2集团军中的两个兵团被彻底歼灭，另外3个兵团遭到毁灭性打击。司令官萨姆索诺夫僵卧沙场，5名兵团司令中2人被俘，3人因战败被撤职。

战后，德国人动用了几十列火车将大批战利品和俘虏源源不断送往后方，等待这些俘虏的将是极其悲惨的命运。

坦南堡战役后，鲁登道夫指挥第8集团军发动了马祖里湖战役，重创俄第1集团军，将俄国人彻底逐出了东普鲁士。这两次战役的胜利，为鲁登道夫赢得了巨大声望，也为他日后的军事生涯奠定了坚实的基础。

坦南堡战役和随后的马祖里湖战役，虽然对第一次世界大战没有决定性的影响，但也有间接的巨大作用。对德国人而言，他们虽然取得了这场战役胜利，但却没有赢得战争；当然，如果他们输掉这场战役则战争的进程会完全改变。

10

德国第8集团军作战处副处长霍夫曼

战争是检验一切的试金石，它会将赝品淘汰出局，也会将金子磨得闪闪发光。在坦南堡战役中，小人物霍夫曼就如同一颗被泥土覆盖的金子，经过战争浪潮的冲刷后发出夺目的光芒。

霍夫曼1869年出生于爱佛兹州的霍姆堡，1887年作为候补军官参加德国陆军。1899年霍夫曼进入德军总参谋部俄军处任职，对俄国和俄军有深刻的研究。日俄战争期间，他以德国官方军事观察员的身份赴远东实地考察。他虽然年龄不大，军阶不高，但却是一位才华横溢的战略家。他天性懒惰，喜欢喝酒，但思维敏捷，诡计多端并且十分果敢，是老毛奇理想中的参谋军官的典型——“懒惰而聪明”。在战争爆发前的1914年夏天，霍夫曼刚从阿尔萨斯调到东线，担任第8集团军作战处中校副处长。

德国坦南堡之战的功臣霍夫曼

面对俄国人即将到来的进攻，霍夫曼在分析双方力量对比和俄军后勤补给状况后，建议司令官普里特维茨采取纵深防守、以逸待劳的战术，集中力量先打击北路的俄第 1 集团军。

8 月 20 日，德军在贡比南意外被俄第 1 集团军击败。普里特维茨惊慌失措，打算撤退过维斯瓦河，放弃东普鲁士。霍夫曼极力劝阻，详细分析轻易放弃东普鲁士的巨大危害。但普里特维茨坚持己见。

于是霍夫曼和他的顶头上司——第 8 集团军作战处处长格吕纳特少将一起转而努力说服集团军参谋长瓦尔德泽，力陈撤退的危险和不可行：一旦德军向后撤退，在俄军的压迫之下，极有可能陷入崩溃的境地，因为萨姆索诺夫的俄第 2 集团军的位置实际上比德军更靠近维斯瓦河。

同时他认为，俄第 2 集团军在马祖里湖南侧进入东普鲁士，既是一个巨大的威胁，也是巨大的机会。因为俄国人长途跋涉而来，立足未稳，疲惫不堪，环境陌生。鉴于莱宁坎普的俄国第 1 集团军暂时没有前进的迹象，第 8 集团军可利用这一千载难逢的机会，集中兵力先行攻击萨姆索诺夫的部队。

霍夫曼进一步分析道，第 8 集团军已经从溃败中稳定下来，实力没有多大受损，完全可以利用内线作战的优势和便利的铁路运输，应付俄国人的进攻。他建议，如果第二天即 21 日莱宁坎普继续停留在原地，就让北面的弗朗索瓦第 1 兵团乘火车南下，在南线朔尔茨的第 20 兵团右翼建立阵地，同时，中路马肯森的第 17 兵团和右翼贝洛的第 1 后备兵团取捷径向南赶到朔尔茨左翼建立阵地。这样，就集中了第 8 集团军的主力打击萨姆索诺夫，而仅留一个骑兵师监视俄国第 1 集团军。

这是一个胆大的令人窒息的计划！霍夫曼要用第 8 集团军和东普鲁士的命运豪赌一把。

这个计划成功的关键就在于莱宁坎普待在原地不动。霍夫曼认为这种可能性很大，因为俄国第 1 集团军刚刚经历过交战，需要调整兵力部署，补充后勤物资，不可能立即发动新的攻势。

在霍夫曼的鼓动下，第8集团军参谋长瓦尔德泽最终同意了他的意见，然后又一起鬼使神差般地说服普里特维茨同意不撤退到维斯瓦河。

这是霍夫曼的过人之处，在复杂情况面前保持清醒头脑，在危局中看到机遇。他几乎是以一人之力，扭转了德第8集团军的被动局面，避免了放弃东普鲁士可怕情形的出现，改变了1914年东线战事的格局。

23日兴登堡和鲁登道夫接替普里特维茨指挥第8集团军后，霍夫曼立即介绍了他的计划，鲁登道夫表示同意。鲁登道夫和霍夫曼早就相识，他们曾在一间寝室里相处了4年之久。尽管他们特点不同，性格有别，但彼此相互尊重，相处十分融洽。

根据霍夫曼的计划，弗朗索瓦的第1兵团已经开始登车向南运动。但是出于对莱宁坎普是否会攻击前进心中没底，第17兵团和第1后备兵团暂时还必须留下来监视、警戒俄国第1集团军。

就在德国人为不知道俄军行动的具体情况而苦恼时，他们意外截获了俄军的情报。情报上显示两支俄军的行动计划完全符合霍夫曼事先构想的战役意图。

此时鲁登道夫不在第8集团军司令部，情报在霍夫曼手中。霍夫曼立即将情报交给上司格吕纳特，希望以此证明可以把整个第8集团军用来打击萨姆索诺夫。

局势变化得太突然，也好得令人难以置信。格吕纳特满腹狐疑，怀疑这一切是不是俄国人故意设置的圈套，因为俄军违背了强敌面前不能分兵的基本原则。

霍夫曼则认为情报完全可信，因为他对俄国的2位集团军司令有所了解，并向格吕纳特讲了一个他亲眼所见的逸事。日俄战争期间，莱宁坎普和萨姆索诺夫都是俄军师一级的指挥官。在一次战斗中，由于莱宁坎普按兵不动，导致萨姆索诺夫的部队被迫放弃阵地并遭受严重损失。

后来，在中国东北奉天的车站上，两人就此发生激烈争吵并最终挥拳相向，愤怒的萨姆索诺夫一拳将莱宁坎普打翻在地。俄军 2 名高级指挥官互殴，成为日俄战争期间一个有趣的小传奇。尽管是很久以前的事情，但霍夫曼相信，莱宁坎普和萨姆索诺夫之间属于俄军不同派别，相互之间很不友好，关键时刻很难指望得到另一方的帮助。

在说服了格吕纳特之后，他们上了一辆汽车，开足马力追上了兴登堡和鲁登道夫。霍夫曼在出示了掌握的情报后，两位第 8 集团军的新主人终于下定了决心。

坦南堡战役为兴登堡赢得巨大声望，连曾推敲过霍夫曼战略的鲁登道夫也沾了光，而真正应当享受胜利荣誉的霍夫曼被忽视了。对此他很不满意。在兴登堡去最高统帅部之后，继续留在东线的霍夫曼总是故作神秘地告诉到战地访问的人说："这里是战役开始前元帅睡觉的地方，这里是战役期间他睡觉的地方，这里是战役结束后他睡觉的地方。"给人的感觉就是兴登堡在战役期间一直在睡觉而没干其他事情。

但霍夫曼还是得到了重视，战后被提升为上校并成为东线事务的头等权威。1917 年他晋升少将，接替鲁登道夫参谋长的位置指挥东线德军。同年指挥德军进攻俄国，迫使俄国退出战争，并使德国在《布列斯特条约》中获得了绝对有利的和平条件，使德国能够将东线的资源用于西线作战。

德国战败后，霍夫曼晋升为中将并退役。战后，霍夫曼成为法德合作以及恢复霍亨索伦家族君主政体的倡言人。

俄国革命后参加对俄谈判时的霍夫曼

他还撰写了几本关于一战的书，比较有名的如《失去机会的战争》《坦南堡战役的真相》。在前一本书里他批评了法尔肯海因、兴登堡和鲁登道夫的战略和作战指导思想；在后一本书里他反驳了把坦南堡战役成功的战略计划主要归功于兴登堡和鲁登道夫的普遍看法。

1927 年 7 月，霍夫曼死于一次事故。

第三章
马恩河奇迹的创造者
——马恩河战役的指挥官

与坦南堡战役进程的相对清晰和简单不同，马恩河战役并不是一场不期而遇、迅速结束的遭遇战，而是一场由一系列前后相连的惨烈战斗组成的规模宏大的运动战。表面看，马恩河战役是从1914年9月5日协约国军队重新发起进攻开始的，实际上，这场战役的结局从西线战事打响的那一天就注定了。从8月初德国入侵比利时，到月底边境战役结束这漫长的1个月内，各种复杂因素和令人眼花缭乱的变化交织在一起，共同促成了这场战役的出现。这场战役，绝对算得上是人类社会迄今为止最大规模的一次会战。敌对双方参战兵力高达200多万人；战场范围从瑞士沿法德边境一直延伸到比利时，长达数百千米；动用的装备、物资不计其数。在战争最初的16天里，德国共有2150列火车通过科隆铁路桥，平均每10分钟一列。仅第1集团军每天就要消耗食品550吨，战马饲料840吨，至于作战所需的枪炮、子弹、炮弹和其他军械物资，更是如海量一般。战役结果，从损失对比看，双方势均力敌，伤亡都在25万人左右，可能德国人还略占上风。但是从长远战略上看，协约国无疑是赢家。自普法战争以来，德国军队特别是陆军就获得了常胜之师的美誉。几十年来，法国人发愤图强的目标就是要打破这一魔咒。但从战争开始后的情况看，这种努力似乎是徒劳的，德国人依然战无不胜，长驱直入，不可阻挡，直到马恩河战役才扭转乾坤、反败为胜。所以对法国人而言，这一战役帮助他们树立了将战争进行下去并赢得战争的信心和勇气。因此他们说“这是圣女贞德赢得了马恩河战役”。更为重要的是，马恩河战役是第一次世界大战的转折点。它意味着施利芬精心拟制的计划破产，意味着德国人速战速决、在数个星期内结束西线战事愿望的破灭，意味着运动战的结束和阵地战的到来。虽然战争还要持续几年时间，但德国人失败的命运从这一刻起已经注定。小毛奇无奈地向德皇威廉二世说：“陛下，我们输掉了这场战争！”在给他妻子的一封信中，他忧郁地写道：“形势大坏。巴黎东面的战斗对我们不利……战争开始时给我们的巨大希望已经粉碎……我们最后将在两线作战中疲于奔命！这同我们这个战役的辉煌的开端真是天差地别！现在这是个痛苦的幻灭。我们必须对这场浩劫付出代价。”

决定这场战役胜负的原因是多方面的，交战双方指挥者的优劣无疑是其中极为重要的因素。

1

法国陆军部部长米勒兰

梅西米去职后，米勒兰成为维维亚尼新一届内阁的陆军部长。这是一个有趣的巧合。两年前的 1912 年，当梅西米辞去陆军部长时，便是米勒兰接替他担任陆军部长；如今米勒兰再次接任了梅西米的职务。

米勒兰出生于巴黎，早年学习律师知识——这是法国政治家通常的成长路径和必要的专业背景。1885 年，他作为激进社会党人进入众议院，不久便成为社会党左派领袖，并在1896年以前主编该派机关报《小共和国报》。1899年，米勒兰进入内阁任商业部长，致力于改善劳动条件，发展商船队伍，改革贸易、教育和邮政制度。1909年，他成为白里安第一届内阁中的公共工程部长，期间他大力发展铁路交通，改组优化运输系统内部结构，努力提高运输能力和效率。这些工作在后来的战争中发挥了重要作用。

不过，在1910年10月动用军队镇压铁路工人罢工事件中，米勒兰和内阁总理白里安负有不可推卸的责任。随后在普恩加莱内阁中担任陆军部长期间，米勒兰改组了高级指挥部并第一次给予军事航空术以肯定的地位。

此次米勒兰再次担任陆军部部长职务，可以说是临危受命。法军在整个8月间遭遇了严重失败，正疲惫不堪地不断后撤。在他们的后面，百万德军如同赶羊一般浩浩荡荡向首都巴黎杀来。米勒兰上任后的一个重要任务就是巴黎防务问题。虽然这座城市处于平原地区，交通四通八达，在军事上难以坚守，但它毕竟是首都，是法国的象征，是政治、文化和艺术的天堂。此时全世界都在关注着巴黎，如果被德国人轻易占领，将会对法军士气和民众情绪造成致命性的打击。更为严重的是，还会在国际上产生巨大的负面影响，动摇盟友英国人和俄国人继续将战争打下去的决心，降低潜在盟国——美国——参战的兴趣和热情。

在“攻势邪教”学说影响下，法国军方之前根本没有认真考虑过巴黎防务。此时的巴黎犹如一座空城，米勒兰必须找到能够用于防守的兵力。

但是，陆军部部长在战时没有多少实权。根据法国战时权限法令，政治指导、外交联络等方面的工作由政府负责，军事指挥则交给总司令负责，是“绝对和全面的负责范围”。除此之外，这一法令还赋予了总司令在国家享有“广泛的权力”；而在军区范围内，无论是民事还是军事，总司令的权力则更大。用前任陆军部部长梅西米对霞飞的话说："你是东家，我们是为你办伙食跑腿的。"

经过米勒兰的不懈努力，霞飞最终同意将新组建的第6集团军用于防守巴黎，这支部队在关键的马恩河战役中发挥了至关重要的作用。

1915年10月，米勒兰辞去陆军部部长职务。1920年1月克莱孟梭总理辞职，米勒兰组成新一届内阁，任总理兼外交部长，同年9月当选为总统。1924年5月议会选举中左翼联盟大胜，米勒兰被迫于1个月后辞职。

1943年，米勒兰在凡尔赛去世，终年84岁。

2

法军总司令霞飞

战争开始后，霞飞将法军5个集团军的上百万兵力在边境地区一字排开。其中第1集团军在最右边，驻扎在瑞士南门，然后沿边境向北依次是第2、第3、第4、第5集团军，并以凡尔登到土尔的防线为界分成左右两翼。面对阿尔萨斯和洛林的第1、第2集团军组成法军右翼，其任务是首先发动攻势，收复这两块地区，同时斩断德国中路和左翼之间的联系；在第1、第2集团军的背后则是一条由几个超级据点构成的坚固防线，而构成左翼法军的3个集团军后面则没有类似的据点依靠，它们的任务是对中路德军发起强大进攻，突破阿登山区森林攻入德国；至于施利芬计划倾注大量心血的德军右翼，霞飞并没有多少担心，因为他认为德军不会进入中立的比利时，就是进入了，那里也有英国人在防守。

1914年8月4日，霞飞在马恩河畔的维特里勒弗朗索瓦设立法军总司令部。此地处于巴黎和凡尔登的中间，与每个集团军司令部的距离也大致相等，便于掌握战场形势。

每天上午 8 点，霞飞主持召开军事会议，听取各种情况汇报，一切计划手下早已做好。他威严地坐在那里，桌上不放文件，墙上不挂地图，从不动笔，也很少开口，总是在别人说完后权衡利弊，做出决定。

现在，霞飞可以按照精心制订的第 17 号计划一展抱负了。8 月 7 日，他命令法军第 1 集团军越过边界进入阿尔萨斯，夺取几座边境城市后遭到德军小规模反击；8 月 18 日，他扩大了东线攻击规模，命令第 2 集团军进入洛林，德国人向后撤退；8 月 21 日，他命令法军第 3、第 4 集团军进攻阿登山区，第 5 集团军向桑布尔河北面进攻。

但是，霞飞策划的这些进攻要么掉入德国人故意设置的陷阱里，要么遭到德军堑壕、铁丝网和机枪的疯狂屠杀。

加上英军在蒙斯河的撤退，边境战役——由洛林战役、阿登战役、沙勒罗瓦战役、蒙斯战役组成——失败了。

这次失败主要是拜“攻势邪教”学说所赐。比如，对阿登地区的进攻是第 17 号计划的核心所在。但法军没有为这场重要战斗进行过仔细侦察和其他事先准备工作，所有的决定均来自猜测和主观推断。情报部门没有弄清德军真实兵力，少估计了将近 10 个师。霞飞推断：左翼的德军是强大的，因为法军在阿尔萨斯和洛林的进攻被打退；右翼的德军也是强大的，因为竟然能穿过比利时。根据这两点判断，他天真地认为中路的德军一定兵力薄弱，在一份给所有指挥官的命令中说：“在 8 月 22 日，预料不会有什么严重的对抗行动……哪里遭遇敌人，就在哪里打击他们。”充满了轻敌和盲目的情绪。实际上德军兵力和进攻的法军相差无几，还占据地形上的优势，他们利用工事不断消耗进攻的法军，然后突然发起反击，杀得法军尸横遍野、溃不成军。

失败让法军遭到重大损失：1个月中就伤亡了25万人，其中阵亡7.5万人，仅8月22日这一天就死2.7万人，军官的损失尤其严重，占阵亡数的10%。

这是对“攻势邪教”学说无情地嘲弄和讽刺！

面对残酷现实，霞飞在8月24日痛苦地宣布，法军从今而后“被迫采取守势，必须利用堡垒和天然障碍，尽可能长久地防守，同时利用一切机会磨损敌人的优势，最后寻求恢复攻势”。

更为严重的是，随着边境战役的失败，法军无力在边境地区阻挡德军的进攻，被迫放弃大片国土。这将导致以后的战争主要在这片区域进行，这对法国财富和经济造成了巨大破坏，更对法国战后的历史形成了深远影响。一位法国骑兵军官说：“我凝视着绿色的田野和放牧的牛羊，心潮澎湃，不禁沉思：我们正在放弃的是多么巨大的财富啊！”

唯一值得霞飞欣慰的是，右翼法军利用那条防线挡住了德军的攻势，否则战争可能就此结束了。

随着右翼德军的前进，法国首都陷入危险之中。但霞飞并不看重防守巴黎的意义，他甚至希望政府早点迁往别处，这样会减少对他的干扰。于是他拒不执行梅西米要求立即派遣3个兵团防守巴黎的命令，说他需要每一个士兵来阻止德军的前进。他认为就是首都失守了也不意味着战争的结束；甚至犯浑下令法军从凡尔登撤退，放弃这一重要据点，只是由于梅西米坚决反对，才使法国免于灾难。

但是霞飞也做出了一个正确决定，命令组建一个新的第6集团军，用火车输送到左翼阻止德军前进；命令抽调一支法军由福煦指挥，填补第4、第5两个集团军之间越来越大的空隙。

霞飞本打算在索姆河一线停止撤退，重新组织防御。但德国人追得太紧了，法军和英军的防线犹如沙滩上的城堡，一垮再垮。随着战局的持续恶化，霞飞开始撤换大批将领，截至到马恩河战役打响前，他一共撤换了2个集团军司令，任命了7个新的兵团司令、20个新师长、2个新骑兵师长。

马恩河之战后法国人感激地称呼霞飞为“老爹”

不安变成了恐慌，法国政府最终决定迁出巴黎。在如此紧张、不安的时刻，霞飞却保持了冷漠的态度，表现出令人发狂的镇静。无论局势多么危急，他都要午餐之后小睡片刻，再用一顿精美的晚餐结束一天的工作，然后睡上一整夜的觉。他告诉参谋人员，没有什么可以打扰他的休息。

然而除了吃饭和休息外，他总是坐着由国际汽车大奖赛冠军开的旅行车，往返于前线部队之间，听取手下将军们的意见，了解战场局势和部队情况。这使他能够及时知道正在发生的事情，便于根据实际灵活做出决定。他的沉着和镇定也感染了部队，他们虽然狼狈不堪，但没有发生崩溃，军官们很好地掌握着部队，组织他们有序撤退。

战场局势正在发生微妙的变化。法军虽然不断后撤，但他们在自己的国土作战，交通、补给越来越方便，左翼的法军越聚越多，在数量上取得了对德军的绝对优势；德军依然高歌猛进，但战线越拉越长，离铁路补给线越来越远，部队之间的空隙也越来越大，他们的进攻能力已经到了极限。

机会终于出现了，最末端的德国第1集团军改变了进军路线，将侧翼暴露在法国人面前。此时，类似坦南堡战役前的一幕出现了，德军的无线电被法国人截获，使法国人知道了这一重要信息；几乎在同时，一名德国军官走错了路，被法军巡逻队击毙，在他身上搜出了一些文件，上面的内容不但显示了德军的位置，而且还指明了他们的目标所在。

霞飞并没有打算立即发起攻击，他还在观察等待，准备撤退到塞纳河以后再组织进攻。9 月 3 日，他写信给战争部长说："人们内心有一种自然的倾向不愿放弃或暂时放弃自己的国土，但我们不能过早地发起攻击，要等待有利的时机。"

霞飞的谨慎是有道理的。法军刚刚经历了惨败，部队伤亡巨大，将士疲惫不堪，物资损失严重。此时正是法兰西共和国生死存亡的重要时刻，德军离他所在的司令部不过 64 千米，离前线法军还不到 30 千米，如果在各集团军没有准备就绪的情况下贸然发起全线反击，一旦失败，后果不堪设想！

时机稍纵即逝，不容等待，在加利埃尼的反复劝说下，霞飞放弃了原来的计划，决定"将巴黎守军的局部行动扩大为协约国军左翼的全面反攻"。

法国士兵在马恩河阻击德军

9 月 5 日，法国、英国、俄国在伦敦签署协议，正式建立协约关系，保证将各自的全部军力用于战争，任何一国不得单方面与德国签署和平协议。

就在同一日，法国第6集团军向德国第1集团军侧翼发起了攻击。法军大多是新兵，无法同德军老兵对抗，他们的进攻被击退。

9月6日凌晨，霞飞命令的反击战斗在全线打响。在东路和中路，法军抵抗着德军一次又一次的冲击；在西边，法军左翼的第5、第6、第9集团军和英国远征军同德国第1、第2、第3集团军混战在一起。在这一系列战斗中，任何一方任何一处出现的变故，都可能影响整个战局的成败。

激烈的战斗在8～9日达到疯狂的顶点。胜负既取决于东线的德军能否突破法军防线，也取决于德国第1集团军和法国第6集团军能否击败各自对手。法国第6集团军虽然战斗力较弱，但人数上占有优势，援兵不断到达前线。

在混乱中，英国远征军和一支法国骑兵渗入了德国第1、第2集团军之间的缺口。但由于对战场情况的无知，他们没有立即向纵深挺进，1个师的英军甚至在困惑中绕了一大圈，最后与在部队后面的给养车走到了一起。

但这次行动给德军造成巨大威胁，第2集团军开始后撤。此时第1集团军经过努力已经将法国第6集团军击溃，但侧翼失去掩护的他们不得不跟着一起后撤。对“施利芬计划”而言，这是一个最忧郁的结局。

由于对德军的突然撤退感到意外，直到10日晚上霞飞才下达了追击的命令。但协约国军队此时也精疲力竭，既无力包围撤退中的德军，也没有占领德军撤退后的大片空地。德军顺利撤至埃纳河北岸高地构筑的防御工事，直到这时协约国军队才发起进攻，但为时已晚，他们付出了惨重代价。

霞飞命令停止进攻，并在瓦兹河至瑞士国界的全线上转入防御。马恩河战役结束了。

在这场混乱、巨大的战役中，霞飞用他的沉着和冷静指挥法军挫败了德国人精心拟制的计划，拯救了法国。

战后曾有人争议马恩河奇迹的第一功臣是霞飞还是加利埃尼时，霞飞说："我不是真的知道，但是我知道那若是一场败仗，谁将为之负责。"

3

法国巴黎军事长官加利埃尼

如果说霞飞是千里马，那么加利埃尼绝对是识别这匹千里马的伯乐。和前者相比，他显得更加宽容和大度。

这位1849年出生的老将毕业于著名的圣西尔军校，曾参加过普法战争，并在色当战役中受伤被俘，1871年被释放后一直为法国的海外殖民事业效力。1880年他率领一支远征队侵入上尼日尔盆地，一年后和当地的艾哈麦德首领达成一项协议，为法国获得独占通商权，为此被授予金质奖章。1885年他被任命为法属苏丹的总督，1888年5月返回巴黎进入陆军大学进修，1892年被派往越南。4年后再次返回法国，晋升为少将，被改派往马达加斯加任总督。在那里他废黜了女王拉那瓦罗娜二世的君主制并建立了军政府，平定了沿梅里纳河的武装暴动，1894年晋升为中将，随后数年间平定了该岛，并对其进行了卓有成效的统治，发展该地经济并改善了交通运输。他被公认为是一名公平、正直的总督。1905年，加利埃尼回国担任第14兵团司令。

1911年，米歇尔被免职。陆军部部长梅西米在考虑接替人时，首先想到的就是加利埃尼。但加利埃尼拒绝了梅西米的邀请，部长让他再考虑几天，加利埃尼立即予以拒绝。加利埃尼给出的理由是自己岁数太大，已经62岁，健康状况也不好，再过两年就要退休了，况且没有指挥大兵团作战的经验。此外他还认为，任命一个“殖民地”将军将会招来法国本土陆军的反感——“有个纽扣问题”，他拍拍他的军徽说道。其实深层次的原因是加利埃尼不想落下把米歇尔赶下台自己取而代之的嫌疑。加利埃尼反对米歇尔的建议，不是反对他的理论，而是反对他的性格和意图。

法马恩河之战的功臣加利埃尼

在被请求推荐别人时，加利埃尼推荐了保罗－马里·波。这是一位在法军享有崇高威望的功勋宿将，因为他参加过普法战争并失去了一只胳膊。但波在政治上不合格，他是一位天主教徒，共和党人怀疑天主教徒密谋恢复君主制。这种怀疑是有理由的，在法国历史上，这样的事情曾经发生过。

梅西米再向加利埃尼请教，于是他推荐了从前在马达加斯加的部下霞飞，并予以高度评价，说此人“处事冷静，有条不紊，头脑清晰，准确无误”。

成全了别人之后，加利埃尼于1914年4月退役，住在圣拉斐尔安度晚年。

第一次世界大战的爆发，改变了加利埃尼的退休生活。他被授予军阶，但没有参谋，没有任务，没有情报，也没有人给予支持。随后法军在边境战役中遭受空前失败，德军长驱直入，首都陷入危险之中。

在法国的防务中，巴黎长期以来起着战略作用。所有主要铁路线都集中和通过这一政治文化中心，它由14座内层炮台和25座外层炮台环绕保护着。但此前法军高层很少想到要保卫巴黎。不仅兵力很少，而且指挥系统不畅，训练和装备更是不足。于是陆军部部长梅西米再次找到他，请他接替不作为的米歇尔，担任巴黎军事长官，负责首都的防务。

加利埃尼感到为难。7月份，他的妻子刚刚去世，使他悲伤不已，身体、精神大不如前。此时法国正处于普法战争以来最危险的时刻，让他一个来日不多的老将再度出山收拾残局，确实有点力不从心。

他对梅西米说："你叫我拿什么来保卫法国的心脏和神经中枢所在的这个大城市？就这么几个本土师和1师从非洲来的精锐部队，那不过是沧海一粟。如要巴黎不遭受列日和那慕尔的命运，就得控制住周围100公里的地方。而要做到这一点，那就需要一个集团军的兵力。给我一支有3个现役兵团的集团军，我就答应担任巴黎军事长官，这个条件是正式的，毫不含糊的。具备了这样的条件，你就可以相信我能守住巴黎。"

梅西米毫不犹豫地答应了加利埃尼。但也只是口头答应而已，他手头能够调给加利埃尼的也就是来自阿尔及利亚的1个师兵力，其他的集团军全部控制在霞飞手里。但梅西米认为这不是问题，只要加利埃尼能答应就好。

不过随着梅西米的迅速去职，加利埃尼几乎成了光杆司令。

尽管如此，加利埃尼迅速开展工作，准备迎接德国人对巴黎的围攻。他命令准备大量的家畜以解决守军的食物问题，修建堑壕、碉堡和街垒，在一些据点和要塞部署大炮和机枪，拆除影响射界的建筑物。

最终，加利埃尼还是获得了他想要的机动部队——新组建的第6集团军。这个集团军还正处于集结之中，部队主要来自法军右翼的集团军和一些新兵，他们坐火车进入以巴黎为中心的防御圈。但由于对情况不熟悉，与左翼的法军和英国远征军也未建立联系，还不能立即进入战斗状态。霞飞的意图很明显，为了平息来自政府的批评，宁愿让加利埃尼暂时管理这支没有什么战斗力的新部队。

但加利埃尼兴奋不已，彻夜未眠。进行“准备在巴黎北即蓬图瓦兹至乌尔克河一带的出击”，也就是将在一个宽 75 千米的地域和德军交战。

9 月 1 日夜里，法国人得到了德国第 1 集团军改变进军路线的情报。加利埃尼立即意识到其中蕴含的巨大战机，他组织起一个飞行侦察小分队，指示飞行员第二天到哪里侦察、侦察什么。

但霞飞并不打算立即发起反击。9 月 2 日是色当纪念日，也是加利埃尼飞行小分队执行侦察任务的这一天，霞飞发布命令，指示法军继续撤退到塞纳河一线，以等待更多的援军到来。

当天晚上，法国政府机构迁出巴黎。第二天上午，侦察的结果出来了，也印证了加利埃尼的判断：德国第 1 集团军分成 6 路，正向巴黎东南方向前进，将侧翼暴露在法军面前。

在加利埃尼的作战室内，军官们紧张而又激动，他们盯着墙上地图，兴奋地喊道：“他们送上门来了！他们送上门来了！”

加利埃尼决定对德军侧翼发起攻击，同时说服霞飞立即停止向塞纳河撤退，转入全线反击。他召集手下，召开了一次“他为重大问题而召开的长时间会议之一，这些会议一般约开 2 ~ 5 分钟之久”。他们同意，如果德国第 1 集团军不改变进军路线，就使用一切压力促使霞飞立即发起一次联合进攻。

9 月 4 日上午，加利埃尼给霞飞打电话，这是此后一系列电话交锋的开始。后来他曾说：“真正的马恩河战役是从电话里开始的。”

加利埃尼力陈要抓住眼前的机会，从他这一侧开始，在整个左翼发起反攻。

霞飞一言不发，默默倾听。他也在思考，在权衡利弊。他原先的反攻计划，本来包括使用巴黎附近的第6集团军进攻德军的右翼。只不过不是现在，而是要等待几天。现在加利埃尼却希望他立即行动，于是他决定将反攻的日期提前至9月7日。

但加利埃尼还是认为太晚了，时间在消逝，德军在前进，不能再等待下去了。他告诉霞飞，第6集团军已经做好在马恩河北岸进攻的准备，他决定按照原定的时间和地点发起行动，不做任何改变。

在加利埃尼的据理力争下，霞飞最终同意了他的意见，将总攻日期提前至9月6日，但同时却从加利埃尼手里夺回了第6集团军的指挥权，加利埃尼独自一人返回巴黎。

不过加利埃尼并未因此而气馁和怨恨。反攻打响后，法国第6集团军在德军的反击下一度形势危急。加利埃尼立即以巴黎军事长官的身份，命令警察征集了数百辆出租车组成一支运输队伍，将兵力由巴黎源源不断地送往前线。他的这一举动，对于稳定法军战线作用巨大，同时更在无意中开创了人类军事史上摩托化运输兵力的先河。

1915年10月，加利埃尼进入白里安内阁担任陆军部部长。当时，大家对霞飞的批评日益加剧，他反而出面为霞飞辩护。但德军对凡尔登的进攻，暴露了霞飞严重缺乏远见——他在德军进攻前刚刚把凡尔登的

为了支援前线，加利埃尼组织了一支由出租车组成的运输车队

大炮调走。人们都认为霞飞必须负责，但霞飞是军民心目中的法兰西英雄，内阁同僚害怕战时将他撤职可能引起政治危机。加利埃尼主张明升暗降，把霞飞调回巴黎任陆军总司令，但不再指挥军队，只负责后方军需管理。因为此事，霞飞与他的关系进一步恶化，两人常常在办公室里拍桌子争吵。当时他第一次外科手术的伤还未痊愈，争吵加剧了他的病情。

1916年3月，加利埃尼的病情再度恶化，他辞职进行第二次外科手术，两个月后病逝。

直到5年后的1921年，法国政府才终于承认了加利埃尼的功绩，追授他元帅军衔。

4

法国第5集团军司令朗勒扎克

在马恩河战役中，朗勒扎克的遭遇颇具悲情色彩：他准确判断了德军的进攻路线，但意见未被采纳；是他的谨慎或迟缓挽救了法国第5集团军，使后来的反击成为可能，但自己却被免去了职务。

朗勒扎克1852年7月出生于瓜德罗普岛的皮特尔角城，后进入战争学院学习。在校期间他深入研究了《吕岑的动机》一书，为他日后编写新的法军进攻战术条例打下了坚实基础。1902年，他晋升上校军衔，1906年任旅长，1911年任师长，一年后任兵团司令。1914年4月接替加利埃尼成为法国最高战争委员会委员，并出任第5集团军司令，被誉为“真正的雄鹰”，具有“敏锐的洞察力”。

按照法军的第17号计划，法军3个集团军将攻击中路的德军，其中朗勒扎克的第5集团军应向东北方向的阿登山区进攻。但第5集团军的位置有问题，处在整条战线的最左边，是法军防线的终点，但是并没有袖拂海峡，而是像很多战术家所说的那样“悬在半空中”，德军可以迂回到其左翼或背后发起攻击。这正是朗勒扎克所忧虑的。但统帅部认为这种可能性不存在。

大战爆发后，德军进入卢森堡，后攻击比利时。霞飞判断德军将从东北方向过来，通过阿登森林直指法国边境城市色当，他命令第 5 集团军往东北方向迎敌。

但朗勒扎克并不如此认为。当德军猛攻比利时列日要塞的消息传来时，他认为唯一的解释就是德军正在清除西进的道路。早在 7 月 30 日，他就向上级表达了自己的担心和忧虑，如果德军趁着他的集团军驻扎在比利时南部或向东北方向阿登地区发起攻击的时候借机向西迂回，那么将出现严重后果。“如果实际情况是这样，”他警告说，“第 5 集团军将无法防止德军对法军左翼的包围。”但他的警告无人理睬。

1 周后，德军继续攻打列日要塞。朗勒扎克再次提出要抢先北上占领马斯河与桑布尔河汇合的三角地带，以狙击正在南下的德军右翼。“这次可以肯定，他们正在策划一个途经比利时更大的包围圈。我请求允许第 5 集团军向北移动。”

8 月 7 日，德军攻下列日要塞。此后德军右翼行动的方向已经越来越明显。但直到 8 月 15 日，朗勒扎克才接到第 5 集团军进入桑布尔河和马斯河三角地带的命令。但霞飞此举只是应付一下德军右翼的威胁，并非准备放弃旨在进攻的第 17 号计划。他对朗勒扎克说道：“我不反对你的建议”，但“你说的威胁仅是一个遥远的可能性，我们还不能肯定它一定会发生”。

但此时朗勒扎克还是晚了。第 5 集团军需要 5 天时间才能抵达桑布尔河一线。8 月 18 日，比利时军队放弃热特河有利之阵地，向安特卫普撤退，未遇阻挡的德军右翼迅速挺进。8 月 20 日，朗勒扎克的一部分兵力到达桑布尔河。此时他不知道德军在哪里，也没有收到任何指令，于是他做出一个在当时法军指挥官中非常不流行的决定，让部队就地防御。

这一点非常重要，在随后两天的战斗中收到了极大回报。

第二天也就是 8 月 21 日，德军第 2 集团军先头部队就从那慕尔和沙勒罗瓦之间渡河对法军发起进攻。这一情况让朗勒扎克无比震惊。因为他是法军防线的最左端，而当面的敌人却是德国第 2 集团军，至于德军最右翼的第 1 集团军则不知道在哪里。

撤退中的法国伤兵

8 月 22 日，德军第 2 集团军展开 3 个兵团在沙勒罗瓦地区向法军第 5 集团军发起正面进攻。入夜后，德军豪森的第 3 集团军也赶了上来，投入 4 个兵团猛击法军第 5 集团军的右翼。不过豪森没有遵照参谋总部的命令直扑法军后方，而是听从比洛指挥，向西直接攻打法军较为坚固的防御阵地，以致没有将法军彻底包围。

8 月 23 日，法军第 5 集团军左翼的骑兵部队被德军击溃，同英国远征军之间出现的缺口越来越大；中午，比利时人撤出了那慕尔要塞；傍晚，德国第 3 集团军部队扩大了马斯河对岸桥头堡阵地，有席卷法军后方的趋势；紧接着，沙勒罗瓦正面部队也放弃了阵地；还有进攻阿登山区的法军也遭到惨败的消息不断传来。至此，朗勒扎克感到法军已全线败退，自己的正面、左右两翼正在崩溃中，如不及时撤出战场，就会重蹈色当会战的悲惨结局。

于是，朗勒扎克在没有征求统帅部意见的情况下，断然下达了第5集团军全面撤退的命令。统帅部得知后态度奇怪，既不同意，也不反对。后来法国官方为寻找替罪羊，指责朗勒扎克“自认为他右翼受到威胁便命令撤退而没有反攻”。对此，一位英军发言人说了句公道话，他认为朗勒扎克的撤退命令使法国避免了又一次色当大败，毫无疑问拯救了英国远征军，同时也使法国军队免遭灭顶之灾。德国第3集团军豪森将军在战后也承认，朗勒扎克的撤退打乱了以包围法军左翼为出发点的德军全部作战计划，迫使德国第1集团军采取蹩脚的内圈迂回行动。

撤退的法军和英军在前，追赶的德军在后。在法国北部地区，双方数十万大军在进行着一场跑路比赛，他们只是走路，并不打仗，有时甚至能走到一起。

几天后，为了阻止德军的快速推进，为新组建的第6集团军争取防御时间，霞飞命令朗勒扎克立即回头发起进攻。但朗勒扎克认为这个命令“简直愚蠢之极”，准备拒绝执行。

8月28日，霞飞来到朗勒扎克驻地，力促他发起进攻。但朗勒扎克继续反对，霞飞则以撤职相威胁。有人听到霞飞说：“如果你拒绝执行我的命令，我就枪毙了你！”

朗勒扎克无奈，只得在圣康坦和吉兹发起进攻。德国人早有准备，迎接法军的是冰雹般的子弹和炮弹。在圣康坦，法军左翼遭到重创。在法军右翼吉兹，双方互有胜负，但法军艰难地守住

边境战役中法军伤亡惨重

了阵地。鉴于进攻不利，朗勒扎克决定撤退。但德国第 2 集团军也筋疲力尽，决定停止攻击一天。

随着反攻的即将到来，霞飞决定解除朗勒扎克的职务。9 月 3 日，霞飞再次来到第 5 集团军总部，在一所学校里他对朗勒扎克说："我的朋友，你已经精疲力竭，而又下不了决心，你得放弃第 5 集团军的司令职务了。我不愿意告诉你这个，但我不得不这样做。"

原因果真如此吗？正如有位西方学者指出的："朗勒扎克也许曾经拯救过法国。他是第一个理解德国人入侵比利时动机的人，他用自己的部队阻挡'施利芬计划'的右翼，他是法军集团军司令官中唯一不拿士兵生命做无畏牺牲的人，他承受了德军的一次接着一次的打击，他的部队在沙勒罗瓦和吉兹有很好的表现，在撤退中秩序很好。但是，如今他变成了一个可牺牲的物品。真的是像霞飞所宣称的那样，朗勒扎克因太疲惫而无法果断地指挥部队了吗？难道是霞飞无法容忍自己的部下的判断比自己更正确？这些都不重要。真正重要的是朗勒扎克恨弗伦奇，而同时弗伦奇也恨朗勒扎克。霞飞只能尽量满足英国人的要求。"

应该说，朗勒扎克具有聪明的才智和深刻的思想，在和平时期是一位优秀的军队指挥官。但他不堪战争的压力，总是表现得过于小心谨慎和犹豫不决，特别是倔强的性格使他往往和上级发生冲突，这也是他被免去职务的一个重要原因。

朗勒扎克死于 1925 年 1 月。

5

法国第 5 集团军新任司令德斯佩雷

德斯佩雷是一位脾气暴躁、精力充沛且非常自信的法国军官。他并不是一个谦虚并愿意听取下级意见的人，有时候严厉专横、盛气凌人。在马恩河战役中，他用献身和攻势精神感染了友军，促使谨慎的英国远征军采取攻势行动。他还有一个众所周知的绰号：“玩命的法国人。”

德斯佩雷 1856 年 5 月生于阿尔及利亚的穆斯塔法奈姆，随后进入圣西尔军校学习，并在 1876 年毕业后进入战争学院深造。随后他先后在阿尔及利亚、突尼斯和东京服役。在镇压义和团运动期间，德斯佩雷在中国北部任职。1908 年，他升任旅长，4 年后升师长并在摩洛哥作战。1913 年下半年德斯佩雷返回法国，出任第 1 兵团司令，隶属于由朗勒扎克将军指挥的第 5 集团军。

1914 年第一次世界大战爆发后，德斯佩雷奉命率部随集团军北上防止德军西进。他作战勇猛，表现抢眼。在沙勒罗瓦战役中，他率部发起反攻，掩护了主力撤退。8 月 25 日，他指挥部队在马里恩堡战斗中突破德军封锁，成功地护卫了撤退中的第 5 集团军的右翼。

在 8 月 29 日的吉兹战斗中，当法军在德军的猛攻下逐渐不支的关键时刻，德斯佩雷跨上战马，挥舞长剑，高举迎风猎猎的军旗，命令军乐队演奏《马赛曲》，向德军发起了勇敢的反击。可能是德军一段时间以来已经习惯了法军的撤退和逃跑，突然被这种玩命的攻击震慑住了，被迫撤退。法国人“为这一新出现的、渴望已久的激动场面而精神振奋，欣喜若狂，形成一股蔚为壮观的波涛，乘胜前进”。

这一战使德斯佩雷脱颖而出，进入统帅部的视野。

9 月 3 日，朗勒扎克被霞飞解除了职务，德斯佩雷接替了他的上司成为新的第 5 集团军司令。

霞飞问他：“你觉得能够指挥一个集团军吗？”“不比谁差”，德斯佩雷以他特有的方式回答。

德斯佩雷没有让霞飞失望，他和英国人维持了良好关系，稳定了在马恩河的战线。在 9 月 5 ~ 9 日，他的集团军在小莫兰河取得了决定性的胜利。

1916 年 3 月，德斯佩雷被提升为东集团军群司令。1917 年任驻香槟的北集团军群司令，同年 10 月在马尔迈松指挥了成功的有限攻势。德斯佩雷是进攻作战的坚定支持者，这使得他在 1918 年德军的大举进攻时，公然违抗所谓的弹性“深度防御”命令，结果在德国人于 1918 年 5 ~ 6 月发动的攻势中失利。德斯佩雷受到了很多指责，不久后被解除了职务。

同年 6 月下旬，他前往马其顿取代吉约马将军任该地区协约国军司令。他大胆而周密地扩展了前任指挥官的攻势计划，使协约国军在瓦尔达尔附近的进攻取得了压倒性的胜利，迫使保加利亚在 9 月 29 日要求停战。随后，他协助塞尔维亚部队在 11 月 1 日解放了贝尔格莱德，迫使匈牙利在 11 月 4 日投降。到 11 月 11 日止，在德斯佩雷的指挥下，协约国军以破竹之势先后占领了保加利亚、塞尔维亚、匈牙利和阿尔巴尼亚。

停战之后，德斯佩雷继续指挥在巴尔干地区的协约国军。1920 年 11 月，他出任驻土耳其协约国军司令，不久后回国并被授予元帅，成为最高军事会议的委员。

1931 年 5 月，德斯佩雷在外出勘察时遇车祸受重伤，1934 年 11 月被选为法兰西学院院士。

6

法国第6集团军司令莫努里

就在德国第1集团军准备席卷巴黎的时刻，一个重大威胁出现了。这就是法国新组建的第6集团军，司令官是一位已退役但又重新披挂上阵的老将莫努里。

莫努里1847年12月出生于法国的一个医生家庭。1867年，莫努里从法国综合工科学校毕业后加入炮兵部队，2年后晋升为少尉，进入炮兵工科学院深造。1870年他参加了著名的普法战争，右腿被子弹穿透负伤。1883年，莫努里进入著名的圣西尔军事学校任教官。此后一路顺风顺水，军衔也随着年龄的增长而提升。1896年，他开始担任巴黎军事指挥官。1906年1月晋升少将，任联合防务学院院长。1910年出任巴黎军事长官并于两年后退役。

从他的履历看，军旅生涯的大部分时间都在院校度过，没有参加过多少重大军事行动，也没有重要的任职经历。如果没有一战爆发，基本上也就终老此生了。

大战爆发后，退休在家且67岁高龄的莫努里被重新起用。由于家住洛林附近，1914年8月，莫努里率预备队向洛林发起反攻。

洛林攻势失败后，莫努里担任第6集团军司令并参加了马恩河会战，任务是阻击德军的前进。

新官上任的莫努里感觉不到一丝喜悦，他面临着重重困难。部队刚刚组建，还不能进行有效配合；战场环境陌生，对周围的一切还不熟悉；德军兵锋正锐，友军正在慌乱撤退。

不过莫努里还是很好地履行了他的职责。一到战场，他便组织部队向德军乌尔克河阵地发起进攻。虽然攻击不是很成功，但极大地牵制了德国人。

9月6日，当协约国军队在全线发起反击的时候。莫努里再次向德军右翼发起进攻，迫使德军将第2集团军的两个军调往右翼的第1集团军，扩大了两者之间的缺口，为英国远征军的楔入创造了条件。

在混乱的厮杀中，双方均陷入了歇斯底里的状态，极度疲劳，也极度疯狂，就看谁能坚持最后五分钟。最终，德国人退却了，协约国取得了战役的胜利。莫努里也因这一战的巨大功劳奠定了他的地位。

1915年，莫努里在前线视察时被击伤了眼睛，结果导致失明。同年11月接替加利埃尼再次担任巴黎军事长官。1916年4月，69岁的莫努里离任退役。

1923年3月，这位宿将病逝于奥尔良，被追授为法国元帅并举行国葬。

7

英国陆军大臣基钦纳

1914年法军总参谋长霞飞曾对普恩加莱说："法国现在已经强大得能打败德国了，但条件有几个：塞尔维亚要能拖住奥匈帝国的大部分军队，俄国要与德国对垒，英国要站在法国一边。为了获得英国的支持，法国必须在外交危机中保持与英国一致。"

对法国人特别是政治家和将军们来说，英国参战简直就是梦想成真。战前的几年里，法国人就一直为实现这个梦想而努力。因为一旦英国人参战，就意味法国人和欧洲最富有的国家和世界实力最强大的海军站在

英国陆军大臣基钦纳

了一起。

但英国人的参战，既是必然，又貌似偶然。

长期以来，英国对欧洲各国一直奉行均势外交政策，小心翼翼地维护欧洲大陆的力量平衡。对英国人而言，欧洲几个主要大国最好是势均力敌、相互牵制，而绝不允许出现一个强大到威胁英国安全和利益的国家。法国曾在几代人的时间里都是欧洲大陆最强大的国家，英国也就一直是它的敌人，双方战争不断。拿破仑战争后法国衰败了，俄国在欧洲大陆变得非常突出，于是英国想方设法遏制俄国，并和法国结成同盟，在19世纪中期的克里米亚战争阻止了俄国扩张的步伐。德国统一后一跃成为欧洲最强大的国家，加之法国一蹶不振，英国越来越感觉到德国是威胁欧洲大陆安全的主要因素。特别是德国在拥有强大陆军的同时大力发展现代海军，大有挑战英国海上霸权的趋势。这一点非常重要，因为海军是大英帝国的象征和生命，和其他的威胁相比，海军受到威胁更能在英国人头脑里埋下一个顽固的信念：英国和德国之间必有一战。

但直到战争爆发前，英国都没有认真考虑过参战。这一点通过它的陆军数量就可以得知，只有少得可怜的6个步兵师和2个骑兵师。虽然国内有人反对战争，有人支持战争，但没有人认为战争迫在眉睫，都觉得这是一件十分遥远的事情，英国不可能跟随巴黎、柏林、圣彼得堡、维也纳跌入七月危机之中。自由党内阁中大多数成员都反对参加战争，因为这既不符合“光荣孤立”的外交传统，也与当下要处理爱尔兰自治运动有关。当时，政府希望推动议会通过自治法案，但遭到保守党和联邦主义分子的强烈抵制，这种冲突甚至引发了一次卡勒兵变。

随着德军入侵中立的比利时，国内反对战争的人失去了理由，支持战争的军方和保守党赢得了胜利。8 月 4 日，英国向德国宣战。

此时的英国陆军大臣是基钦纳，和法国的霞飞、加利埃尼一样，他的大部分人生都是在大英帝国的海外殖民地度过的。基钦纳具有传奇的经历，他出生于爱尔兰凯里郡的利斯托儿一个英国军官家庭，早年曾在瑞士求学，后来考入伍尔维奇军事学院，毕业后成为皇家工程兵军官，普法战争期间以志愿兵身份加入法国军队作战。1886 年，36 岁的基钦纳成为英国红海地区长官，他性情孤傲冷峻，组织策划一丝不苟。在两年后的一次战斗中，他的脸部负伤，使他看上去更加令人生畏。1892 年，他担任埃及司令官。

基钦纳对现代战争有很深的理解，他说："如果胜利是绚丽的花朵，运输则是花的梗茎，没有梗茎的鲜花无法盛开……同马赫迪的战争主要是一个运输的问题。"为了重新夺回苏丹，基钦纳主持修建了一条 350 千米长的铁路，穿过大片荒漠，直达阿布哈马德，这条铁路于 1897 年竣工。接着又沿尼罗河修建了 200 千米铁路，抵达柏柏尔城，这段铁路直到现在都还是苏丹的运输干线。基钦纳的这些努力收到了成效，1898 年，他帮助英国重新控制了苏丹，成为当地总督被封为男爵。一年后，基钦纳被派到南非参与第二次布尔战争，他采取"三光"政策，焚烧布尔人的农场，把他们的妻子儿女投入集中营，最终镇压了当地游击队，因而获得子爵爵位。1902 ~ 1909 年在印度任总司令期间，他与印度总督寇松发生没完没了的争斗，1911 年 9 月成为埃及总督，统治埃及和苏丹。第一次世界大战爆发前夕，基钦纳回国晋封伯爵，升为元帅。战争爆发时，他正乘船回埃及，被内阁首相召回伦敦，要求他出任陆军大臣。虽然他最希望到印度任总督或继续留在埃及，但他还是同意担任这个新职位。基钦纳是英国历史上自 1600 年以来第一位以现役军人身份在内阁中任职。

英国远征军出发前，考虑到总司令弗伦奇的冲动个性和急躁脾气，基钦纳给他写了一份手谕，规定远征军的主要任务是支持和配合法军阻止德军入侵法国和比利时。基钦纳说，考虑到"英军及配属的增援部队的兵力十分有限"，"显然必须以最谨慎的态度将部队伤亡降低到最低程度"。因此他要求弗伦奇"清楚地了解到，这支军队是完全独立的，在任何情况下，任何意义上，你都不受任何盟军将领的指挥"。

基钦纳的意思，是不让弗伦奇指挥这支军队去冒险，也不能把自己看成是霞飞或其他法军将领的下级。基钦纳的意图是可以理解的，他要对这支部队负责。虽然英国远征军人数不多，无法和法军和德军相比，但它几乎占了英国常备军的一大半，而且都是纪律性强、渴望战斗的老兵，曾为帝国的殖民事业作出过很多贡献，十分重要和宝贵。

但他的这一处理方式留下了很多问题，成为弗伦奇拒绝和法国人合作的借口，虽然基钦纳并未说过不与法国人合作的话。

英国远征军来到法国后，在经历了两次失利后一路后撤，侧翼失去保护的法军也只好跟着后撤。这导致出现恶性循环，两支友军在德军的追逐下竞相逃跑，谁也不信任谁，谁也指望不上谁。

英国远征军在进攻

但弗伦奇向伦敦隐瞒了这些事实，只是大谈特谈法军令人失望的表现和自己对友军的不满。基钦纳通过其他一些渠道得知了事情的真相。

9月4日，法军决定在左翼发起全面反击，迫切希望得到英军的配合和协助。基钦纳要求弗伦奇配合霞飞发起进攻，但弗伦奇拒绝了他的这一指示。不得已，基钦纳连夜乘船跨过英吉利海峡来到法国。

9月5日，穿着元帅制服的基钦纳和霞飞一起出现在英国远征军司令部，最终使弗伦奇同意采取行动。在随后的马恩河战役中，英军的行动发挥了奇兵作用，迫使德军退却。

在1914年各主要交战国的领导人中，只有基钦纳认识到战争将是长期的——他认为最少要3年。作为陆军大臣，他不顾英国的海军传统，征集了上百万的志愿兵进行训练，为英国在随后的战争提供了源源不断的兵力。1916年6月，基钦纳在下议院接受质询。当反对党议员抨击他的战争准备不足时，他披露战前就向美国订下了200万支步枪，且已有50万支交货。

1916年，基钦纳在去俄国商讨合作之事途中，所乘船只被德国潜艇击沉溺亡。

8

英国远征军司令弗伦奇

1914年8月6～10日，由8万名士兵、3万匹战马和300多门大炮组成的英国远征军在南安普顿和朴次茅斯集结，准备渡过海峡，赴法国和德国佬作战。这是拿破仑战争结束后近百年来英国军队首次踏上欧洲大陆。军官们情绪高昂，跃跃欲试，将指挥刀磨得闪闪发光，那些多次参加殖民战争的士兵也是信心满满，认为稚嫩的德国兵根本不是他们这些身经百战的老兵的对手。因此，英国人认为这支部队是“历来踏上征途的英军中训练、组织和装配得最好的”。

统帅这支英军的是弗伦奇。早在8月3日，英国《泰晤士报》就在一篇报道中透露了弗伦奇将统帅英国远征军的消息。“一点儿犹豫也没有，”报道称赞弗伦奇的当选，“没有痛苦的拉票活动，没有辛辣的争辩，没有令人讨厌的候选人优缺点比较，没有偏爱，没有政党阴谋。”之所以会这样，是因为弗伦奇“周围有许多能力强的领导人和参谋官，不仅使部队达到极高的效率，而且他的军官们都像兄弟一般相处，并且在各个部队之间和各个官阶之间形成一种良好的同志关系”。

这自然是欺骗英国民众的鬼话。实际上，61岁的弗伦奇矮矮胖胖，反应迟钝，缺乏想象力，脾气暴躁，一点也看不出有什么高明之处。这样的人能走上高位，是英国军队特殊的军官晋升体制的结果。

弗伦奇手下的一位兵团司令、后来接替他成为远征军司令的黑格爵士就说：“从内心来说，我认为在我国历史上这个生死存亡的时刻，让弗伦奇担任这个举足轻重的职务是不太适宜的。”黑格甚至向关系密切的英国国王说：“我非常怀疑，弗伦奇爵士是否具备足够平和的性情和足够高深的军事学识，使他能够胜任指挥官的职责。”

由于两人历史上众所周知的过节，黑格的这番言语不免有背后攻讦的嫌疑，但对弗伦奇能力的怀疑是有道理的。

弗伦奇出生在英国肯特郡里普尔一个海军军官家庭。1866年进入海军服役，不过在1873年转入骑兵部队任职，这是英国陆军最精锐的兵种。此后弗伦奇靠着社交技巧和骑马时的锐气一路提升。1899年，他刚被提升少将后，就赴南非参加英布战争。在南非，他获得成功，先后任骑兵旅长、师长和兵团司令职务。回国后，他参与组建总参谋部，在1907年晋升为上将并任陆军总监。1912年，弗伦奇的军事生涯达到顶峰，出任帝国总参谋长，一年后晋升为陆军元帅。在卡勒兵变中他被迫辞职，不过这次兵变却为他赢得了名声，没有妨碍他出任远征军总司令。

英国远征军司令弗伦奇和法国将军福煦

根据作战计划，英军的主要任务是阻挡德军右翼的进攻，保护朗勒扎克的法国第5集团军左翼安全。

8月20日，英军在比利时南部完成集结后开始向北运动。8月21日，当得知德军先头部队向桑布尔河附近沙勒罗瓦的法军发起攻击时，弗伦奇立即命令先头部队渡过蒙斯运河，在沙勒罗瓦附近建立阵地，保护法军侧翼。

第二天，一支英军侦察小分队和北面而来的德军侦察兵相遇，德军退却，双方未发生战斗。和法军相比，英国采取了聪明的做法，立即下马挖掘工事等待主力的到来。

8月23日，德军在经过炮火准备后向英军发起攻击。但英军事先构筑的战壕和精准的枪法使德军吃尽了苦头。这些身经百战的英国步枪兵能在一分钟内瞄准300英尺外的目标射击15次，很多人能做得更好，密集的步枪子弹使德国人误以为遭到了机枪射击。

双方几乎是寸土必争。英军伤亡1600人，但德军伤亡了5000人，迫使德军右翼停止前进一天。这一点意义非常重大。

当天傍晚英军主力陆续到达，再次修筑防御工事准备迎接第二天的进攻。但夜里传来一个惊人消息，右翼的法军从沙勒罗瓦撤退了，这样使英军侧翼失去了保护，不得不跟着撤退。这件事使弗伦奇非常生气，认为朗勒扎克此举完全没有必要，是胆小懦弱。他本来就轻视法国人，此后更是变成了毫无根据的蔑视，导致他和朗勒扎克无法进行合作。

英国人在战场上进行战斗的同时，也在舆论宣传上大造声势。蒙斯之战后，流传了一些非常神奇的故事。有人说当英军处于危险关头时，战场上空出现了一个巨大宏伟的身影，高举双臂指向胜利方向；还有人说在英军撤离之后，蒙斯天使将德国人拖住，确保了英军的安全。更加离奇荒诞的是关于阿金库尔弓箭手的传说。在中世纪，英国弓箭手曾在阿金库尔击败了身穿重甲的法国武士。499 年后，有人发现德军士兵在蒙斯附近被弓箭射穿身体而死。当然，所有这些都是新闻记者和有目的者编造出来的无稽之谈。

当德军第二天早晨恢复进攻时，弗伦奇早就撤退得无影无踪。两天后，英军的一支殿后部队被追赶的德军咬住，始终无法摆脱，只好在勒卡托就地组织防御。这场战斗比蒙斯战斗更加血腥残酷，英军虽然暂时阻止了德军的进攻，但在一天时间里就损失了 8000 兵力和几十门大炮，这比英国人在滑铁卢战役中的损失还要大。

此后，弗伦奇的远征军就从撤退变成了有组织的逃跑，一路向南，拒绝任何与法国人的合作，也拒绝向德军的任何进攻。因为他已经对法国盟友丧失了信心，认为他们既不可靠且注定要失败。他向英国政府报告说："我对法军领导人能否领导这场战役的信心正在迅速消失。"

现在弗伦奇考虑最多的就是如何保全手中的这支部队，一旦法国失败，还可以将他们带回到英国去。实际上，英军虽然遭受了不少损失，但情况并非到了绝望的地步。他的一个兵团在蒙斯和勒卡托连续遭到德军打击而实力大减，但黑格领导的另一个兵团基本上没有受损。黑格曾同意朗勒扎克参加吉兹的战斗，但被弗伦奇制止了。这让朗勒扎克有一种受骗的感觉，两人关系进一步僵化。

甚至到了协约国军队左翼发起全线反攻的关键时刻，弗伦奇依然表现出不合作态度，拒绝采取任何行动。直到他顶头上司基钦纳和法军统帅霞飞亲临他的司令部，才促使他转变了态度。在随后的反攻中，弗伦奇指挥的英国远征军发挥至关重要的作用，促成“马恩河奇迹”的出现。

马恩河战役后，弗伦奇继续指挥英军在法国和比利时作战，在两次伊普尔会战和罗斯攻势中都取得了不错的战果。但是由于继续对与法军合作持消极态度，弗伦奇遭到强烈抨击。1915在12月，弗伦奇被解除职务。

回国后弗伦奇担任英国本土部队总司令至1918年，期间他镇压了爱尔兰的复活节起义。1918年5月，弗伦奇被授予爱尔兰总督头衔，1921年年初，弗伦奇辞职并接受伯爵爵位。

弗伦奇死于1925年。

9

德国总参谋长小毛奇

小毛奇是一个性格忧郁悲观的人。战前他曾说：“未来的战争是一场精疲力竭的争斗，参战国绝不会在其国民体力和意志崩溃前投降，即使德国能取得最后的胜利，战争也会将德国人民推至筋疲力尽的边缘。”

吞并阿尔萨斯和洛林，是老毛奇和他领导下的总参谋部的主意。老毛奇和总参谋部坚决主张，这两个边境省份，连同梅斯、斯特拉斯堡，以及孚日山脉的崇山峻岭，都必须从法国版图上一刀砍掉，这样就使法国在战略上、地理上永远只能处于守势。至于要法国偿付一笔50亿法郎的巨额赔款，其用心则是要在一代人的时间里捆住法国的手脚，让其难以恢复元气，重整旗鼓。

老毛奇的主张主要是从军事上考虑的，主要用意就是通过各种手段来进一步削弱法国，使其沦落为一个欧洲二流国家，不致对德国的霸权构成障碍和新的挑战。

但他的主张为宰相俾斯麦所反对，他认为过分羞辱法国会成为新德意志帝国的致命隐患。但反对没有什么效果，因为德皇威廉一世支持老毛奇的意见。

从这件事情可以看出，统一之初的德意志帝国就已经暴露出了在政治结构上的一个重大缺陷：从普鲁士带过来的军国主义传统深刻影响到了德国的政治，军方的力量已经强大到足以左右政府决策作出和实施的地步。在“铁血宰相”俾斯麦时代尚且如此，更遑论他的后来继承者。

通过对阿尔萨斯的政策，可以更深入了解到这一特点。阿尔萨斯原先既非德国属地，亦非法国所有，双方你争我夺，反复易手。直到路易十四时期，才通过《威斯特伐利亚条约》确定归属法国。1871 年以后，俾斯麦便建议尽可能给当地居民以最大限度的自治权，并对他们的地方

随着 8 月 20 日德军开进布鲁塞尔，边境战役开始了

主义进行鼓励，以减少他们对法国的归属感。他认为让当地居民多想到自己是阿尔萨斯人，就会少想到自己是法国人。这个建议十分高明，但没有多少人听得进去。德国新主人特别是驻军高高在上，从未把这批新添的黎民放在心上，不去争取他们，而把这两个省份当作“帝国领土”来治理，施政方针几乎跟对待非洲的殖民地无异。这样做的后果是激起了这两处人民的愤怒，导致离心离德。德国的失策在 1913 年发生在当地的一起偶然事件中暴露无遗。事件的起因是市民和驻军之间发生口角，一个德国军官用军刀刺伤一个跛脚的鞋匠。这场风波彻底暴露了德国对这块帝国领土的政策，普世的舆论掀起一阵反德浪潮；而军国主义也在柏林自以为是、沾沾自喜，认为体现了德军的威严，这位军官甚至成了誉满京华的英雄，受到王储的嘉奖祝贺。

就这样，老毛奇和他的统一功勋们一步步把德国变成了法国人心中不共戴天的世仇，在打败一个强敌的同时也培养了一个潜在的强敌。

现在，几十年过去，这对冤家对手再次到了摊牌的时刻了。然而，老毛奇早已不在人世，轮到了他的侄子小毛奇去接手这盘未下完的棋局了。

战争爆发后，德国的全部兵力除第 8 集团军在东普鲁士外，其余 7 个集团军部署从瑞士到比利时的法德边境，从北到南依次是第 1 至第 7 集团军，其中第 1、第 2、第 3 集团军中构成右翼，准备绕道比利时席卷法国。这是施利芬计划的安排，只不过有一点不同，就是右翼和左翼的力量对比远不是施利芬计划设想得那样悬殊。换句话说，和左翼相比，右翼不再如施利芬反复强调得“强大”。这是可以理解的。施利芬在世时，法国虚弱不堪，无力发起大规模进攻；到了小毛奇时，法国已经强大得令人生畏，有能力突破德军在左翼和中路的防线。

一开始，德军在小毛奇的指挥下进展顺利。从 8 月 20 日开始，法国在边境地区发起了一系列攻势，但均遭到失败。在东面，法军对阿尔萨斯和洛林的进攻遭到德军左翼第6、第7集团军的强力反击，不但损兵折将，还被完全赶回法国境内；在中路，德军第4、第5集团军对向阿登地区进攻的法军进行了疯狂屠杀，迫使法国人丢下大片尸体撤退；在北边，德军右翼的第1、第2、第3集团军狠狠打击了法国第5集团军和英国远征军。

此时来自东线的战况——俄军攻入了东普鲁士，第8集团军指挥官要求撤退——引起了小毛奇的忧虑，他做出了一个后来饱受诟病和广泛争议的决定，从最需要兵力的西线右翼抽调2个兵团和1个骑兵师增援东线。应该说增援不是没有必要，但应该从西线的左翼和中路抽调兵力。但小毛奇没有那样做，因为那里的统兵将领是皇亲贵胄，他们强烈反对从自己手中调走一兵一卒。非但如此，左翼的巴伐利亚王子鲁普雷希特还要求加强他的兵力，小毛奇居然满足了他的要求。

如此一来，就进一步削弱了右翼的力量。加上此前小毛奇命令右翼派2个兵团去围攻安特卫普，1个兵团去围攻莫伯日据点，以及一些维护占领区治安和交通线的兵力，使整个右翼的总兵力减少了1/3。对于将所有希望压在“右翼”上的施利芬计划而言，这不是什么好事。

不过，德军右翼还在迅速推进中，前面的法国人和英国人仿佛一群逃难的人群，一路向南逃跑。德军第1、第2集团军不断有好消息送往后方，统帅部里洋溢着乐观的气氛。8月26日，第1集团军在勒卡托之战中突袭英国远征军，迫使它进入疲惫的后卫战。3天后，德国统帅部从科布伦次移往卢森堡。在列车上，威廉二世的副官注意到他的皇上“因流血而狂喜”，高兴地指着“六英尺高的尸堆”。

但随着战线的拉长，问题再次出现了，通信联络变得更加杂乱。在战争早期，德国最高统帅部限用一架粗制的、不用电线的（后来的无线电）

接收机，集团军则限用一架发报机，这种设备只能拍发最紧急的电讯。野战电话系统也不能发挥多少作用，它不是为长距离通信设计的，而且经常受到破坏和事故损坏。

电话是战争中常用的通信联络手段，但可靠性不高，通话音质也不佳

如此一来，就使远在后方的小毛奇无法及时获取战场信息，也无法将掌握的最新情报告诉前线指挥员。前线指挥员只能根据情况自行做出决定，但这样有很大的局限性。

此时小毛奇对战场局势忧心忡忡，尤其担心右翼3个集团军之间的缺口。在得知巴黎附近出现了一个新的法国集团军后，8月28日，小毛奇给走在最前面的第1集团军发报，要求他们和第2集团军列成梯队，而且要稍微滞后一点。但小毛奇在电报中没有提到巴黎方向新出现的威胁。这样就使第1集团军司令克卢克看不出这样做的意义，他此时正在追求打击法国第5集团军侧翼。于是克卢克决定继续前进，但改变进军方向，由原定的向西南方向绕过巴黎，改为向巴黎东南方向前进，从内线迂回，从而把自己的侧翼暴露给了巴黎守军和法国第6集团军。

考虑到如此做可以缩小第1、第2集团军之间的空隙，小毛奇随后批准了这一计划。

随着德军继续前进，越来越多的迹象表明右翼处于危险之中。小毛奇本想从左翼抽调兵力加强右翼，但那里正在向法军发起猛攻，或许有突破的可能，真能如此的话，德军就赢得了战争。这曾是施利芬梦寐以求但最终放弃的坎尼之战。

9月3日，小毛奇命令第1、第2集团军停止前进，准备迎接法国人的进攻。其余德军则恢复攻势，第3集团军向南进攻，目标是塞纳河；第4、第5集团军进攻凡尔登；第6、第7集团军跨过摩泽尔河，目标是突破法军防线。历史上从未有过如此大胆的包围行动。但这个计划却使德军陷入了战略困境：德军左翼只有突破法军防线才能使小毛奇的策略成功；但是当初正是为了避开法军防线上坚固的堡垒，德国人才制订了施利芬计划。

很难判断小毛奇如此临时改变战略，是为了最后的胜利，还是预感到右翼注定将失败。他的接任者就认为这一决定完全背离了施利芬计划，简直是神经错乱。

但小毛奇不这样认为，他说："我们不能欺骗自己，我们打赢了几仗，但还没有取得胜利。胜利意味着必须消灭敌人抵御的能力。数百万人对峙作战，胜利一方将有大量战俘，我们的战俘在哪里呢？我们缴获的枪械数目较少，这说明法国人撤退的秩序很好，他们是按照计划撤退。困难的工作还在前面。"

小毛奇的直觉和判断是正确的，他的此举拯救了德军右翼。如果不是协约国行动迅速，德军也许还有获胜的机会。

9月5日，小毛奇担心的事情出现了，法国第6集团军向德军第1集团军侧翼发起了攻击。次日凌晨，协约国军队在德军整个右翼发起全线反击。经几天激战，局势恶化到无法挽回的地步，德军被迫撤离。

小毛奇在写给妻子的信中忧郁地说："我无法用语言描述过去几天压在我肩上几乎把我压垮的责任，我今天还能感觉到那个责任的压力"，

“目前的困难让人胆寒，这些困难就像一幅巨大的黑幕一样悬挂在我的眼前。我什么都看不见”。

一位德军上校军官写道：“绝望的惊慌严重地支配着全军，或者更正确地说，支配着较大部分领导人。看来，最高统帅部惊慌得最厉害。毛奇完全垮了。他坐在那里，苍白的面孔凝视着地图，对一切感觉都无反应，成了一个绝望的人。”

因马恩河战役的失败，小毛奇被免去总参谋长职务。

1916年6月，大战依然在激烈地进行，小毛奇却在炮声中忧郁死去，留给了后人无数的遐想、猜测和争论。

10

德国第1集团军司令克卢克

如果说由第1、第2、第3集团军组成的德军右翼，犹如一把横扫法军左翼的镰刀的话，克卢克的第1集团军就是这把镰刀上的刀锋，其锋利与否决定了施利芬计划的成败。

亚历山大·亨利希·鲁道夫·克卢克，1846年5月20日生于明斯特，早年作为低级军官参加过1866年的普奥战争，1870～1871年的普法战争时他再次参战。经过战火的历练，成为一名德军参谋人员。在和平时期，他的军衔稳步晋升，指挥权也越来越大。1906年晋升步兵上将，1913年成为第7军区的总督察官。

第一次世界大战爆发后，尽管已经68岁，但精力过人，仍担任第1集团军司令。1914年8月，德军按照“施利芬计划”，长驱直入。克卢克位于德国计划攻势的最右翼，挥军30万从比利时和法国北部之间实施迂回攻击。克卢克率领第1集团军在亚琛以北集结，准备取道列日市马恩河上5座桥梁的几条公路，因此攻占列日便是决定一切的首要目标。

性格决定成败，克卢克为人强硬、好斗、易怒。从某种程度上说，正是他的这一性格，决定了德军在马恩河的失败。

战役开始后，克卢克的第1集团军处于整个德军战线最右端。他的任务是实施右翼迂回，目标直指法国首都巴黎，然后从西南方向绕过这座城市向东进攻，在规定的时间内将法军挤入预先设计好的杀人机器中。

这样，就需要他尽可能地往西移动，远离当面的敌人。但负责统一指挥德军右翼3个集团军的比洛是个谨慎的人，他要求克卢克向他的第2集团军靠拢，以保护他的右翼。克卢克对此非常不满，多次抗议无效，只得按照命令行事。这将意味着他在前进的路上将不断地与敌人相碰。

8月22日，克卢克的第1集团军的先头部队在蒙斯与英国远征军相遇。但克卢克对这一情况没有给予重视，他认为英军主力要么还没有到达法国，要么还在很远的地方，所以没有连夜发起进攻。这给了英国人掘壕据守的时间。

德国第1集团军司令克卢克和他的参谋们

第二天凌晨，当德军发起进攻的时候，克卢克才发现面对的是英军大部队。双方激战一整天，德国人付出了5000人的伤亡也没能击败英军。

8月24日凌晨，当克卢克再次发起进攻时，发现英国人已经撤走。于是他命令第1集团军穷追不舍，终于在两天后在勒卡托咬住了英军的尾巴。双方再次发生交战，这一次克卢克让英国人付出了代价，损失兵力8000人、大炮36门。

几乎与此同时，一个新的威胁出现了。法国新组建的第6集团军正乘坐火车源源不断地抵达巴黎附近前线。

8月28日，德军统帅部要求克卢克加强对比洛侧翼的掩护，排在第2集团军稍后一点位置。此时的克卢克已经远远走在了比洛的前面，他无法同意这道没有意义的命令——因为小毛奇没有告诉他巴黎附近的敌情变化。于是他决定继续前进，但将进军方向改为东南，从内侧切过巴黎。这样既能靠近第2集团军右翼，缩小两军之间的缺口，又能继续迂回包抄法国第5集团军侧翼。如果能顺势将法国第5集团军向东挤压，为第2集团军进攻巴黎让出通道，则虽然违抗了命令，但与命令的精神实质是一致的。

于是克卢克在8月30日正式改变行军方向，并于9月3日跨过了马恩河。随着克卢克的不断向前推进，部队离铁路补给线越来越远，疲惫不堪。

9月3日，也就是德国第1集团军跨过马恩河的这一天，克卢克接到最高统帅部命令，要他停止前进，准备迎接法国人的进攻。对此克卢克当然不能接受，他命令部队继续前进。但为了防止来自巴黎方向的威胁，他命令一支部队驻守在乌尔克河沿岸建立防御阵地。

9月5日，德军统帅部派了一位叫亨奇的中校来到克卢克司令部，警告他一个新的法国集团军可能会对他的侧翼发起攻击。亨奇还没有离开，克卢克就接到了乌尔克河守军的报告：受到法军攻击。

但克卢克不打算就此放弃。为了慎重起见，他增派一个军加强乌尔克河守军。当天晚上，法国第6集团军再次向乌尔克河德军发起进攻，但被击退。随后，德军鉴于法军兵力占据优势，决定从乌尔克河后撤。

当天夜里,法军借助月光又一次发动了攻击,但发现德国人已经撤走。此时，克卢克才意识到问题的严重性，命令部队撤退到马恩河北岸。

9月6日凌晨，协约国的反击开始了。法国第6集团军在这一天也发动了攻击，但等待他们的是德国第1集团军的主力，战斗结果富有戏剧性：进攻的法军不但未能把克卢克从匆忙修建的工事中赶走，自己反而崩溃了。克卢克一直希望消灭这个法国集团军，现在似乎就能实现。

此时的战场一片混乱。9月8日下午，一队法国骑兵在巡逻时突然遇到3辆德国汽车。法国骑兵策马追去，但德国小汽车加大油门逃走了，克卢克就在其中的一辆汽车上。直到此时，克卢克仍未放弃努力，他的部队已经连续抗击法国第6集团军3天的进攻,并大量消耗了对手的实力。现在，他正在勘查战场，调整兵力，打算在第二天给法国第6集团军以致命一击。

就在同一天，统帅部的亨奇中校再次受派来到前线。他从东面的第5集团军开始了解情况，越往西走就发现情况越来越糟糕。9月9日下午，亨奇终于到达克卢克司令部。但克卢克并不在这里，他去了前线，他的第1集团军正在撕裂法国第6集团军的防线。亨奇告诉克卢克的参谋们，英国远征军已经楔入德国第1、第2集团军之间的空当，比洛正在计划撤退，第1集团军也必须撤退。就在此时，比洛的通知送来了，他们已经开始撤退。

一切全结束了，不必要再讨论撤退的意义。失去侧翼的克卢克除了跟着一起撤退，没有任何办法。虽然他极不甘心，虽然他的部队已经击垮了法国第 6 集团军，只需要通过 50 千米的空旷地带就可以到达巴黎。

马恩河战役结束后，克卢克继续在前线统兵效命。1915 年 3 月，他的腿部在前线被击伤，1916 年 10 月退出现役。1934 年 10 月去世。

11

德国第 2 集团军司令比洛

与克卢克第 1 集团军相邻的是比洛率领的第 2 集团军，他们共同构成德军右翼的核心。

比洛 1846 年 4 月出生于一个军人世家，是一名经验丰富的老将，曾经参加过 1866 年的普奥战争和 1870 年的普法战争。后长期担任德军高级职务。施利芬退休后，比洛曾有机会成为继任者，最后之所以败给了小毛奇，可能就是他比较偏爱常规战法，主张直接攻击法国，而不像施利芬、小毛奇那样喜欢迂回进攻法军。

当施利芬的右翼开始运动起来后，为了加强这个庞大的集团军群的指挥和内部协调，德军统帅部任命比洛在指挥第 2 集团军的同时指挥第 1、第 3 集团军。

但这种任命是有问题的。任何一位战场指挥员都会有本位主义倾向。当一个将领在指挥自己部队的同时，还要指挥其他平级的部队时，他的视野有很大局限，往往会优先考虑自己的部队。

这一点在比洛身上体现得很明显。他命令第 1、第 3 集团军向自己靠拢，一字排开向前推进。这样固然保障他的集团军两翼的安全，却使克卢克的第 1 集团军不能避开当面敌人实施远程迂回。

比洛的当面对手是法国第5集团军。8月21日，比洛的第2集团军先头部队达到桑布尔河，从那慕尔和沙勒罗瓦之间渡河向一天前刚刚到达的法军发起进攻。第二天，德国第2集团军的主力杀到，展开3个军向沙勒罗瓦地区的法国第5集团军发起猛攻。与此同时，比洛命令豪森的德国第3集团军向法军侧翼发起攻击。在德军的凌厉攻势下，法军放弃阵地向后撤退。

此后，比洛的第2集团军一路南下追赶法国第5集团军。

8月28日，霞飞命令朗勒扎克指挥法国第5集团军发起反攻。但比洛通过法军俘虏得知了这一重要情报，于是德军在吉兹和圣康坦对进攻的法军给予迎头痛击。在吉兹的战斗中，由于法军将领德斯佩雷突然发起反击，德军精锐的普鲁士第1步兵警卫团一度处于崩溃的边缘。关键时刻，普鲁士亲王弗里德里希——威廉二世的第6个儿子——挺身而出指挥该团。他重新集结部队，亲自敲打着战鼓，实施了一次成功的逆袭，最终稳定了战局。

这一仗虽然比洛胜利了，但第2集团军也遭受了不小的损失，迫使他停止前进一天。

此时的战场形势犹如一个弹簧。德军压得越来越紧，协约国军队聚集的反弹能量也越来越大。双方都感到决定性的时刻即将到来。

9月6日凌晨，协约国军队对德军右翼发起了全线反击。已经换了司令官的法国第5集团军调转身子，向比洛的第2集团军发起猛攻。正当双方厮杀得难解难分之时，灾难发生了。英国远征军和一支法国骑兵部队钻进了比洛和克卢克之间宽达80千米的缺口，同时法军也在不断攻击他的侧翼。

9月9日，为了避免被协约国军队包围，比洛在无可奈何的情况下下令撤退。他的撤退导致最右翼的德国第1集团军只能跟着撤退，也导致了马恩河战役失败。

马恩河战役失败后，比洛仍担任第2集团军司令。1915年1月，被威廉二世授予陆军元帅军衔，登上了作为职业军人的巅峰。

1915年3月，由于心脏病发作，比洛离开前线，被送回德国疗养并于次年退役。1921年8月，比洛在柏林逝世。

12

德国第6集团军司令鲁普雷希特

对德军而言，马恩河战役中的鲁普雷希特是一个不起决定性作用、却在某种程度上决定了整个战役结局的人物。

这位出生于1869年的巴伐利亚王储，大战爆发时担任驻洛林的第6集团军司令，同时节制黑林根的第7集团军。

德国第6集团军司令鲁普雷希特

按照战前计划，第6、第7集团军的任务不是发动进攻，而是阻止法军对阿尔萨斯和洛林的攻击；作战目标也不是战胜法军，而是死死缠住当面法军，既不让法军突破防线也不让他们回援巴黎，从而为德军右翼席卷巴黎创造条件。

8月7日，法军第1集团军跨越边界进入阿尔萨斯；8月17日，法军第2集团军也越境攻入洛林。两路法军进展顺利，原因是鲁普雷希特根据统帅部的命令率第 6 集团军主动后撤。小毛奇希望引诱法军跟随德国第 6 集团军，进入北边的第 5 集团军和南边的第 7 集团军的中间地带，然后再三面夹击，一举歼灭之。如果这个大胆的计划能够成功，则根本不需要再实施施利芬计划。

但法国人无法得知德国人的计划，穿着红裤子的法军士兵还在阿尔萨斯和洛林的公路上昂首挺胸、滚滚前进。这是他们曾经的国土。但鲁普雷希特坐不住了，看到其他德国集团军高歌猛进，而自己却不断后撤，他实在忍受不了眼前猎物的诱惑，强烈要求发起反击。

面对鲁普雷希特的要求，德军统帅部派了一名少校前往第 6 集团军了解情况。根据小毛奇的指示，他提醒鲁普雷希特注意反击将面临的危险，其中最可怕的局面将是一场对法军防线的正面攻击。那里地形复杂、堡垒林立，根本无法实施迂回。

鲁普雷希特却不这样认为,他说最大的危险不是反击,而是继续撤退。经过一番激烈讨论，他愤怒地喊道："要么让我进攻，要么就下一道明确禁止进攻的命令吧！"

8 月 20 日，鲁普雷希特期待已久的战斗到来了。法军还是按照"攻势邪教"学说的教条，先对德军据守的萨尔布尔和莫朗日要塞发起猛攻，但被严阵以待的德军打得苦不堪言，变成了毫无还手之力的挨宰羔羊。法军野战条例规定的冲击战术，是根据步兵冲刺 20 秒、前进 50 米，而敌人在这个时间内来不及举枪、瞄准和射击的估计来制定的，实际上，德国人的马克沁机枪只需要 8 秒钟就可以发出怒吼，每分钟可以连续射击 600 多发子弹。

法军的进攻被打退后，就该德国人上场了。炮火、子弹和步兵的反冲击，一下子就把法国人赶了回去。

从战术上看，鲁普雷希特的反击异常成功，使法军蒙受了巨大损失。

但从战略上看，这种反击毫无意义，既没有消灭法军，也没有占领任何有战略价值的阵地，还将法军赶回了边境堡垒之中，使德军统帅部从法军右翼突破的希望化为泡影。

这一战之后，鲁普雷希特不但没有抽调兵力支援德军右翼，相反还不断向小毛奇要更多的兵力补充自己。这就进一步削弱了原本不怎么强大的右翼。

此后,鲁普雷希特就向法军堡垒防线发起了长达两个多星期的进攻。双方反复争夺，寸土必争，疯狂的进攻在9月3日达到顶点，德军一度有突破的可能，但法军最终还是依托堡垒顶住了鲁普雷希特的进攻。直到9月8日小毛奇下令进攻，德军再也未能撼动法军防线。

从整个马恩河战役看,鲁普雷希特一直在和统帅部的意图背道而驰。他既向法军发动了进攻，也没有阻止东线法军回援巴黎，更没有战胜法军突破防线。其中的原因既有他作为王储的骄横，也反映了统帅部意志的不坚定。但无论如何，鲁普雷希特都要对德军马恩河战役失败负重要责任。

1916年7月，鲁普雷希特被德皇威廉二世擢升为陆军元帅，并在一个月后提升为西线新组建的“鲁普雷希特”集团军群司令，一直到战争结束。

战后，德国巴伐利亚爆发了革命，鲁普雷希特失去了王储身份，变成了一介平民。1955年，鲁普雷希特在巴伐利亚去世。

第四章
海峡悲歌的演奏家
——加里波利战役的指挥者

达达尼尔海峡狭窄而弯曲，从不冰冻，是沟通地中海和黑海的咽喉水道。海峡北侧是加里波利半岛，它是欧洲土耳其向西南的延伸部分，长96千米，宽6～21千米，1915年只有一条泥土公路纵贯全岛。就在这个半岛和这片海峡，1915年2月～1916年1月，英法与德土双方投入兵力近百万，进行了一场你死我活的大厮杀，史称加里波利战役，又称达达尼尔海峡战役。此役，协约国方面以英国为主，目标是要占领海峡，打通与俄国的联系，从侧后方攻击德军，以彻底扭转陆战的僵局。但在付出25万人的代价后，英国却撤军了，演绎了自美国独立战争至当时为止英军最大的失败，以丘吉尔为代表的英军指挥官们，成为不折不扣的海峡悲歌演奏家。

1

英国海军大臣丘吉尔

时任海军大臣的丘吉尔，是英国发动加里波利战役的主要倡导者、

刚步入军旅的丘吉尔

推动者和策划者，对战役失利负有重大责任。战事失利后，被舆论和保守党大肆攻击，1915 年 5 月被迫辞去海军大臣职务，转任内阁中不负责某一方面政务的部级职位——不管部大臣，政治生涯因而受到严重影响。不过，丘吉尔不愧是伟大的政治家。他没有被挫折所击倒，在日后东山再起，官至英国首相，成为 20 世纪全球最重要的政治领袖之一。2002 年在英国 BBC 举行的名为“最伟大的 100 名英国人”调查中获选“有史以来最伟大的英国人”。

1874 年 11 月，丘吉尔出生于英格兰牛津郡伍德斯托克的一个贵族家庭，因祖上约翰·丘吉尔在 1688 年光荣革命时支持威廉三世，且又在对西班牙和法国的战争中作为军队总司令取得胜利而于 1702 年被安妮女王封为马尔巴罗公爵，从此开创了马尔巴罗家族的显赫家世，19 世纪时位列英国 20 个王室以外的公爵家族中的第 10 位。1881 年，7 岁的丘吉尔被父母送到一所名为圣乔治的贵族子弟寄宿小学就读，他是学校里最顽皮、最贪吃、成绩最差的学生之一，经常受到老师的批评和体罚，后来不得不转学到另一所学校。1888 年，丘吉尔进入伦敦西北近郊的哈罗公学就读，这是一所富贵子弟才能上得了的著名学校，校纪严苛，培养了英国近 1/4 的首相，但丘吉尔在哈罗的表现依然调皮且成绩极差。1893 年，父母把丘吉尔送入曾与美国西点军校、俄罗斯伏龙芝军事学院以及法国圣西尔军校并称世界“四大军校”的英国桑赫斯特皇家军事学院，学习骑兵专业，开始了他短暂的军旅生涯。1895 年毕业后先后在古巴、印度服役，并受媒体邀请在前线采写了大量战地新闻并发表，由此爱上写作。1899 年，丘吉尔辞去军职，以《晨邮报》记者身份前往南非采访英布战争，但他仍携带武器参加战斗，不幸在一次战事中被俘。当年 12 月，丘吉尔以极大的勇气和胆略一人独自越狱，成功后躲入英国领事馆。这一事件使丘吉尔在英国名声大噪，次年 3 月回到英国后，丘吉尔利用南非之行积攒的人气投入政坛，并于 1900 年 10 月代表英国保守党顺利当选议员，从此开始了他长达 61 年的政治生涯。当选议员后，因在军备政策、贸易政策等方面与保守党政见不合，不久便与保守党彻底决裂，这为加里波利战役失利后保守党对丘吉尔穷追猛打埋下了伏笔。1906 年自由党击败保守党上台组阁，丘吉尔获任殖民地事务部次官，此后又担任商务大臣、内政大臣，1911 年任海军大臣，直至加里波利战役失利后被迫于 1915 年 5 月辞去海军大臣职务。

奥匈帝国向塞尔维亚宣战的 1914 年 7 月 28 日，丘吉尔下令征用土耳其在英国订购的两艘军舰“苏丹奥斯曼一世”号和“列沙吉耶”号。这两艘军舰与英国最好的军舰不相上下，共花费土耳其 3000 万美元，这在当时是一笔巨款。这笔款子是土耳其在 1912 ~ 1913 年的巴尔干战争中惨败，使国内民众深刻认识到提升武备的重要性后，由民众捐款筹措起来的，包括安纳托利亚的农民每人都捐了几文。大战爆发前，虽然德国一直在争取土耳其加入同盟国一方，但土耳其出于自身利益一直在观望，并不想马上卷入帝国主义战争。但英国扣舰的举动激起了土耳其举国上下的愤怒，直接促使土耳其完全倒向了德国。在几天后的 8 月 3 日，土耳其和德国就正式签署了盟约。土耳其加入同盟国一方卷入大战后，协约国方面就开始考虑对土作战的问题了。

大战爆发后不久，德国即陷入东西两线作战。而在西线，交战双方很快陷入胶着状态。为打破这种状态，英国方面早就开始了新的思考。作为海军部长的丘吉尔，他把目光盯住了达达尼尔海峡，盯住了土耳其。

他认为，如果攻克达达尼尔海峡，协约国将处于迂回包围德奥的内线地位，建立一条经由黑海到俄国的可靠的补给线，最终迫使土耳其退出战争，建立一条巴尔干战线，援助塞尔维亚，奥匈帝国或许就会崩溃。在西线的僵局不能马上扭转，协约国方面的无谓的牺牲持续不断时，丘吉尔把另辟战场的上述想法直接带到了战时内阁会议上。

在一次战时内阁会议上，丘吉尔公开宣扬他的所谓“外围战略”，即运用英国的海上力量在欧洲翼侧——土耳其的达达尼尔海峡开辟新战场。他认为，要想最终赢得对同盟国的战争，关键在于能对俄国的军队提供足够的装备，使东线战场出现新的转机，这样西线也将出现转机。为此，协约国方面必须打通达达尼尔海峡，将大量的装备补给由黑海运往俄国。他还谈到，如果能控制达达尼尔海峡，占领君士坦丁堡，就可以使中东的形势大为改观，并为英国赢得若干盟国，这会进一步壮大协约国方面的力量，对夺取战争的最后胜利也是有益处的。丘吉尔坚定地说：“只有对中欧的‘软下腹部’作这样的攻击，才能决定战争的胜负。”丘吉尔认为，英国占领达达尼尔海峡和君士坦丁堡后还有政治上的更深远的意义，就是可以避免俄国人进入海峡。当时俄国人和希腊人都希望得到君士坦丁堡，这样可以控制黑海连接地中海的出海口。丘吉尔认为，英国外交要充分利用希腊和俄国对君士坦丁堡的企图和他们之间的矛盾，把希腊争取过来，吸收希腊参加反对土耳其的战役，使希腊和俄国在海峡问题上发生冲突，这样就可把海峡和君士坦丁堡控制在英国自己手中。为此，他还写信

西线的胶着和大量伤亡促使人们思考如何尽快结束战争

给英国外交大臣，在处理对希腊和俄国外交时玩两面把戏：“请告诉俄国人，他们会看到，我国在君士坦丁堡问题上是宽宏大量和富有同情心的。但是在同希腊合作的道路上不应设置任何障碍。如果希腊和保加利亚同意转到我们这方面来，我们就应该把他们抓到手。我十分担心你们会失去希腊，使未来的一切成果都落到俄国的手中。如果俄国妨碍我们得到希腊的帮助，我将尽一切努力不让俄国得到君士坦丁堡。”此外，丘吉尔还想通过达达尼尔海峡战役把许多巴尔干国家拉到英国方面来，并把抗击德国及其盟国的战争重担的一部分转嫁到它们身上，这样就可以壮大英国的力量，使英国士兵在战场上付出更少的代价而赢得最后的胜利。后来的一位工党领袖曾说：“温斯顿关于战争的一个战略思想，就是没有必要把大批人投向杀场。”

进攻达达尼尔海峡的战役设想形成后，丘吉尔抓住一切机会，为战役做准备。1914 年 8 月 20 日，希腊首相愿意将希腊的一切陆海军交给协约国使用。英国外交大臣格雷担心此举会激怒土耳其，拒绝这个提议。但这个提议却引起了丘吉尔的兴趣。8 月 31 日，丘吉尔与陆军大臣基钦纳讨论了这个问题。第二天，丘吉尔又要陆军参谋总长指派两名军官与海军部的两名军官一起，拟订了一个计划，使用适当的希腊陆军，夺占加里波利半岛。但不久希腊又反悔了，丘吉尔拟订的这个计划也被暂时搁置起来。11 月份，有两个师的澳大利亚部队到达埃及。丘吉尔立刻命令那些装载澳大利亚部队的运输船，暂时停在埃及不要动，以便运载部队去参加远征达达尼尔的行动。

1915 年 1 月 2 日，英国外交大臣格雷收到一份来自英国驻俄大使的电报。电报内容是俄军总司令尼古拉大公向英国请求，英国海军或陆军是否可以安排一些示威行动，以迫使土耳其撤出高加索战场，减轻俄军的压力。这份电报一来，英国军方进攻达达尼尔海峡的计划更显紧急了。

英国外交大臣格雷把俄方的这个请求发给基钦纳，基钦纳又找到丘吉尔。但丘吉尔却说光靠海军是不够的，实际上丘吉尔是想陆军一起行动。基钦纳走后，丘吉尔立刻召集顾问开会，讨论是否能让海军对达达尼尔海峡发动佯攻。大家普遍怀疑单纯的海军攻击是否有效，丘吉尔也这么认为。为了解详细情况，丘吉尔随后向英国地中海舰队司令官萨克维尔·卡登发电询问达达尼尔海峡的具体情况，并提出海军攻击达达尼尔海峡的问题。1 月 5 日，卡登回信提出使用大批船只进行大规模作战或许能够夺取达达尼尔海峡。海军部的顾问们同意卡登的观点，认为让海军对土耳其要塞发起系统性轰炸能够奏效。此后数天，丘吉尔与卡登不断电报往来，商谈着进攻达达尼尔海峡的具体细节。丘吉尔请卡登电报详细说明大规模作战的效果，需要哪些军力，以及应该如何利用这些军力。1 月 12 日，丘吉尔接到卡登回电，电报中，卡登给出了夺取达达尼尔海峡的详细方案。在海军参谋长费希尔提出战列舰“伊丽莎白女王”号也加入战斗时，丘吉尔表现出极大的兴趣，他认为一旦如此强大的军舰进入马尔马拉海域，君士坦丁堡一定会落在英国人手中。

1 月 13 日，英国战时内阁召开作战会议。丘吉尔极力鼓吹这一计划，让大家似乎在地中海看到了胜利的希望，特别是海军中每一个人都满怀信心。战时内阁很快就通过一项由首相拟就的备忘录，责成海军部为“2 月份海军远征做好准备”。1 月 15 日，丘吉尔电令卡登:“行动愈快愈好。”4 天后，他又给俄军总司令尼古拉大公去电，告知英国即将进攻达达尼尔海峡。丘吉尔似乎就等着胜利的那一刻了。

2 月 19 日，进攻达达尼尔海峡的战役正式打响，作为该行动的积极倡导者，丘吉尔时刻关注着前线的变化。此时的丘吉尔才 41 岁，比战役前线指挥官，也就是英国地中海舰队司令卡登年轻 17 岁。这一仗，关系着丘吉尔的荣誉，也影响着他的前程。从前线传来消息，起初进展还算

英军在加里波利登陆

顺利，特别是2月底和3月初先后传来两个好消息，令丘吉尔十分振奋。一是2月28日，俄军总司令尼古拉大公告诉丘吉尔，一旦卡登的舰队占领达达尼尔海峡，俄国就会从黑海派4.7万人的部队攻打君士坦丁堡，配合英军行动。二是3月1日，希腊提出拟派6万人的部队参与进攻土耳其的行动。恰在这时，前方又传来一个小胜消息，一小股皇家海军陆战队队员在达达尼尔海峡入口处登陆，捣毁土耳其人的部分枪炮和防御设施后，又安全地返回船上。一连串的好消息，让丘吉尔兴奋不已。

3月10日，例行的作战会议正常举行。这次作战会议与往常不同的是，大家都对夺取达达尼尔海峡充满了信心。此时，基钦纳决定派出29师前往地中海与英国海军联合行动，并决定由汉密尔顿指挥这支远征军。对此丘吉尔非常支持，他还直接给基钦纳写信，问29师能否加快进军速度，以配合海军早日行动，保护海军免遭土耳其岸上炮火的攻击。但基钦纳没有明确回应，只是说待29师到达后再作商议。丘吉尔吃了闭门羹，心里很不是滋味。此时，英国截获了一份德国与土耳其之间的无线电报，得知土耳其人的弹药马上要用完了，德军很担心这里的局势，准备派一艘潜艇前来增援。这一消息使丘吉尔着急起来。在陆军短期内依靠不上的情况下，丘吉尔告诉卡登早点准备，再一次发动更大规模的进攻，一举夺胜，以避免陆军到达后抢了战功。

3 月 18 日，新一轮进攻开始。由于卡登生病，指挥官由其副手罗贝克代替。这一次进攻，招致了海军的厄运。3 月 18 日，罗贝克按丘吉尔命令实施了一次大规模袭击，几乎要成功。但罗贝克太大意了，前期扫雷之后，没有料想土耳其会再次布下水雷。恰恰就是土耳其重新布下的这些水雷，使联军“布韦”号、“坚定”号、“无敌”号、“海洋”号舰船先后触雷，其中“布韦”号当场被水雷击沉，“无敌”号、“海洋”号被击中后也逐渐下沉，联军撤退时都来不及相救。

这一次进攻失败，为丘吉尔的前程蒙上了阴影，舆论认为丘吉尔应为海军在达达尼尔海峡的失败负责。保守党利用进攻达达尼尔海峡的失败，更是对丘吉尔发动了直接的猛烈攻击。《晨邮报》刊登了一组攻击丘吉尔的文章，标题如《不求甚解的怪人》《不求甚解的海军将领》《反对专家的政治家》《丘吉尔其人太多了》等文章，批评丘吉尔志大才疏、刚愎自用，批评他不听顾问的建议，不做充分的准备，甚至连登陆前都不知道指挥部队扫雷等。保守党领袖还发表声明，丘吉尔不配做海军大臣：“如果丘吉尔不辞职，保守党人便拒绝参加联合政府，拒绝支持阿斯奎斯领导的内阁。”

对丘吉尔的批评，刚开始主要来自反对党，后来几乎成为英国全社会的共识。对这样的指责，丘吉尔当然不能接受，他抓住一切机会为自己辩解。为证明自己的清白，他还把 2 月 5 日下达给卡登的命令给内阁成员传阅。在这份命令中，丘吉尔明确提出要警惕这些漂雷，而且提出了应对这些漂雷的建议。但是，在强大的舆论面前，这些辩解都是苍白无力的，毕竟，英国海军是打了败仗，损失惨重，必须有人来负责。事已至此，唯一能使丘吉尔摆脱危机的方法，就是扭转达达尼尔海峡战役的战局，以重大的胜利来回击各种流言和指责。丘吉尔非常清楚这是他挽回声誉和前程的最后一搏，所以他一方面证明自己的清白，另一方面，仍然在积极部署下一轮进攻。恰在此时，一份关键情报如期而至，重新燃起了丘吉尔心中的希望。

这份情报是 4 月 22 日丘吉尔的情报顾问送来的，主要内容是说土耳其人在达达尼尔海峡的弹药储备严重不够，经过 3 月 18 日的战斗后已消耗殆尽，如果继续发动类似 3 月 18 日的海军攻击，土耳其方面就会因弹药不够而难以支撑下去。这个消息使丘吉尔备受鼓舞，他似乎看到了扭转局势的机会。在与海军部同仁讨论后，丘吉尔立刻给罗贝克发了一封电报，建议立即对纳罗水道再次发动攻击，鉴于敌人弹药缺乏，这次进攻也许会取得成功。

经过 3 月 18 日进攻的失败，罗贝克对此次战役有了充分而深刻的认识。他认为，要取得胜利，陆军必须首先由登陆，消灭土耳其岸上隐蔽火力点后，海军才可以扫雷开进。当然，陆军登陆时，海军必须予以支援和配合。因此，他不同意丘吉尔关于海军再次发动攻击的建议。他接到电报

英军登陆后向土耳其军队发动进攻

后立即回电丘吉尔，明确表示绝不再单独使用海军进攻达达尼尔海峡，下一次行动必须海陆联合行动。罗贝克电报发出3天后，基钦纳派出的29师终于到了。此时基钦纳也大方起来，立即令汉密尔顿赶紧组织进攻。

4月25日，陆军参加的对加里波利半岛的登陆进攻作战开始行动，目的是占领能够俯瞰土耳其欧陆岸边要塞的高地，为下一步拔除这些火力点创造条件。第一天有3万多人参与登陆作战，但绝大部分人员仍然被土耳其人的机枪火力压制在海滩上，没有完成第一天的作战任务，已登陆的部队与土耳其军陷入一场拉锯战。5月份后，罗贝克对战役前途越来越没有信心，他非常担心就算海军有力配合陆军作战，陆军也无法完成4月25日定下的作战目标，即占领能够俯瞰土耳其欧陆岸边要塞的高地，为下一步拔除这些火力点创造条件。罗贝克直接发电给丘吉尔，直接询问海军夺取达达尼尔海峡是否能确保现在处于僵局的陆军行动取胜？对这个问题，丘吉尔根本无法回答。一方面陆军现在已经在滩头陷入胶着，另一方面陆军根本就不听他这个海军大臣指挥。陆军的任何行动都在陆军大臣基钦纳的指挥之下，而前方指挥陆军的将领汉密尔顿又十分傲慢。5月11日，丘吉尔回电罗贝克。他在回避问题的同时，只能鼓励罗贝克想办法清除雷区，然后最远推进到纳罗水道，摧毁那里的要塞。可是，对丘吉尔的命令，海军部领导层也有分歧，特别是海军参谋长费希尔坚决反对。他现在反对“成功占领海岸前”在达达尼尔海峡采取的任何海军行动，否则，他就辞职。

作为海军大臣，丘吉尔面临着复杂的人事与部际关系。陆军他指挥不了，必须与基钦纳进行充分沟通协商，但陆军和海军又都有着各自的利益，都怕自已遭受损失，所以基钦纳那边无法沟通，海军的费希尔参谋长又坚决不肯让海军再单独干，并且费希尔还一再要求撤回英国最先进的战列舰“伊丽莎白女王”号，他担心德国的潜艇对其造成伤害。丘吉尔现在对达达尼尔海峡前线海军的处境也十分担忧，便听从费希尔的建议，命令“伊丽莎白女王”号撤回了。但这一举动引起陆军大臣基钦纳的无比愤怒，基钦纳指责海军在关键时候抛弃了陆军。一系列事情使丘吉尔陷于两难境地，而在此时，保守党又对他发起了新一轮攻击。

这一轮攻击主要抓住了他离开海军指挥部前往法国的秘密行程。一战爆发时，意大利参与了同盟国，加入德国一方对协约国作战。但协约国方面经过与意大利的多次秘密接触，把意大利争取过来了。为与意大利海军商谈加入协约国方面对德作战的具体问题，5 月 6 日丘吉尔动身前往法国，前后共 4 天。这本是一次正常的公务行动，但在达达尼尔海峡前线进攻作战再次失利的情况下，丘吉尔到法国去却招致保守党“是否履行其职责”的强烈质疑。丘吉尔身在法国，当然无法履行其对达达尼尔海峡战役的指挥职责，因此他的法国之行被保守党斥责为“享乐之行”。正当保守党在议会掀起一波波对丘吉尔的指责时，又传来费希尔因与丘吉尔理念不合不辞而别的消息。费希尔是英国皇家海军第一海务大臣兼海军参谋长，这也是英国职业军人能担任的最高军职。1841 年出生的费希尔比丘吉尔大 33 岁，这是他二度出任此职，上一次是 1904 ~ 1910 年。这期间，他推动了英国海军大转型，从根本上扭转了英国海军仅靠大型战列舰就能确保海战胜利的陈旧观念，开始重视潜艇以及混合舰队作战的战略，这从根本上奠定了英国海军在一战中获胜的基础，他也因此被称为英国“现代海军之父”。由于他在海军的崇高威望，一战爆发后年逾古稀的他再度出任皇家海军第一海务大臣兼海军参谋长。因此，费希尔不辞而别一事非同小可。首相阿斯奎斯和丘吉尔虽十分愤怒，但又不敢公开，更不敢得罪费希尔，均耐着性子多次与费希尔沟通，结果仍无济于事。保守党不知从哪里得到了消息，发起了针对包括首相阿斯奎斯在内的自由党内阁的新一轮政治攻势，指责整个自由党内阁都是不负责任的，是极不值得信任的，保守党已经忍无可忍。

面对山雨欲来的政治情势，首相阿斯奎斯决定与保守党共同组阁，组成联合政府，分享战争决策权，以避免大敌当前时发生政治危机。但丘吉尔认为没有必要向保守党屈服，他认为保守党是自私、狭隘的政党，否则他十年前也不会与保守党决裂。丘吉尔拟就了一份在议会发表的演讲稿，讲述他在达达尼尔海峡问题以及其他问题上的所作所为，解释他和费希尔的关系以及费希尔为什么辞职等。他带着演讲稿去见阿斯奎斯，请求允许他为自己以及自由党政府辩护，驳斥反对党。但阿斯奎斯直接告诉丘吉尔，他主意已决，必须与保守党共组联合政府。

丘吉尔是一个有抱负的人。他坚信自己对战争的思考和计划是科学的，是能引导英国走向胜利的，因此希望他能为眼前的战争继续贡献他的智慧。他写了很多信给不同的人，希望自己能继续留在海军部。但保守党已明确告诉阿斯奎斯，即使联合组阁，丘吉尔也必须离开海军部。阿斯奎斯不会冒政治动荡的风险去顾及丘吉尔个人的感受与抱负。5 月 23 日，阿斯奎斯安排丘吉尔担任不管部大臣，这一职位不专门负责某一方面事务，但属于内阁成员，薪俸与其他阁员一样，但地位较低。同时，考虑到丘吉尔对战争有自己的思考和理解，也为了顾及丘吉尔的体面，阿斯奎斯保留了他在战时内阁会议的席位。这样，丘吉尔还可以在战时内阁会议上发表自己对战争的看法和提出建议，他的确也这样做了。在更名为达达尼尔海峡委员会的加里波利战役作战会议上，丘吉尔时常发表自己的看法，他认为应该恢复陆地进攻、占领要塞，这样海军就能在不再受土耳其炮火威胁的情况下扫雷前进，通过纳罗水道。不过，他的观点已没有人听了，更没有海军作战部门的支持了，哪怕礼节性的回应都没有。更有甚者，丘吉尔几次在达达尼尔海峡委员会询问关于达达尼尔海峡前线部队的军需品供给、8 月进攻的长期目标等问题，均未得到回答，他提出可以考虑使用英国的空中力量轰炸土耳其在君士坦丁堡的军需品工厂，同样没有得到回应。

失去海军大臣职位以及在作战会议上的发言无人呼应、提问无人回应，使丘吉尔心情极其糟糕。他的秘书说："我为温斯顿感到非常遗憾。你能够想象，那是对他多么可怕的伤害和肢解，把他从海军部那里的工作岗位上调离，就好像贝多芬变聋了一样。"丘吉尔自己也说："我了解每一件事情，但却什么事情也不能干。活像一只从深水中捕捞出来的海兽，或者像一个突然浮出水面的潜水员，我的血管由于压力突降而有破裂的危险。"此时，报纸和各种言论仍然继续攻击丘吉尔。似乎进攻达达尼尔海峡失利的所有失误都是他一个人的错，包括由基钦纳所指挥的陆战行动都得由他负责，而这种错又似乎被他离职海军大臣而确认了。他无论到哪里，人们对他的眼光都很异样，有时在公众集会上，他还不断遭遇"达达尼尔海峡是怎么回事"的大声质疑。为了给自己辩护，丘吉尔把有关此事的3大捆电报给内阁成员传阅。但内阁里的大忙人们没有人真的愿意去搞清楚此事的许多细节，因而也少有人去研究那一堆电报。

屹立如山永不屈服的丘吉尔

在各种质疑、奚落和攻击声中，丘吉尔度过了悲愤、失望乃至绝望的6个月。到1915年11月，丘吉尔确认自己留在内阁已不能发挥任何作用了，遂向阿斯奎斯提出辞职。得到批准后，他主动要求奔赴法国，就任皇家苏格兰毛瑟枪团第6营营长，被授予中校军衔。由海军大臣转任陆军营营长，这个身份的巨大转变常人一般无法接受。但丘吉尔十分高兴，他心情愉悦地赴任了。1916 年 9 月，达达尼尔海峡战事调查委员会成立，次年 1 月该委员会发表报告，将事件的主要原因归咎于首相阿斯奎斯和陆军大臣基钦纳，而丘吉尔在事件中的责任被认为不是那么重大，这份报告的发表为丘吉尔重新在政坛崛起创造了条件。

1917 年 7 月，丘吉尔被任命为军需大臣，这成为他政治生涯的转折点。此后，他历任内阁大臣兼空军大臣、殖民地事务部大臣兼空军大臣、财政大臣、议会议员等职。一战结束后，英国歌舞升平，和平气氛弥漫，很多人为节省财政开支鼓吹裁军，但丘吉尔在议会里坚决反对裁军，并警告说德国正在撕毁《凡尔赛和约》。他说，希特勒的法西斯独裁将给欧洲带来灾难，如果不立即阻止甚至可能导致文明的毁灭，他督促英国应当重整军备，并提出应该援助法国，以维持欧洲大陆势力均势。他的这些意见，在二战爆发前多数人都认为是危言耸听，但二战爆发后，被验证为是具有预见性的，他因而成为英国人心中应对危局的不二人选，大战爆发几个小时后便被任命为海军大臣。第二年，即 1940 年 5 月，丘吉尔被国王亲自点将组阁，成为英国首相，仕途达到巅峰。1955 年 4 月 5 日，丘吉尔辞去首相职务；1965 年 1 月 24 日，丘吉尔因病去世，终年 91 岁。

2

英国陆军大臣基钦纳

霍雷肖・赫伯特・基钦纳伯爵，英国军界实力派人物，加里波利战役时任陆军大臣。他是英国历史上最具影响力的名将之一，以残酷无情、傲慢自负和镇压苏丹起义、结束布尔战争以及一战前组建百万大军而闻名。1850年，他出生于爱尔兰凯里郡的一个军官家庭，先后担任英国埃及骑兵团的副指挥、红海领地总督、埃及陆军司令、苏丹总督、印度陆军总司令、埃及总督等职。第一次世界大战爆发后回国任陆军大臣，晋封伯爵，升为元帅。在各主要交战国领导人中，只有他认识到此次战争将是长期的，因此他不顾英国的海军传统，迅速展开征兵工作，一时间全英国印有基钦纳头像和"YOUR COUNTRY NEEDS YOU"的征兵海报铺天盖地。在他的积极推动下，100万志愿军在最短的时间内完成征集，并作为职业军人进行了严格训练；他还瞒着议会向美国军火商下了200万支步枪的订单。多亏他的远见卓识和充分准备，大战爆发后英国才有足够的能力与德国战斗到底。加里波利战役失利后，他与丘吉尔一样受到指责。

战争进入1915年后，如何化解西线的僵局成为英国政府急需解决的头痛之事。1月5日，英国战时内阁召开作战会议，如何突破西线的僵局是中心政题。在丘吉尔的倡导下，进攻达达尼尔海峡的方案得到部分战时内阁成员的支持，但仍有争议。在这次作战会议上，财政大臣劳合·乔治提出了另一套方案，即让军队在奥匈帝国的亚得里亚海沿岸登陆，从中线攻击对手，以此牵动东西两线的战局。对这一提议，好激动的基钦纳几乎是以愤怒的语气表示了反对，他从职业军人的眼光出发，强调新的军事行动的最佳目标就是达达尼尔海峡，他表示陆军可以和海军舰队联合发起攻击。他说，如果成功，就能重新建立和俄国的直接联系，解决近东问题，并且能将希腊拉进来，也许还能将保加利亚和罗马尼亚一起拉进来。毫无疑问，基钦纳是进攻达达尼尔海峡的坚定支持者。不过，在陆军是否出兵以及出兵后如何使用的问题上，他的想法出现了明显的前后不一。

这是一战中著名的征兵海报，画中的主人翁就是时任英国陆军大臣基钦纳。他面容严肃地指着你：“你的国家需要你！”

在10天后召开的作战会议上，当海军大臣丘吉尔谈完他关于进攻达达尼尔海峡的计划后，作为陆军大臣的基钦纳当场再次表态对这一方案表示支持，但在是否派陆军参与行动的问题上，他明确表示不使用陆军部队。这与他在上一次作战会议上的表态明显背离了。2月16日，也就是海军发动进攻的前几天，英国战时内阁决定增派陆军第29师开赴前线参与进攻达达尼尔海峡的行动。但3天后，基钦纳又称无法抽出29师，建议改用在埃及的澳大利亚和新西兰军队来代替，也就是后来被称为澳新军团的部队。这支部队是澳大利亚和新西兰两国参战后派到地中海战区的两国军队组成的军团，下辖2个步兵师和1个骑兵师，在埃及接受训练。在2月26日的作战会议上，战时内阁都希望陆军能派出29师这支战斗力较强的部队，但基钦纳坚定地说，他不会放走陆军29师，并说土耳其人不是什么厉害的对手。

基钦纳在陆军参战问题上态度反复，令各方甚为不满。1915年3月，传来希腊和俄国都愿出兵达达尼尔海峡的消息，且前线虽未传来什么鼓舞人心的胜利消息，但也没传来太坏的消息，英国各方面均洋溢着乐观气氛，特别是战时内阁讨论会认为进攻达达尼尔海峡夺取胜利的把握非常之大。在这种情况下，基钦纳又宣布东线的局势不再危险，同意派遣陆军29师一同参战。一向视陆军为自己生命的基钦纳的这一举动倒令战时内阁其他成员都大吃一惊，其他人不得不认为，基钦纳是派29师去前线抢战功来了。

3月16日，第29师接到基钦纳的命令，启程前往达达尼尔海峡前线。第29师本应在战斗开始就到达达达尼尔海峡的，显然基钦纳是在观察战局进展再做决定，他的这种做法使29师启程时间拖延了3个星期，错过了最佳战机。因为战争初期土耳其方面的防御并不十分坚固，且兵员也严重不够，如果战争一开始就水陆并进，战局不至于陷入胶着状态，但现在土耳其方面已经加强戒备了。如果说拖延派出29师是基钦纳在达达尼尔海峡战役问题上所犯的第一个错误的话，那么他犯的第二个错误，就是在29师启程时，他就开始寻找一位总司令来单独指挥29师的行动。29师与海军部队需要统一指挥，但他派遣一位远征军司令独立指挥29师，显然不利于海陆协同。最后，他选中了在英布战争中担任自己参谋长的伊恩·汉密尔顿。基钦纳选择汉密尔顿是匆忙之中的决定，他未给汉密尔顿哪怕是稍微详细一点的指示，他只是对汉密尔顿说："假使舰队通过了海峡，君士坦丁堡就会自动陷落，那么你不仅赢得了一场会战，而且是赢得了一场战争。"鼓舞信心的话当然十分重要，但在战场上并不必然转化为战斗力。基钦纳的匆忙决定，注定了29师和汉密尔顿的到来，也并不能改变达达尼尔海峡战役的命运。

汉密尔顿坐快速巡洋舰很快就到达了前线，但29师的大部队行军速度极慢，4月中旬才到达。29师到达后，基钦纳命令汉密尔顿发动了加里波利登陆战役。很不幸的是，这次登陆战役不仅没有成功，反而又陷入了类似西线的堑壕战。一直延续到5月底，双方损失惨重，英军毫无

英王乔治五世检阅即将远征的第29师

进展。这期间基钦纳与丘吉尔就前线问题经常争吵，丘吉尔把“伊丽莎白女王”号战列舰撤回后，彻底激怒了基钦纳。“伊丽莎白女王”号战列舰是在海军大臣丘吉尔的极力主张下修建的，以15英寸口径主炮取代了原先13.5英寸口径火炮，在当时被认为是十分先进的。所以该舰的撤离，被基钦纳斥责为海军在关键时刻抛弃了陆军。海军和陆军之间这样的矛盾，最后是以丘吉尔去职而解决的。

基钦纳是一位管理天才，他1892年任职英国埃及陆军司令时，通过精细严谨的组织和管理工作，把埃及陆军变成了一支富有战斗力的部队，他就是凭着这支部队重新夺回了苏丹。丘吉尔去职海军大臣后，达达尼尔海峡前线的所有军事行动，包括海军的，都由作为陆军大臣的基钦纳一个人负责了。他继续发挥他的管理天才，在1915年的整个夏天，都在精密地计划着在加里波利半岛发动新的陆地进攻。他的目标很宏大，就是要打通与俄国的联系，占领君士坦丁堡，不仅给德奥军队从侧后方致命一击，还要以此牵动整个巴尔干国家的立场。当他沉浸在自己的宏大计划中时，6月2日，他得到汉密尔顿密报，土耳其将动员总兵力25万人来对付英国，这一情报在伦敦战时内阁引起巨大震动。在随即召开的作战会议上，他和当时还参加战时内阁作战会议的丘吉尔一再坚持必须增兵，否则必将失败。在他们俩的坚持下，会议决定增加5个师的兵力，组建一个新的第9兵团，任命斯塔福为兵团司令。他坚持增兵无疑是正确的，因为德国人在土耳其下足了本钱，德国人也知道，如果土耳其失败，那么整个战争就失败了。但是，基钦纳任命斯塔福为兵团司令却是一个巨大的失误。斯塔福已61岁，年迈多病，性格懦弱，特别是从来没有指挥过任何部队，没有独当一面的经历和能力。后来的事实证明，基钦纳的这一人事任命是又一个严重失误。

经过不断的增援，到1915年8月，英国达达尼尔海峡前线已有13

个师的兵力，加上海军总计近50万人，其中很多部队都是战略机动部队。还有一些是直接从欧洲战场过去的。如此雄厚的兵力部署，也足见基钦纳对这一仗寄予的厚望。根据前线指挥官汉密尔顿和基钦纳商量和制订的作战计划，英军在8月6日发起了总攻。但由于缺乏严密的组织和强有力的指挥，几十万部队在加里波利半岛上呈现一盘散沙状态。特别是汉密尔顿、斯塔福等指挥官没有基本的紧迫感，部队行进缓慢也不采取任何措施，容许土耳其了解英军意图和作战方向后，还有调兵遣将的时间。土耳其人用英军行进缓慢的8月7日和8日重新部署兵力，在9日和10日两天内对英军发起反攻，战役以英军的又一次失败告终。

消息传到伦敦，基钦纳愤怒不已，几次严令汉密尔顿必须再次组织进攻，必须夺下达达尼尔海峡。他还在电报中对汉密尔顿称："您的荣誉系此一役。"基钦纳实在不想就此收手，2个英国师和1个法国师奉令调来希腊的萨洛尼卡待命。而汉密尔顿按基钦纳的命令又组织了几次进攻，但"只是做做样子而已"。事已至此，虽前方仍有几十万军队，实质上已经没有任何战斗力了，因为士气已经不复存在了。

9月21日，战时内阁初次讨论了从达达尼尔海峡撤兵的问题。基钦纳表示事情还没有糟糕到这一步，战局还是有转机的。丘吉尔也继续支持基钦纳，表示可以再继续组织一次进攻，他提议让足够数量的军队在海峡的亚洲大陆一侧岸边登陆，突袭查纳克。但他的话依然没有人听。接下来的整个10月，达达尼尔海峡委员会继续讨论是否从加里波利半岛撤兵的问题。会上争论十分激烈。在是否撤兵的问题上没有结果，但大家都赞成召回汉密尔顿，以门罗将军继任他的职务。

10月28日，门罗在达达尼尔登陆。他本是带着继续进攻的使命而来，可在两天之后，他就主张将英军全部撤回。这个决定让英国首相阿斯奎斯大为震惊。如果不撤回，战斗还在继续，就不能得出胜还是败的最终定论；但一旦撤回，就等于宣布战役失败。伤亡近25万人后撤回，这在国内必会引发剧烈的政治地震。阿斯奎斯找到基钦纳，令他务必亲赴前线一趟，了解前线的状况后再作定论。

11月4日，陆军大臣基钦纳到达达达尼尔海峡前线，官兵们已无心再战的懒散状态令他惊呆了。衣衫褴褛，纪律松弛，见到长官后应有的严肃和紧张也已荡然无存。这还是他训练出来的“基钦纳军”吗？不仅如此，北纬40度的地方，11月份的天气已寒风刺骨。连续下了24小时的倾盆大雨把整个英军宿营区全部冲毁，那些住在洞穴和地下坑道里的官兵还有一定程度的舒适感，而露天宿营的部队则苦不堪言。更严重的是，11月下旬的一场暴风雪下了3天3夜，半米深的积雪使官兵行走都变得十分困难，遑论继续作战？特别是没有人会想到居然有如此猛烈的暴风雪降临，部队没有任何准备，穿得十分单薄的官兵们，3天内就有5000多人冻伤，被溺毙和冻死的在200人以上。

撤！这是基钦纳视察前线后做出的最坚决果敢的决定。

从12月开始，英国军队开始分阶段撤退。讽刺的是，英国人进行的这次撤退，比此次战役的任何阶段都组织得更为出色。上船撤退的码头有4个，根据每支部队与码头的距离来排定撤退的时间。撤退时，6～12人为一个小组，列成纵队后撤，每组殿后的都是军官，由他留下定时导火索，引爆坑

英军在严寒中撤退

道里的地雷。没有灯火，也不准吸烟，官兵们按1小时5千米的速度后撤。为降低撤退时的脚步声，部队事先铺了一条沙子路通向码头。上船后，将军与士兵都挤在机动驳船里，每条驳船装400人。为了活命，大家都沉默不语，不出任何声响，唯一的声音是朝大海驶去的驳船发出的阵阵颤动声。英国的精心组织确实蒙蔽了土耳其军，不时爆炸的地雷使他们误认为英军还在坚持战斗。到1916年1月8日，英国人顺利地完成了撤退。门罗将军本来估计在撤退时，人员和物资可能要面临30%～40%的损失。但实际上，这次撤退没死一个人。后人联想到二战中的敦刻尔克大撤退时，曾不无幽默地说，“英国人最擅长的就是撤退”。

这场远征，以协约国方面付出25.2万人伤亡的代价后宣告结束，这是英国自北美独立战争以来最严重的一次失败。加里波利，注定成为一道抹不掉的伤痕，永远留在英军的战史上。而基钦纳与丘吉尔一样，遭受舆论的强烈谴责。1917年1月，英国达达尼尔海峡战事调查委员得出结论，达达尼尔海峡战役失利的主要责任者是首相阿斯奎斯和陆军大臣基钦纳。不过，此时的基钦纳已于半年前就去世了。1916年6月，他乘船去俄国商讨英俄合作之事，不幸途中触雷，舰沉身亡，享年66岁。

3

英国海军第一海务大臣兼海军参谋长费希尔

约翰·阿巴斯诺特·费希尔，加里波利战役时任英国海军第一海务大臣兼海军参谋长，协助海军大臣丘吉尔指挥加里波利战役。在英国，自19世纪初海军大臣由文官担任后，第一海务大臣便成为英国职业军人能担任的最高职位，同时兼任海军参谋长。费希尔1904～1910年和

1914 ~ 1915年两度出任第一海务大臣，足见他在军中的影响力。费希尔1841年1月出生，1854年进入皇家海军服役，曾先后担任第三海务大臣、地中海舰队司令、第二海务大臣、第一海务大臣兼海军参谋长等职，1915年辞职后退出军界。他出身贫寒，没有傲慢保守的贵族作风，在海军深得人心。他头脑敏捷，思维活跃，眼光独特，做事果断，在海军战术和装备方面是公认的卓越的专家。他认为鱼雷最终会取代重型火炮成为主要反舰武器，并将鱼雷艇驱逐舰这一舰种引入英国海军。1904年出任第一海务大臣后，面对德国海军咄咄逼人的攻势，他力推海军改革，将150艘过时军舰开除现役，并且着手建造替代的现代军舰。他认为海军必需提升火炮的射程、精度和射速，负责建造了第一艘“全装重型火炮”的战列舰“HMS无畏”号；他也相信潜艇会在未来变得越来越重要，强调需要发展潜艇。他推动海军以涡轮式发动机取代往复式发动机，以燃油动力取代燃煤动力。他还改变了水兵的伙食，以烘焙过的面包代替往往长满象鼻虫的硬饼干。1904 ~ 1910年任第一海务大臣期间，他的改革使英国皇家海军发生脱胎换骨的变化，因而有英国“现代海军之父”的美誉。第一次世界大战爆发后，他再次出任第一海务大臣兼海军参谋长。但在与比他小33岁的“小伙子”丘吉尔的领导下指挥加里波利战役时，他表现得不是那么合作。加里波利战役期间，费希尔纪律观念差，自由散漫，与丘吉尔意见时常相左，又不愿意妥协，经常闹辞职，于1915年5月15日递交辞职报告后不辞而别，引发一场军界人事大洗牌。1920年7月，费希尔在伦敦去世，享年79岁。

费希尔

早在1905年英法制订联合军事计划时，费希尔就强烈主张英国必须以海军作战为主。他对法国军事能力没有信心，算准了德国人将在陆战中打败他们，所以认为把英国陆军送过海峡去一同吃败仗是无谓之举。他所赞成的唯一的陆上行动是在德国的背后来一次大胆的强攻，他还选定了一个精确的地点——东普鲁士沿波罗的海的一段“沙土坚实的 16 千米长滩”。这地方离柏林不过 140 千米，是从海路抵达德国首都的最后的一个地点，由海军送去登陆的英军可以夺取这块地方并建立一个作战基地，使百万德军无暇他顾。费希尔认为，陆军在法国作战的计划是“自取灭亡的愚蠢行动”，陆军部“是以不知战争为何物出名的”，陆军应当作为“海军的配属部队”来使用。但他的这些意见没有被采纳。在攻占达达尼尔海峡的问题上，他反对丘吉尔使用适当的希腊陆军来夺占加里波利半岛的计划，他主张在波罗的海登陆。但由于在波罗的海登陆需要陆军部队，而陆军又抽不出兵力来，所以达达尼尔计划又走红了。在丘吉尔与卡登商定制订详细的达达尼尔海峡作战计划时，费希尔对仅靠海军舰艇夺取达达尼尔海峡的计划全力支持，并且建议将英国最先进的战列舰“伊丽莎白女王”号投入作战。“伊丽莎白女王”号战列舰是在费希尔的积极推动下，于 1912 年 10 月 21 日开工建造，1915 年 1 月竣工，船上装备的 15 英寸炮甚至还没有发射过，费希尔一直视“伊丽莎白女王”号战列舰为心肝宝贝。

3 月 11 日，英军截获一份德国军官从土耳其发回德国的电报，电报称土耳其方面弹药严重缺乏，德国必须以最快的速度、最短的时间运送弹药到达达达尼尔海峡土耳其要塞，否则君士坦丁堡就会陷落。这份电报给英国战时内阁一剂强心针，费希尔更是热血沸腾。他认为，德国运送弹药到达土耳其，最快也要 3 个星期。如此算来，英国海军如果一鼓作气展开进攻，胜利就属于英国。他说时间紧迫，不能再耽误了。他甚至提出要立刻前往达达尼尔海峡，换下卡登，亲自指挥英国海军。在其他人眼中，费希尔是很卓越的军备专家和战术专家，但不是一名十分优秀的军事指挥员，他从军的履历中也少有领兵作战的。在其他人的反对下，他只得很不情愿地留在海军总部。3 月 18 日罗贝克指挥海军进攻土耳其失败后，费希尔又立即下令派两艘战列舰前去增援。他还在作战会议上强调，必须要做好付出沉重代价的心理准备。

虽然对海军行动如此关注和支持，但费希尔对陆军一贯缺乏信心。基钦纳决定派遣 29 师时，费希尔仍不抱乐观态度。他还不无讽刺地说："陆军是以不知战争为何物而出名的。"就在 4 月下旬汉密尔顿准备指挥部队展开登陆战之前，费希尔还给丘吉尔写信，直言"达达尼尔海峡是我们的坟墓"。

随着战争失利的消息不断传来，费希尔对陆军和整个战役的态度出现了大转变。他从不断得到的情报中越来越感觉到英国海军正处于敌人的严重威胁之下，对丘吉尔任何关于海军行动的计划，他都表示反对。例如在 5 月中旬，丘吉尔不断鼓励罗贝克想办法清除水雷，然后推进到纳罗水道，摧毁要塞后再前进。费希尔听说后表示了激烈的反对，他表示海军在成功占领海岸和摧毁海岸上的敌方要塞前所采取的任何行动他都反对，如果海军一定要这样做，他就辞职。他一不做二不休，还给阿斯奎斯写了信，明确表述了上述意见。对这位年过七旬的海军元老，年轻 10 岁的阿斯奎斯也敬他三分。阿斯奎斯回信说，没有费希尔的同意，海军不会采取独立行动。丘吉尔也担心这位威望崇高的海军元老真的不干了，也给他写信表示："你不会从我这里听到任何'猛攻'达达尼尔海峡的建议。"

此时，费希尔对达达尼尔海峡战役的前途已完全失去信心。他坚决要求把"伊丽莎白女王"号马上撤回。他认为德国的潜艇对这艘最先进的英国战列舰构成了致命威胁，把"伊丽莎白女王"号再置于看不清胜利曙光的达达尼尔海峡前线是没有意义的。费希尔是装备专家，视先进装备如生命，对他一手催促建造的“伊丽莎白女王”号更是如此。实际上，“伊丽莎白女王”号最初就是费希尔建议派去的。考虑到费希尔的情绪，丘吉尔同意了。不过这使陆军感到非常失望，陆军大臣愤怒不已，大发脾气，指责费希尔就是极其狭隘自私的海军至上主义者。

5 月中上旬，费希尔还是决定辞职了。在海军部，他几乎逢人就说他辞职了，他不干了。在海军，由于费希尔对海军的杰出贡献，他已经化作了一个符号，他在，海军就有希望，他不干了，直接影响到海军官兵的信心。所以，丘吉尔必须抛下一切事务，好好地安抚费希尔的情绪。5 月 14 日晚上，丘吉尔与费希尔一起仔细查看了丘吉尔认为罗贝克在协助陆军时所需的增援队伍清单，对此，费希尔没有提出不同意见。当晚，罗贝克发来电报，要求派遣更多的潜艇前往支援，丘吉尔拟增援两艘新潜艇及其他舰船，并立即给费希尔写了封信，希望能得到他的同意。但丘吉尔等来的不是费希尔同意信，而是辞职信。第二天上午，丘吉尔到海军部后，其私人秘书马斯特顿·史密斯递给丘吉尔一封费希尔的辞职信，他没有对辞职一事做过多解释，只是声称“我没办法再做你的同事”，并且说“我发现越来越难让自己在达达尼尔海峡日益增多的要求上与你的观点保持一致”。

英舰“伊丽莎白女王”号

很明显，费希尔不支持继续增兵达达尼尔海峡，但他又没有最终决定权，因而只能辞职。在这点上看，费希尔并无过错之处。但不应该的是，他交完辞职信后便走了，说要去苏格兰。大敌当前，海军参谋长如此轻率地离开岗位，这不是一位从军一个甲子的职业军人应有的举动。丘吉尔立刻命人在海军部寻找费希尔，但没有找到。他又立刻横穿特拉法尔加广场，飞奔至唐宁街10号报告给首相阿斯奎斯。阿斯奎斯预感到这必将引发一场政治风波，他既无奈又愤怒，提笔在一张首相专用的便笺上写道："费希尔勋爵，我以国王的名义命令你立刻返回自己的岗位。H.H.阿斯奎斯，1915年5月15日。"然后将便笺交给丘吉尔，告诉他必须立即找到费希尔。最后，大家在离海军部步行不到5分钟距离的查令十字架酒吧找到了费希尔，经过再三劝说，他仍然没有改变辞职的决定，只是答应仍待在伦敦，不去苏格兰。

这一年，费希尔74岁了，他也确实到了退休的年龄，不过他仍担任发明及研究委员会主席直到大战结束。1920年7月10日，费希尔因癌症病逝，享年79岁，他的葬礼以海军最高规格在西敏寺举行。西敏寺就是威斯敏斯特大教堂，坐落在伦敦泰晤士河北岸，与英国议会大厦隔街相望，自1540年之后一直是英国的国家级圣公会教堂，是英国历代国王加冕登基、举行婚礼庆典的地方，也是英国的王室陵墓所在地。英国政府将费希尔的葬礼安排于此，证明了费希尔在英国海军史上的独特地位。

4

英国地中海舰队司令卡登

萨克维尔·卡登，时任英国皇家海军地中海舰队司令员，在加里波利战役中担任第一阶段战役指挥员，因生病于1915年3月离开前线回国。

他1857年出生于爱尔兰，他的父亲和祖父都曾在陆军服役，但他没有选择陆军，而是选择了荣耀无比的皇家海军，并于1870年开始了他辉煌的海军职业生涯。卡登加入皇家海军时正值大英帝国的全盛时期，当时皇家海军是世界上规模最为庞大的舰队，也是最有战斗力的舰队，它几乎支撑起了整个大英帝国。卡登服役后随着皇家海军南征北战，屡建军功。他先是在埃及和苏丹服役，并于1908年成为一名海军少将。之后，他曾在英国大西洋舰队、海军部服务，1914年9月任英国皇家海军地中海舰队司令。

卡登就任地中海舰队司令时，英国战时内阁和海军部正在思考进攻达达尼尔海峡的有关计划。卡登虽远在地中海，但通过无线电参与了英国发动达达尼尔海峡战役的全部决策过程，海军大臣丘吉尔关于达达尼尔海峡前线的许多问题，都是卡登通过电报予以回答的，并且他还在电报中不断给予丘吉尔鼓劲。在1915年1月5日的一封回电中，卡登告诉丘吉尔，如果使用大批船只进行大规模作战是能够夺取达达尼尔海峡的。这一看法正好符合了海军部的意图。当时陆战陷入僵局，正是发挥海军作用的时候。在丘吉尔的要求下，他制定了夺取达达尼尔海峡的详细作战方案，并于1月12日电告丘吉尔。在电报中，卡登列出了所需要的船只，都是其他地方的海军用不上的盈余船只，包括4艘1906年前下水的战列舰，并且他还建议可以在大约一个月后行动。

1月13日，英国战时内阁召开作战会议，正式确定了进攻达达尼尔海峡的计划。会后英国海军部下达给卡登的计划是，英法联合舰队强行通过达达尼尔海峡，随后突击君士坦丁堡。在突破海峡时，先以舰队的扫雷兵力清除达达尼尔海峡的水雷，然后用舰炮火力彻底摧毁土耳其的海岸炮台和其他工事。预计土耳其的海岸炮兵经受不住舰艇的炮击，防守达达尼尔地域的陆军将撤向君士坦丁堡。因此，战役计划中没有规定动用更多的陆军，只由水兵组成的人数不多的登陆部队上岸完成破坏炮台的任务。英法两国都派兵力参战，计有11艘战列巡洋舰，4艘轻巡洋舰，16艘驱逐舰，7艘潜艇，1艘携载6架水上飞机的水上飞机母舰，21艘扫雷舰，1艘炮舰和大量辅助船只。火炮舰艇编为3个中队。战役定于2月19日开始，1个月结束。

2月19日，进攻达达尼尔海峡的战役正式打响。根据计划，卡登先期投入18艘英国舰只，包括"伊丽莎白女王"号，4艘法国战列舰和若干辅助舰只，对达达尼尔要塞进行炮击。炮火把外炮台打哑后，突击部队巡游这个地区，把土耳其遗弃的大炮火门塞住。随后，由若干战舰运送的小股部队成功登陆，将海峡入口处附近的炮台摧毁。此后数天，因风太大，英国暂时停止了战斗。2月25日，天气好转，卡登再次指挥部队出击，战术是驱逐舰打头阵，对海峡入口先行扫雷，战列舰紧随其后，以打击土耳其岸炮阵地，但遭到土耳其重炮还击，联军随即撤离。

3月1日，希腊首相通知英国政府，准备用3个师的兵力在加里波利半岛登陆。这是一个天大的好消息，可以加强英法联军的力量。当英国政府把这个消息告诉沙皇时，沙皇不愿意看到希腊染指君士坦丁堡，因此坚决反对希腊人参加达达尼尔海峡作战。于是，所有的责任还是落到卡登所指挥的英法联军身上。

卡登对战局估计实在是太过乐观。他曾给丘吉尔报告说，一旦消灭了土耳其人岸边的火炮，他相信清除雷区的水雷"只需要花几个小时时间",随后他会穿过纳罗水道,进入马尔马拉海。在这种乐观精神的感染下，3月4日，联军再次发起进攻，但行动受阻。英国扫雷舰在驶向海峡最狭窄处时遭到岸边猛烈炮火袭击。土耳其人发疯似地全力抵挡英法联军的登陆部队，使之徘徊不前，死伤惨重。经过这一役，卡登认为，阻挡英军步伐的是土耳其岸边的火炮，因为火炮使扫雷舰无法作业，扫雷舰无法作业，后续部队就不能跟上。但是，卡登又根本无法确定土耳其岸边炮火的位置，因此必须有陆军配合强行登陆找到并摧毁这些火炮。

到3月中旬，基钦纳派遣29师来增援了，且派来汉密尔顿指挥29师，与卡登指挥的海军舰队共同对付土耳其。此时，战时内阁对战役前途一片乐观，丘吉尔甚至认为，不需要陆军配合，海军也能单独完成任务。但他还是交代卡登，等汉密尔顿到达后合作行动。而卡登似乎等不及了，他决定不等汉密尔顿到达，在3月18日就开展新一轮进攻。不过，在战役开始前几天，卡登自己病倒了。有人说，他是过于紧张，以至于濒于精神崩溃，随即被作为伤病员运送回国，其职务由其副手罗贝克继任。

3月18日上午10点45分，罗贝克指挥舰队对达达尼尔海峡发起进攻。率先进入海峡的是6艘英国战列舰和4艘法国战列舰，他们向土耳其中间要塞发起猛烈攻击。到下午，土耳其要塞基本丧失还手能力。眼看就要成功，出人意料的一幕发生了。当时英法战列舰准备后撤，待扫雷舰扫雷完毕后再行前进。但战斗中土耳其放小船在英法舰只后退的退路处偷偷布下了新的水雷。英军在撤退时，扫雷艇继续在已知的危险区域扫雷，但忽视了原来舰队停留的地方。战列舰“布韦”号首先触雷，强烈抖动一下后船体就裂开了，烟柱和火焰从甲板上喷出，随即倾覆，舰上近640名官兵和水手只有少数幸存者。不久，英国战列舰“坚定”号和“无敌”号突然倾侧和沉没，随后“海洋”号也桅断沉没。

英国海军少将罗贝克

经过一天的战斗，罗贝克深刻认识到，必须要首先找到对付漂雷的办法，才能发动新的进攻；而对付漂雷前，又必须首先铲除土耳其岸上的要塞，否则扫雷舰无法正常作业。罗贝克找到汉密尔顿，请先行到达的澳新军团上岸铲除土耳其岸上要塞，可汉密尔顿一口就回绝了，因为基钦纳给汉密尔顿的命令是等 29 师到达后再作行动。在这种情况下，罗贝克怕再有损失，下令所有幸存的舰只返航爱琴海。等到舰队越过达达尼尔时，由于水雷的爆炸，又有 3 艘英国战列舰的舰身上发生很大的裂缝，只能缓慢行驶。

这次进攻以联军的惨败而告终。回到英国的卡登一边休养，一边还抽时间到海军部走走，时刻关注着前线的战况以及海军部的动向。在这期间，他还被授予海军上将，并于 1917 年正式退休。在地中海舰队司令被免并在家休养时却仍然被授予海军上将，足见卡登在军中的影响和地位。1930 年，卡登去世，享年 73 岁。

5

英加里波利战役主要指挥官汉密尔顿

伊恩·汉密尔顿，英国远征达达尼尔海峡部队司令。他 1853 年 1 月出生于科孚，1872 年参加陆军，先在桑赫斯特皇家军事学院参加短期培训，次年 11 月转调位于印度的第 92 高地联队，从此开始他长达 25 年的海外服役生涯。他先后参加过第二次阿富汗战争（1878 ~ 1880）、第一次英布战争（1881）、马赫迪战争（1883 ~ 1898）、第三次缅甸战争（1885 ~ 1886）、蒂拉赫之战（1897 ~ 1898）、第二次英布战争（1899 ~ 1902），战争经验极为丰富。他极具军事天赋，因勇敢、魅力和智慧出众而闻名。

一战爆发时，以汉密尔顿的经历和才能，他完全能够胜任英国远征军司令一职，统帅英国军队远征欧洲大陆，但在这一职位的竞争中，他败于约翰·弗伦奇，只得屈任英国本土陆军总司令，负责组织防御、扩充军备并转运往欧陆，做一些后方工作。毫无疑问，这个职务并不能完全展现他的才能和抱负。在英布战争期间，他担任过基钦纳的参谋长，颇得基钦纳的欣赏。因此，当陆军大臣基钦纳决定派遣陆军远征达达尼尔海峡需要一位指挥官时，汉密尔顿理所当然地受到基钦纳的青睐。不过，令汉密尔顿想不到的是，他被赋予前往达达尼尔海峡指挥作战的任务之前没有得到任何预告，不仅如此，他也没有得到有关达达尼尔海峡前线的任何哪怕是稍微详细一点的情况，接到的只是粗略的指示。

英国将军汉密尔顿

1915 年 3 月 13 日，他急急忙忙不带后方勤务人员就赶往东地中海，他只知道要去指挥一支远征军进攻加里波利和消灭土耳其敌人而已。汉密尔顿对土耳其没有任何了解，他在此前的任职与土耳其也无任何交集。他在离开伦敦时，到书店买来了一张君士坦丁堡旅游指南，从这个指南上才对君士坦丁堡有所了解；另外，他还搞来了一张极不完善的作战区域地图以及 1912 年土耳其陆军操典。这几样家当，就是他指挥部队与土耳其作战时决策的基本依据。他在离开伦敦时也没有形成任何有关作战的计划，更谈不上知道要在哪里登陆。

经过几天的跋涉，汉密尔顿坐着丘吉尔为他安排的一艘快速巡洋舰到了。但是，准备不充分的情形随即暴露出来，火炮、枪弹、医院设备和堑壕工具严重不足，就连保密工作也毫不讲究。汉密尔顿的一位参谋人员收到伦敦的一封公文，居然是用普通邮件投递的，信封上竟然写着“君士坦丁堡野战军收”。在某种程度上来说，战争打的就是情报。古今中外输在军情泄露上的战事不在少数。伦敦的军政首脑们的保密意识如此淡薄，弄得汉密尔顿哭笑不得。

基钦纳派遣陆军来到前线，就是要占领君士坦丁堡。要实现这一目标，就必须要通过达达尼尔海峡最狭窄的部分——在欧洲方面为基立德巴尔，在亚洲方面是查那克。其间的海峡宽度约为 1500 米。在这个腰部的北面是那加拉，西面即为加里波利半岛。在北面的布来尔，宽度为 3900 米。在苏弗拉角到阿克巴希的北面，宽度增加到 19 千米。在格巴土丘与梅多斯之间，又减到 7 千米，最后削尖到希里斯角为止。这块舌形地区，到处是高岩深谷，其最高处是阿齐巴巴，比海平面高出 210 米。

为实现基钦纳的战略意图，汉密尔顿到达前线后，在“伊丽莎白女王”号上主持召开了英方高级将领会议，详细分析了达达尼尔海峡附近的地形特点，并充分讨论了行动计划。会议讨论的结果是决定在加里波利半岛的“脚趾”部分登陆，使用的兵力共约 7.8 万人，其中包括 29 师、澳新军、法国第 1 殖民地师和海军陆战师。具体计划是以对布来尔和库门卡尔的佯攻作掩护，在希里斯角方面分 5 点实行登陆，从东到西分别是莫尔托湾的 S 滩头、希里斯角两侧的 V 及 W 滩头和西岸的 X 及 Y 滩头。同时，以一部兵力在格巴提比的正北面登陆，目的是进到梅多斯，攻击抵抗希里斯登陆的土军后方。

汉密尔顿的这个计划从理论上看是不错的，其成功的关键就看英军是否具有坚强的领导和大无畏的精神。当时土耳其方面的防御也十分脆弱，装备也很差。但问题在于，汉密尔顿缺乏领导才能，他未能以两栖作战所需要的干脆利落和果断精神来协调和指导分散的登陆行动。

在峡谷中的澳新军团

4月25日，由汉密尔顿指挥的加里波利半岛登陆进攻作战开始行动，但登陆部队在V及W两个滩头上发生了严重迟误；在X滩头上因为运载兵力的船只搁浅，又受到土军的顽强抵抗，进展十分有限；在Y滩头上，2000人没放一枪就上岸了，在11个小时内没有受到任何狙击，可他们自己却陷入混乱，没有继续向前推进便又上船撤回了。

此时，澳新军在格巴土丘以北登陆。这个地点以后就被称为澳新湾。他们的登陆开始进展还较为顺利，一直深入了6千米纵深。但随后就受到一位土耳其师长指挥的部队的顽强阻击，这位师长就是后来的"土耳其之父"凯末尔。由于进攻受阻，有人建议部队撤回，但被汉密尔顿严词拒绝。他认为，难关已经过去，现在的问题就是要坚持下来，并挖掘堑壕掩体，直到获得胜利为止。

一场登陆进攻作战发展为挖堑壕掩体，实质上就是一种不祥之兆。一场旨在摆脱西线堑壕战僵局的远征迂回行动，现在却又陷入了另一种堑壕战，更为严峻的是，英军控制的滩头都在土耳其军的火力射击范围之内，这种状况似乎已经决定了战争的结局。5月6日，汉密尔顿发起又一次大规模进攻，但仍无进展，土耳其火力似乎越来越强，而英军得到的只是进一步的伤亡惨重。随着地中海炎热夏季的到来，英军官兵中疟疾和痢疾开始流行，大批官兵开始病倒，不少人甚至丧生。

由于战场死亡官兵遗体太多且发出阵阵恶臭，从5月24日开始，双方休战9小时以打扫战场，之后，继续陷入交战状态，但英军没有任何进展。从当初雄心勃勃的战略企图来看，英国人是失败了，并且是败得很凄惨，付出沉重的人员伤亡代价后却还看不到一缕胜利的曙光。

6月初，汉密尔顿得到一份绝密情报，土耳其即将动用25万人来对付英国人！他把这一情报立即电告基钦纳，很快，汉密尔顿就得到了5个师的增援。有了增援兵力，汉密尔顿就开始考虑一个新的作战计划。他认为，澳新湾的宽度和纵深有限，不足以容纳6个师同时展开。为了获得更大的空间，他决心另派一支部队在苏弗拉湾登陆，以扩大登陆基地。苏弗拉湾在澳新湾北面，相隔8千米。他准备同时发起两个密切配合的攻击行动，占领从基里特齐土丘到柯加齐门土丘再到格巴土丘之间的高地。

汉密尔顿的这个计划是不错的。因为根据有关情报，苏弗拉湾地区的土耳其守备兵力并不多，英军只要越过6千米的开阔平原，就可以占领周边的山地。东北面是提基土丘，海拔270米；东面是安那法尔塔戟岭，海拔110米；北面是基里特齐土丘，海拔200米。如果在24小时内能够占领这些高地，就可以迂回到澳新军对面的土耳其军队之后，对其实施致命打击，从而占领控制海峡的971高地。

汉密尔顿（左）视察部队

现在，汉密尔顿手上共有13个师的总兵力，分别是由第29、42、52师和海军陆战师组成的第8军，第10、11、13、53和54师组成的第9军和澳新军。这13个师，就是汉密尔顿发起这场规模空前的登陆战役的所有本钱。他把进攻时间写在 8 月 6 日，把莫德罗和米提仑定为前进基地，而自己的指挥部设在因布罗斯岛上。不过，令人担忧的是，澳新军的兵力已经损失惨重，而这次作战任务又十分艰巨。第 10、11 两个师训练不足，其作战地区丛林遍地，只有经过高度训练的步兵，在优秀军官的指挥之下，才可能按预订计划在夜间顺利前进，问题是经过几个月的拉锯战后，官兵都缺乏再次进攻的进取精神了。所以，汉密尔顿的这次进攻在一定程度上来说是一次赌博。

有了前几个月的失败，汉密尔顿特别重视这一次进攻，因此准备工作做得特别细致。也是因为准备得太过细致，下面的将领如斯塔福等都只把主要精神放在登陆本身上，而忽视了登陆后如何在滩头上前进以及与友邻部队如何协调进攻。特别是对于占领巧克力和 W 高地的重要性，反而被置于比较次要的位置，忘记了登陆的根本目的是为了占领高地这一主要作战目的。

8 月 6 日下午 2 时 30 分，英军的进攻开始了。第 8 军攻击希里斯正面。本来他们的任务是作牵制性进攻，但他们没有遵守这一命令，主攻克里提亚和阿齐巴巴，结果损失了 2000 人。紧接着，澳新军开始攻击孤松；晚上 9 时 30 分，第 11 师和第 32、33 旅在师长汉米尔斯里率领下从 B 滩头登陆。土耳其在此滩头没有设防，因此登陆十分顺利，通往十号高地的道路很快便被打通。但在黑暗中，没有人知道十号高地的准确位置，所以他们登陆后没有采取进一步行动以扩大战果。在 A 滩头登陆的 34 旅就没有这么顺利了，他们在离岸 15 米的地方撞上了暗礁，登陆行动受到很大影响，直到拂晓才上岸，这比预定的时间整整晚了近 4 个小时。按计划同在 A 滩头登陆的第 10 师本应以基里特齐土丘为攻占目标，可有部分部队却搞错了位置，在 C 滩头和 A 滩头以北的地方登陆了。他们上岸后队伍一片混乱，建制被完全打乱。

陆军登陆行动非常不理想，海军的行动同样也很糟糕。海军的火炮、弹药、饮用水、补给、车辆、骡马等的卸载全面延迟并陷入混乱。因天气非常炎热，不少士兵随身携带的饮用水很快就喝完了，但无法找到饮用水补给，他们渴得喉咙冒烟却毫无办法。

汉密尔顿的总司令部设在因布罗斯岛上。对前线的混乱情况，他知道却不作及时的处理。他就坐在他的岛上等候消息，斯塔福则坐在自己的“水仙”号指挥船上，为他的部队已经上岸而高兴。这两位将军几乎是以观看赛马的态度，来对待这次作战行动。后来的史学家曾说，如果汉密尔顿听到十号高地尚未攻克的消息后立即赶往苏弗拉湾，并且坚决地命令部队立即前进，那么第一次世界大战的时间可能会缩短许多。很明显，对前线的混乱无序，汉密尔顿作为指挥员是负有主要责任的。

协约国部队在登陆

8月8日，星期天，前线看上去风平浪静，但事后证明，这是整个战役中至关重要的一天。当时，汉密尔顿与整个部队已经完全脱节，他一直没有接到前方的战况报告。而此时的前方无声无息，除在基里特齐土丘上偶尔有一两声枪响外，整个战场没有一点响动。英军处在周末的闲暇之中，大伙挤在一起休息，还有的在海水中洗裸体澡，享受着这难得的宁静。汉密尔顿依然在他的岛上，斯塔福也依然在他的"水仙"号上。

当天上午10时15分，汉密尔顿心情极好，特地给斯塔福发了一份慰勉电，说道："你和你的部队已经有了卓越的成就。请转告汉米尔斯里将军，我们对于他迅速有力的前进，寄予了很大的希望。"与此同时，汉密尔顿派随行副官阿斯皮那尔上校到前方去了解下战况。上校到达前线时，发现整个海湾呈现出一派太平景象，他感觉气氛很不对劲。这场战役英军已筹划多时，谁都知道会是一场恶战。可现在这番平静景象，令人不得不产生怀疑。他登上了"水仙"号，碰见了斯塔福。斯塔福拿着汉密尔顿的电报不无炫耀地说："阿斯皮那尔上校，我们的部队已经有了极卓越的成就！"阿斯皮那尔对此很不以为然，冷冷地说："你们并没有到达要占领的山地"，似乎表达着对斯塔福的某种不满。

阿斯皮那尔立即用无线电向汉密尔顿报告："刚刚到了海岸上，我发现一切都平静无事。没有枪声，没有炮声，显然也没有土耳其人。第9军正在休息之中。我确信黄金机会已经丧失了，并认为情况已经颇为严重。"汉密尔顿接到报告后心情一下沉重起来。这时，另一份预示着凶多吉少的情报也送到他手中了。情报说，土耳其部队正在提基土丘以东快速运动。

汉密尔顿终于坐不住了。8日下午4时30分，他决定亲自上前线去督战。他首先来到"水仙"号军舰，发现斯塔福仍很愉快。斯塔福告诉汉密尔顿，他已经令部队快速前进了。不过，因为第9兵团缺乏适当的炮兵，他告诉部队最好不要攻击有强大兵力据守的敌方堑壕阵地。他还告诉汉密尔顿，他决定暂缓占领基里特齐山岭，到第二天上午再说，因为这个行动可能会引起一个正规会战。显然，汉密尔顿对斯塔福的部署是不甚满意的，他内心里非常渴望与土耳其军来一次大会战，而不要陷入拼消耗的持久和堑壕战。但他仍然把不满埋在心底，表面上保持了对这位与自己年龄相仿的将军必要的尊重。

汉密尔顿接着又来到汉米尔斯里的司令部，在这里，汉密尔顿看到了一幅混乱但同样和平的景象。一个登陆得胜的师正在这里休整，官兵们松松垮垮，根本看不出半点正在战斗的样子。汉密尔顿强硬地命令他们立即向提基土丘发起进攻。但命令发出后，部队集中都显得非常困难，最令人难以想象的是，军官们居然找不到自己的部队了。就在这时，传来了从布来尔方面赶来的土耳其增援部队已经占领山顶的消息。很明显，战机已经完全丧失了，汉密尔顿也已明显地意识到了这一点。但他要作最后的努力，令汉米尔斯里不顾一切代价攻占安那法尔塔戟岭，令马洪率第 10 师占领提基土丘。

进攻是在混乱中开始的。当第 32 旅的先锋营趋前进攻时，土耳其的援兵从山岭的另一边涌出。一经接触，英军先锋营即在混乱中被击退。第 33 旅的进攻同样混乱。当他们向前推进时，遇到一大堆丧失了士气的逃兵，于是进攻被迫停顿下来，开始挖掘工事。在基里特齐土丘方面，第 10 师的攻击部队在前进了一小段距离后，也停下来构筑工事。

汉密尔顿冒着枪林弹雨，马不停蹄地在各个攻击点穿梭。当他到达基里特齐土丘时，斯塔福正在忙于指挥一连工兵，为他自己和军部搭建可以防御流弹的营舍，做这项工作时斯塔福非常认真细致。他告诉汉密尔顿，他们有可能在这个地方停留很长时间，所以工作还是认真点好。汉密尔顿告诉他，大家的生命和荣誉在于进攻取得胜利，而不是建筑可以防御流弹的营舍。斯塔福很显然明白汉密尔顿带有批评他的意思，但他只是耸耸肩，继续干他的活。英军将军的纪律和作风尚且如此，一线官兵的状态就可想而知了。

英军利用简易的工事发起进攻

10日，汉密尔顿令第53师也参加战斗，收复9日所丧失的弯刀山，并攻击安那法尔塔戟岭，但先后发起的两次冲锋均以失败告终。对这两天的战斗，一位英国军官在当天的日记中作如下评论：“似乎没有一个人知道各旅和各师的司令部在哪里。部队到处寻找饮水，参谋人员到处寻找他们的部队，而土军的狙击手到处寻找他们的攻击对象。昨天看见有一名土军的地方，今天却增加到了10名。他们只留下相当少数的兵力在堑壕中，大部分都躲在丛林内，那是炮火所不能及的，以等候我们的攻击。他们的狙击手从树林丘陵中偷偷地前进，当他们发现有利的目标后，即加以袭取，而他们自己几乎完全没有损失。”

10日凌晨4时50分，天刚露出鱼肚白，在罗多登德仑戟岭，英军士兵还在睡梦中。突然，大批的土军从天而降，一阵阵急促的枪声把英军从梦中惊醒。英军还没来得及集中，土军便越过了英军的前进堑壕，并占领了高点。英军在组织几轮无序的厮杀后，不得不全线溃退。当天，在沙里拜尔和苏弗拉湾的英军有同样的遭遇，土军的突然到来使5万英军大乱，死伤及失踪总人数达到1.8万人。由于作战失利，斯塔福被撤职。而同样应对战事失利负责的汉密尔顿，一直留任原职。8月20～22日之间，汉密尔顿在苏弗拉湾又作了一次浪费性的正面进攻，损失5300人后不得不停止战斗。

失败的消息传到伦敦，战时内阁的大佬们都阴沉着脸，打通与俄国联系以彻底扭转陆战僵局的企图完全落空了。不仅如此，一次次失败的登陆作战所导致的巨大的伤亡进一步严重地影响着部队的士气。官兵们再也不想在达达尼尔海峡耗下去了，不满情绪开始在官兵中滋长，汉密尔顿的威信也遭遇重创。这位战争经验异常丰富的将军，本应在一战中再次大显身手，为帝国再建功勋。但令他所没想到的是，加里波利战役以惨败而告终。1915年10月14日，汉密尔顿被政府紧急召回，他辉煌的军事生涯，就这样落寞地画上了句号。到伦敦后，他被伦敦的大佬们包围，接受着各种询问和质询。他当时已62岁，体力精力都还很旺盛，但失败的战争和各种批评令他身心疲惫。在各种质疑声中，他黯然退休了。

退休后，他积极参与退伍军人活动，是退伍军人组织的领袖人物。他还积极推动英德和解，于1928年参与创立了英德协会，任副主席，他对英国亲德情绪的发生发展起到了重要的推动作用。汉密尔顿有着极高的语言天赋和不俗的文学素养，以8种语言出版过168本著作，他因此有“诗人将军”的美誉。1947年10月，汉密尔顿去世，享年94岁，是英国有名的长寿将军。

6

土耳其军队德籍指挥官赞德尔斯

吕曼·冯·赞德尔斯，1855年生于德国，在加里波利战役中任土耳其军队指挥官，负责指挥土耳其军队主力，对土耳其赢得战役胜利发挥了重大作用。

达达尼尔海峡乃沟通黑海与地中海、欧洲与亚洲之咽喉要地，在第一次世界大战爆发前，无论是德国，还是英、法、俄国，都欲控制达达尼尔海峡。达达尼尔海峡是俄国终年可以通向世界各地的出口，它觊觎君士坦丁堡已达千年之久。德国却有打通从柏林至巴格达的远大梦想。而英国是近100年来土耳其的传统保护人，英国人在这里有传统利益。随着形势日趋紧张和战争的迫在眉睫，土耳其人不得不选定站在哪一边的日子悄然临近。他们既怕俄国，又恨英国，也不信任德国，这使他们无所适从。1913年1月，曾于1909～1911年任土耳其驻德武官的恩维尔帕夏发动政变，推翻亲英的自由和睦党人统治后，土耳其青年党重获政权。在亲德的恩维尔帕夏的领导下，土耳其与德国发展了紧密的关系。1913年，德国向土耳其派遣军事代表团，赞德尔斯就是该团的团长，他的主要职责是帮助土耳其整编和训练军队；1914年1月，赞德尔斯兼任土军总监。

英法远征达达尼尔海峡时，土耳其计有36个师，当时兵力配置是：第1集团军下辖13个师，以君士坦丁堡为中心，在加里波利半岛上驻有1个师。第2集团军下辖6个师，驻在小亚细亚的海岸上，其中1个师在达达尼尔海峡的亚洲对岸上。第3集团军下辖11个师，驻在小亚细亚。另有2个师驻也门，2个师驻美索不达米亚，2个师驻在汉志。当英国远征军和指挥官汉密尔顿到达达达尼尔前线时，土耳其方面与之对阵的就是赞德尔斯指挥的新编土耳其第5军，约8.4万人。总体来说，这支部队的装备较英军要差很多，在达达尼尔海峡的防御也非常脆弱，土耳其靠近君士坦丁堡的沿岸两座兵工厂，都

土耳其军指挥官赞德尔斯

暴露在英国战舰的近距离平射火力之下。等到汉密尔顿指挥远征军在加里波利半岛登陆时，土耳其方面在阿齐巴巴以南只有2个步兵营和1个工兵连，在Y滩头上没有一兵一卒，在W及V两个滩头上只有2个连，在S滩头上只有1个排，在X滩头上只有12个人，在所有滩头上，只有V及W有铁丝网和机关枪。因此，战役发生时，土耳其全军上下普遍认为，拥有强大海上力量的英国通过达达尼尔海峡是必然的。土耳其政府也坦率承认，英国在1925年2月25日成功登陆是不可避免的，完全占领整个达达尼尔海峡也是可能的。

面对汉密尔顿所指挥的13个师的全面进攻，赞德尔斯刚开始有点不知所措，最令他头痛的，就是不知道英军会在哪里登陆。他摊开地图，看着加里波利半岛，似乎每一个地点都有可能是英军登陆的地方，布来尔、苏弗拉湾，或者格巴土丘以南的滩头，都有可能是登陆地点，因此他采取了全面防御的策略，布置1个师驻格巴土丘以南的滩头，3个师驻布来尔，3个师驻格巴土丘，5个师驻希里斯地区，而安排一支部队在苏弗拉湾，称为安那法尔塔支队，共有3个步兵营、1个工兵连、1个骑兵中队和1个劳工营，由一位名叫威尔米尔的少校指挥。

威尔米尔少校是一名优秀的军官，他所属的部队只有1500人，可要面对的英军共有2.5万人，当然这一点他在战前是毫不知情的。他将兵力部署在基里特齐土丘、第十号高地、巧克力高地和绿色高地、拉拉巴巴等要点上，预备队位置在巴卡巴巴——W高地上，横跨着从苏弗拉湾到安拉法尔沙吉尔的小路。他预感到自已兵力太弱，不足以抵抗英军的进攻，他的策略就是当确实明了英军的进攻方向后，尽可能延迟英军占领安那法尔塔的时间，以等待援兵的到来。

1915年8月6日，在经过前期的几轮进攻失败后，英军再次发起大规模海陆联合进攻。但由于是反对外国入侵，土耳其军队士气高昂。曾有人评价说："土耳其兵，号称'阿斯卡尔'，是安拉托利亚人和色雷斯人，教育程度很差，但勇敢而可靠，在物质方面极易满足，对于其长官绝对服从。土耳其人极愿意为其有魄力的领袖效力。"英国的进攻受到了土耳其军的顽强抵抗。与此同时，英国的进攻也是混乱无序、毫无章法。土耳其军官康仑吉塞尔这样描述他看到的情景："苏弗拉湾中塞满了船只。我们发现共有 10 艘运输船、6 艘军舰和 7 艘医护船。在陆上我们看见有一大堆混乱的部队，好像被扰乱后的群蚁一样。任何地方都无战斗进展。"

8 月 7 日凌晨 6 点，赞德尔斯接到威尔米尔少校的报告，敌人在许多军舰的掩护下在尼布鲁尼希角登陆。精明的赞德尔斯立即判断布来尔已经安全了，并进一步判明英军的目标是 971 高地和朱努克拜尔。短暂思考后，他立即下达几道正确的命令：令费齐贝率领第 7 和 12 师不顾一切向南增援；令在亚洲对岸上一切可以抽调的人员都赶赴查那克，渡到欧洲方面来；令第 8 师从克里提亚向北移动。命令下达完毕，赞德尔斯心里依然没底，因为这些援兵中没有一支部队能够在 36 小时之内赶到。幸运的是，英军迟缓的动作、混乱的情形为土耳其援兵的到来提供了时间。

8 月 7 日一整天基本没有大的战事，8 日亦是如此。康仑吉塞尔这样说道："在 8 月 8 日这一整天中，胜利女神一直把大门敞开着，可是斯塔福却偏不进去。没有一个人前进。简直是一派和平景象，好像是童子军露营一样。"而在这同一天中，土耳其方面的第 7 和 12 两个师，却分别从各方面以强行军速度赶往增援。即使这样，赞德尔斯还嫌他们的速度太慢了，他焦急万分地不断催促部队快点再快点。

在这场与时间赛跑的竞争中，毫无疑问，赞德尔斯的表现比汉密尔顿的表现是要优秀很多的。8 日拂晓，赞德尔斯骑上他的战马，到处搜寻援兵，他从第 7 师一个参谋口中得知该师和第 12 师还落后很远时，感到

土耳其军官与德国军事顾问在一起

十分焦急，立即令 7 师全力前进。他还亲眼看到，在 W 高地上只有 400 名守兵，基里特齐土丘上只有 300 守兵，而两者之间则一个人也没有。8 日黄昏时，赞德尔斯又得知费齐贝的部队仍未到达，他立即找到费齐贝问怎么回事，费齐贝告诉他，部队太疲倦了，8 月 9 日上午根本无法按时展开进攻。赞德尔斯二话没说，立即将费齐贝撤职，命令凯末尔指挥在安那法尔塔地区的全部兵力。凯末尔就是后来的土耳其国父，1881 年出生于奥斯曼帝国的希腊萨洛尼卡，时年 34 周岁，年富力强，骁勇善战，是赞德尔斯眼中“勇于负责的领袖”。把费齐贝的部队交给凯末尔指挥，赞德尔斯是放心的。

经过 8 月 7 日和 8 日两天的积极行动，土耳其军已基本正确地部署完毕，而此时的英军还懒洋洋的，他们不知道，过了 8 日，等待他们的将是一场由赞德尔斯发动的暴风骤雨式的袭击。9 日，由凯末尔领头，土耳其军队发动了反攻。他当天阻止了英军第 9 军的进攻，并于 10 日进至朱努克拜尔。他在侦察了地形之后，决定夺回罗多登德仑戟岭。凌晨 4 时 50 分，大批土军从天而降，不仅扫过英军的前进堑壕，还占领了各处高点，英军被密集的炮火打退了。在接下来的几个月中，土耳其军以占据的有利地形为依托，对英军采取居高临下的抵抗，英军在发动了几次小规模进攻失败后，再也无力再战，于 1916 年 1 月撤军了。

这一仗，土耳其前后共投入兵力近 50 万人，伤亡也极其惨重，共有 25.1 万人阵亡。但毕竟战役胜利了，土耳其和德国洋洋自得，君士坦丁堡举行了盛大的庆祝活动。赞德尔斯被誉为“东线的兴登堡”，凯末尔则被誉为“加里波利的救星”。土耳其人为纪念这场战争，在加里波利战场的山头上树立起了赞德尔斯的铜像，他手持望远镜，面对大海，成为土耳其人心目中的“达达尼尔海峡守护者”。1918 年 2 月，赞德尔斯担任在巴勒斯坦战区德土联军司令，战争结束后被英军逮捕，1919 年 8 月被释放。1929 年，赞德尔斯去世，享年 74 岁。

第五章
人体磨坊的经销商
——凡尔登战役的指挥者

凡尔登战役自1916年2月21日开始，一直持续到12月19日，是第一次世界大战中历时最长、规模最大的战役，同时也是最为典型的消耗战。德法双方共投入超过100个师，法军损失超过54.3万人，德军损失43.3万人，战役以德国主动退回战役开始时的防线告终。凡尔登战役在第一次世界大战中伤亡人数仅次于索姆河战役，其惨烈程度被后世形象地比喻为“凡尔登绞肉机”。凡尔登战役是第一次世界大战中最有决定性的一次战役。从此，战争的主动权逐渐转移到协约国手中。

在这场被称为“人体磨坊”的血腥战役中，交战双方的指挥者不惜将大量士兵投入磨坊，结果，大量的鲜血没有为他们赢得令人羡慕的勋章，反而为他们的人生留下了永远抹不去的黑色印记。

1

德军总参谋长法尔肯海因

埃里希·冯·法尔肯海因，1861年11月11日出生于东普鲁士贝尔肖，即今波兰托伦市附近，是埃西普鲁士旧军官和骑士庄园主的儿子，1890年毕业于柏林军事学院。1896年远赴中国，在清朝军队中担任军事顾问。1900年返回德国，在远征军参谋部供职。同年代表参谋部参与八国联军入侵中国的战争，镇压中国义和团运动。1906年，他在总参谋部任处长，此后在几个兵团中任司令。1913年，出任德国陆军大臣，主张推行军国主义政策，推行德国军国主义化，参与策划并发动了第一次世界大战，并在实际上负责德军的战略部署与指挥。他起初并不主张德国卷入全面的世界大战，但他很快改为全力支持德国参战，并敦促德皇威廉二世向英国、法国宣战。1914年德军在马恩河遭遇失败，小毛奇负疚引退，1914年9月14日，法尔肯海因临危受命接替小毛奇继任为德国参谋部长，并兼任陆军大臣。从此，这位野心勃勃的德国陆军上将成了第一次世界大战德军主要操盘手之一。

法尔肯海因身材高大魁梧，双目炯炯有神，留着时髦的小胡子，被人称为“潇洒军官”。他完全不同于毛奇，学识似乎不甚丰富，但办事干脆利落，精力过人，头脑敏锐。同大多数德国军人一样，怀着强烈爱国情怀，同时又兼具冒险的渴望和焦虑的性格。执掌德军参谋部后，他对西线的僵局苦恼万分，日夜思索克敌制胜的办法，在德国高层决策者中，他被人们称作是“眼睛一直盯着西线的人”。1914年，他先后指挥“奔向大海”战役、第一次佛兰德战役和第一次伊普雷战役，但都未能达到战略目的，形成了旷日持久的阵地战，德国西线作战完全受阻。1915年，鉴于西线局势，他力主在西线采取守势，在东线发动进攻一举击败俄军，迫使其单独媾和，然后再挥师西线，集中力量击败英法军队。他将德军主力调往东线，首先发动了戈尔利采战役，突破了俄军西南方面军的防线，收复了加利西亚；随后又在波兰及波罗的海沿岸地区指挥德奥联军向俄军发动了大规模进攻，德军大获全胜，征服了俄国大片领土和所有堡垒系统、战略铁路系统，击溃了大量俄军。秋天，他指挥德、奥、保联军攻击塞尔维亚取得胜利，占领了塞尔维亚全境，打通了德国和土耳其的路上交通线。整个1915年，德国节节胜利，但在和协约国的僵持中消耗巨大却未能达到迫使俄国退出战争的目的，曾经强大的经济和军事实力已经今非昔比，在兵器生产、动员能力方面全面落后，渐渐难以支撑。

1916年的开幕戏在法尔肯海因的参谋部内开场了。他率领参谋部开始检讨战局，企图找出破解僵局的办法。在会议上，法尔肯海因难以掩饰内心的焦虑一边踱来踱去，一边漫不经心地听取参谋们的报告：英法军队在西线的局部进攻虽然效果不大，却大大牵制了德军的力量，使德军在东线始终无法得到足够的兵力给俄军以致命性的打击；目前德国的军事经济实力迫使德军应当尽快解决两线作战的危局，东线与西线只能选其一。是选择继续进攻强弩之末的俄国还是挥师西进转而进攻英法？

法尔肯海因

法尔肯海因是施利芬思想的崇拜者，他将西线看成具有决定意义的战线。他斟酌再三：俄国幅员广大，气候寒冷，交通不便，继续进攻俄国不但难以达成战略目的，反而很可能会重蹈当年拿破仑的覆辙；同时俄国一时间又难以从1915年的损失中恢复过来，很难组织有效的进攻；他的夙敌兴登堡等人力主西线守卫东线进攻的战略，必须要遏制对方势力的过于扩大。他突然宣布了他的导致日后德军灾难性结局的决定："我们未来一年的战略是西攻东守，将全部精力投入到收拾西线残局上来！”

就在这时，法尔肯海因得到了情报：协约国将于1916年同时在东线、西线、南线对德军发动大规模攻势。这使他更加坚定了在西线首先打败英法的决心，而且必须抢在协约国的前面，先下手为强。1915年圣诞节前夜，法尔肯海因起草了一份致德皇的备忘录，估计了军事上可供选择的办法，他选择英国作为主要敌人，但他认为：“英国在大陆上的主要武器是法国、俄国和意大利的军队。”他认为对英国的战斗除了潜艇战外，入侵英国本土距离太远，意义不大，而俄国和意大利“在军事上的努力差不多已经到了尽头。如果能使它的人民清楚地懂得，就军事意义而论，他们已经再没有什么可以指望的了，破裂点就会到来，英国手中最好的武器就会被打落了”。他建议集中力量进攻法国，给其以毁灭性的一击，只要能迫使英法军投降，俄国就会因为失去西方财政和军火工业的支援而失败。他还鼓动说：“法军已经衰弱，在军事上已经达到了力量的顶点，只要在法国要害之处给予强有力的一击，就会使法军崩溃。”这是法尔肯海因有名的，但也是导致恶劣后果的“抽气泵”战术。那么选择哪一点来实施这强有力的一击呢？法尔肯海因认为，这一地点应该是在法国人眼里一个特殊的地区，它将使法国为了保卫这一地区，不得不投入其所有的力量。这样，将迫使法国把每一滴血都流尽。用法尔肯海因的话说：“法军将失血而亡。”他经过几昼夜的反复思考，最后将目标定在了东北部边境小镇凡尔登。

在作战会议上，有德军将领对选择凡尔登要塞作为攻击目标表示反对。他们认为，凡尔登要塞依山而建，俯瞰马斯河上游，炮台环列，防御工事复杂而坚固，居高临下，易守难攻。而且，法军为保卫它，肯定会投入全部力量，德军取胜的把握不大。法尔肯海因锐利的眼睛盯着地图，不以为然地反驳说：“据我所知，法军自从去年8月份以来，不但没有加强凡尔登要塞的防御，反而在拆除要塞的火炮，估计大约有4.1万多门火炮撤离炮台，其中有2000余门大口径固定火炮已从炮台上拆除下来，用作他处。可以说凡尔登要塞已被法国人废弃，其要塞中的守卫部队也很少。”他清了清嗓子，坚定地说：“诸位，据我分析，法国人并没有把凡尔登作为一个牢不可摧、必须据守的堡垒。所以诸位不用担心。”法尔肯海因还自信地叫道：“我们的方针就是要以猛烈的火力进攻凡尔登，把法军的精锐部队全部吸引过来，这样才能给他们以歼灭性的打击。我要使凡尔登成为碾碎法军的磨盘，这样才能争取西线的胜利！”

德军正大规模向凡尔登集结

雷厉风行是法尔肯海因的一贯作风。他立刻宣布从今天起，德军开始着手进行进攻凡尔登的准备工作。他抽调了西线战场上装备最好、久经沙场的10个师共27万人加入这次战役；采用了新的战术，即首先以强大的炮火摧毁敌人的阵地和绝大部分人员装备，随后以步兵实行巩固和占领。他从俄国前线、巴尔干半岛和克虏伯兵工厂搜集了总数达1400多门的火炮，运到凡尔登前线，其中有600余门重炮，包括最先进的420毫米的榴弹炮。此外，德国人还征集了542个掷雷器，它能够发射装有45千克高爆炸药和金属碎片的榴霰弹，对人员杀伤的效果十分恐怖；另一种可怕的武器是132毫米的小口径高速炮，它能以步枪子弹的速度发射132毫米的榴霰弹。在进攻部署上，法尔肯海因以威廉皇储指挥的第5集团军担负主要突击任务，并由他亲自检查德军的战役准备。

当全部准备就绪，法尔肯海因长出了一口气，他刚刚集结了战争史上前所未有的炮兵部队。他信心满满地向侍从官说道：“只用这些重炮，就足以彻底摧毁法军的防御体系，粉碎法军的反攻。”德国总参谋部在一份报告中预言：“单是火炮就可以夺取地面，在狭窄的地面实施进攻的步兵不过是巩固和占领而已，因此进攻和迅速夺取凡尔登的决策是基于重炮和特大火炮的已被证明的威力。”

1916年2月21日7时15分，德军炮兵群向正前方同时开火，以每小时10万发的速度对凡尔登附近仅20千米左右的三角地带进行猛烈轰击。训练有素的德国炮兵在轰击法军的第一阵地，第二阵地上的单个独立支撑的攻击点和由掩体、堑壕及工事地段构成的目标群的同时，对凡尔登地区的防御区域由近至远的路段、村庄、部队营地、阵地、炮兵阵地、指挥设施、通信设施进行了长达12个小时的准确射击，凡尔登地区弹痕累累，防御工事几乎全部被摧毁，整个阵地成为一个地狱般的杀人场。

战役初期，德国人进展迅速，德军发射的炮弹连绵不绝，似滚雷一般，其中夹杂着重磅炮弹惊天动地的爆炸声。其炮火之猛烈，是有史以来前所未有的。正在壕沟里跺脚搓手取暖的

德军420毫米榴弹炮轰击法军

法国士兵们被突如其来的炮火吓得目瞪口呆，抱头鼠窜。法军阵地前沿的堡垒很快就被德军的炮火炸得稀烂，一些土木结构的掩蔽部飞上天空，爆炸的硝烟和烈火笼罩在凡尔登地区的三角地带，遮天蔽日。到下午4时45分，德军已向这一地区倾泻了200万发炮弹，法军表面阵地已荡然无碍，连附近的森林都已被烧焦，一些山头已被削平。德军的炮群轰击持续了8个小时，法军第一阵地已是面目全非，第二阵地一些地段上的防御配系也遭到毁灭性的破坏。森林烧成灰烬，高地被炸起的浮土有2尺厚，各级指挥基本瘫痪，上下左右的通信联络几乎完全中断。

在德军步兵爬出战壕实施攻击之前，参谋部的军官信心十足地对士兵们说："那里将不会有任何活的东西留下来。"14时45分，德军步兵在主要突击方向15千米的正面上，展开了6个多师，向法军阵地发起突击。观察员乘坐在气球上俯瞰下面的战场，只见无数灰色小点，如同蚂蚁似地从德军阵地上涌出，组成许许多多的突击队，直插法军的第一阵地。这些小点跳跃着，不断地向前运动。在这些突进的步兵前方，德军的炮火形成的弹幕不断地向纵深延伸。从空中向下看，步兵的突击层次非常分明。

经过德军的第一轮打击，法军的抵抗力在迅速下降。许多法国士兵是从阿尔及利亚等殖民地招来的，长期生活在热带地区，从未经历过凡尔登-15℃的严寒，加上德军猛烈的炮火和令人恐怖的大威力杀伤武器，这些士兵不是被冻僵在阵地上，就是扔掉武器掉头逃走。24日，德军加强了攻势，局势对法军更加不利，几乎造成全线溃败。

在此形势大好的情况下，法尔肯海因犯了一个重大的错误。他坚持认为，有效消耗法军有生力量的意义高于突破凡尔登防线，因此他要求，对凡尔登的进攻不是突破性的，而是不停地向对手的阵地射击。在这一指导思想下，德军于2月21日进攻时，只动用了在中心的3个兵团，另外3个兵团在两翼按兵不动。如果整个攻击兵力一次投入，则本来已经岌岌可危的法军阵地从一开始就难以坚守，这几乎是不容置疑的。25日，贝当开赴前线组织反攻，德军的攻势受阻，直到3月6日，法尔肯海因才命令位于侧面的3个军加入战斗，但为时已晚。

从3月5日起，德军指挥部把进攻的正面转移到马斯河西岸（左岸），企图夺取极为重要的莫尔特—奥姆高地和304高地，消除法军炮兵对德军侧翼的威胁，进而由西岸向南以切断凡尔登的补给线。但是，法尔肯海因这次又犯了一个错误。他没有搞清法军的部署变化情况。在这一方向，法军早已严阵以待。为了增强防御力量，贝当刚刚把一支新生力量第7兵团部署在这里，早就等着德军的进攻了。法军在马斯河西岸的第一防御阵地是佛塞司、马兰柯特、柏逊柯特及佛塞司村各点一线。马兰柯特西向的防线横切阿浮柯特森林地带。它是法国坚固防线上的前进阵地。法国在河西岸的坚固防线是莫尔特—奥姆高地一线。这一线上还有304高地、俄尔柯特在这一线阵地以南，有天然险要可以据守，由此再向南，是蒙塞菲尔一带山岭。播越司林及马尔炮台构成莫尔特—奥姆高地以南的后退阵地。法军在马斯河西岸的防御由这三道防线构成。

时年25岁的戴高乐在这场战役中负伤被俘

整个三月和四月进行了新的一系列浴血奋战，主要为了占领马斯河左岸称为“男子死亡地”的山头和右岸的科特杜普瓦夫尔。但是德军所获的战绩难以与开始进攻时相比。战斗状况趋于势均力敌，两军同在弹坑累累的巨大战场，在枪林弹雨中厮杀得难解难分，成千上万的德法步兵倒在一起。到4月底，法德两军在这一致命地区死伤近25万人，但这对世界大战的力量平衡并未产生决定性的影响。

法尔肯海因的两次失误葬送了德国人的好局。从2月下旬到4月这70个昼夜里，德军总共只推进了数千米，德军在凡尔登陷入了全面被动。法尔肯海因作战计划已经失去其原来的内在一致性，他无视战场变化的残酷事实，如同输急了眼的赌徒，固执地决定用逐步进攻的方法继续打下去。他声嘶力竭地叫喊："为了我们的威望，必须拿下凡尔登。"

此时，德军情报部门已经获悉，英法军队将在索姆河地区发动攻势，这对于在凡尔登苦战数月而战果甚微的德军来说，更是雪上加霜。唯一的办法，就是拼尽全力，尽快结束凡尔登战役。同时，通过加紧进攻凡尔登，最大限度地消耗和牵制协约国的兵力，拖延英法军队发动战役的时间。6月2日，德军第10兵团向法军的沃炮台倾泻了大量炸弹后，冒着法军的枪林弹雨包围了沃炮台。直到8月，德军仍未能摧毁法军的防御。德军作战6个半月，仅楔入法军防御纵深数千米。

开战不过100天，德军伤亡人数已经暴增到20多万人。面对凡尔登之战的糟糕局面，一手策划此战的德军总参谋长法尔肯海因忧心如焚，他目睹自已精心炮制的"处决地"计划将付之东流，一向自诩雄才大略的他心有不甘，他决定集中在凡尔登地区的所有德军作最后的一搏。

6月7日，德军在凡尔登前线集中了十几个师的强大兵力，在79个重炮连的火力掩护之下，向凡尔登城近郊的优奥炮台、弗勒里村庄、苏维尔炮台、杜奥蒙和特尔筑垒地域发动了开战以来规模最大的进攻。

几乎同时，俄国人在西南加里西亚对德军发起进攻，德军迫于无奈只得分兵抗击；7月初，法军又在索姆河流域同英军对德军发起了大规模进攻，德国人只得从凡尔登战场抽出兵力三面作战；8月底，罗马尼亚又加入英法多国部队对德作战，德军失败已成定局。8月29日，法尔肯海因再难力挽狂澜，由于对凡尔登战役负有主要责任，被免去总参谋长的职务，由兴登堡接任。

2

德国第5集团军司令威廉皇储

在尚武成风的德意志帝国，上至王公贵族，下至平民百姓，都渴望铁血征服，渴望效命沙场、建功立业。威廉皇储自然也不例外。

弗里德里希·威廉·维克多·奥古斯特·恩斯特是德皇威廉二世与第一任妻子的长子，1882年生于波茨坦。他幼年时期受到了良好的教育，18岁时在波茨坦接受军事训练，并与德国高官中崇尚军国主义的一部分人保持联系，这为他以后走向战场打下了基础。

1914年8月，威廉皇储被法尔肯海因任命为第5集团军指挥官，该集团军也因此被称为“威廉皇储集团军”，负责担负主要突击任务。威廉皇储是一个志大才疏的家伙，他性格忧郁，才能平庸，但第5集团军，却是一支由几个精锐军组成的百战之师。威廉皇储是年30多岁，是个生得一副狐狸面孔，没有胸脯子，瘦得像个柳条似的家伙。他智力平庸，在装腔作势和故作惊人之态方面，像他的

威廉皇储在向卫生兵了解情况

父皇一样。他受过良好的教育，崇尚军国主义。他曾担任过骑兵团团长，并在德军总参谋部工作过一年。因此他认为，这一经历“为我统率大军打下了理论基础”。

根据施利芬计划，德军统帅部将第5集团军作为中路，部署于法德边境的阿登地区与法军对峙。

阿登地区山峦起伏、森林茂密，丘壑纵横、地形复杂。整个山势从法国向德国逐渐升高，易守难攻。

按照作战计划，威廉皇储的第5集团军将通过阿登山区南部，进攻维尔通和法国两个要塞隆维和蒙梅迪，司令部设在提翁维尔；与他相邻的是符腾堡公爵阿尔布雷希特率领的第4集团军，将通过山区北部进攻讷夫夏托。与他们对阵的，是法国第3、第4集团军。

8月22日，法军进攻开始。在攻击前，法军给步枪装上刺刀——这是勇敢精神的象征——准备解决最后的战斗，无数的旗帜迎风飘扬，军乐队齐奏《马赛曲》。戴着白手套的军官高举指挥刀，在队伍前方20步之处，踩着乐曲的节点，带着士兵整齐地前进。声势浩大，蔚为壮观，但等待他们的却是无情的屠杀。

当法军进入射程时，德军的火炮首先开火。接着步枪、机枪子弹像雨点一样射来，如同割麦子一样将不知掩蔽的法军一排排放倒。

但是法军军官依然催促士兵发起一轮一轮毫无意义的进攻，攻击的力度随着伤亡增加不断减弱，直到因损失惨重而无力攻击。此时，威廉皇储的反击开始了，德军士兵从战壕和散兵坑里爬起来，向精疲力竭的法军发起猛烈的反冲击，像赶鸭子一样追杀着法军。仅在罗西尼奥尔一地，德军就打死了法国1.4万名殖民地特种兵中的1/3。

在德军的打击下，法国第3集团军退往凡尔登，第4集团军则撤往色当。

这一战使威廉皇储声名鹊起、誉满全军。随后，挟胜利之威的威廉皇储率第5集团军一直猛攻法军凡尔登要塞，希图从中路突破，但一直到马恩河战役结束，也未能突破法军防线。

1916年，威廉皇储的第5集团军接受了主攻凡尔登的任务，好大喜功的威廉皇储陷入了强烈的兴奋和激动之中。他恨不能即刻挥兵凡尔登，饮马马斯河，然后长驱直入，直取巴黎。他凡事必定亲力亲为，并由他亲自检查德军的战役准备。1916年1月，德军进入了紧张的战前准备阶段。为保证战役的胜利，法尔肯海因又将另外3个兵团的兵力转交给皇储指挥。到2月中旬，德军已有13个师部署在阿尔贡、香槟和洛林中间或周围的突出部。为达成战役的突然性，实现一举歼灭大量法军的战略目标，德军统帅部命令西线部队全部处于戒备状态，并用相当多的兵力进行佯动，以转移法军的注意力。德军的参战部队、炮兵的集中与展开、工程作业都是隐蔽地进行的。在主要突击方向上共有火炮850门，平均1千米的突破正面有62门火炮和15门迫击炮，另有168架作战飞机参战。整个兵力比较，在主要突击方向上，德军比敌人的师多3倍，火炮多3倍以上。德国皇储威廉在巡视进攻准备时得意洋洋地宣称："集中如此数量的火炮用于进攻，这在战争史上还是第一次。"

威廉皇储喜欢标新立异，十分推崇新式武器的使用。在他巡视了各部队的炮兵后，他对身边的副官说："我们去工兵部队，看看那个会喷火的玩意儿威力如何？"喷火器是新近投入作战的新式进攻兵器，是除火炮之外的又一种攻坚利器。大多数德军也只是闻其名，不知道它究竟是什么样的一种武器。威廉皇储来到喷火连。喷火连连长亲自演示。他趴在一具喷火器前，用右手食指扣动了扳机。只听"呼"的一声，一束炽烈的火焰射向几十米之外的步兵掩体。顿时，那片步兵掩体已被燃起的烈焰所覆盖，火焰持续燃烧了大约15分钟，黑色的浓烟冲向空中，一股肉体烧焦的气味扑鼻而来，原来预先放置在步兵掩体内的一头猪已被活活烧死。“很好！我要用这玩意儿，使法国人体会一下地狱之火的滋味。”德国皇储的脸上露出得意的神色。

经过几天的巡视，威廉皇储对各部队的准备工作颇为满意。然而，老天偏偏和这位皇储作对，整个2月中旬凡尔登地区几乎没有一天是晴天，常常不是风霜雨雪，就是浓雾弥漫，极低的能见度使炮兵无法观测校射，所以进攻日期一拖再拖，一直拖到了2月21日。这让威廉十分生气。

2月21日清晨，威廉在他的指挥所里下达了炮击的命令，德军终于开始了酝酿已久的炮击，人类战争史上最为惨烈的凡尔登大战，终于打响了。

德军配置在前沿和纵深内的所有炮兵阵地上的各种口径火炮，一齐发射出了无数发炮弹。它们夹带着一声声的呼啸划破晨空，从不同的方位撕裂着空气，暴风骤雨般地倾泻在法军的阵地上。正躲在壕沟里搓手跺脚的法国士兵们被这突如其来的炮火吓得目瞪口呆，抱头鼠窜。许多人不知到何处藏身，盲目地东躲西藏，结果被炸得血肉横飞。残肢断体连同大块大块僵硬的冻土和石块被巨大的气流抛向空中，空气因爆炸而迅速膨胀，相互挤压推动着，如同滚滚热浪冲刷着、荡涤着地面上所有可以动摇的物体。

遭受猛烈炮击的凡尔登阵地

那些尚未断气的法国士兵被这滚雷般的炮声震得鼻耳流血，战壕也被完全夷平了，整个法军防御阵地完全丧失了反应能力。

德国炮兵群在这场史无前例的炮火袭击中，以每小时10万发炮弹的速度进行连续轰击。到下午4时45分，共有200多万发各种炮弹倾泻到了法国人的阵地。德军的目的很明确，即在步兵发起冲锋之前，用最猛烈的炮火摧毁前进中的一切障碍，并力求在气势上压倒法国人，打垮他们的抵抗意志，从而丧失固守凡尔登的信心。德军炮群持续8个多小时的火力急袭，使法军的第一阵地面目全非，第二阵地的防御体系也遭到严重破坏。森林被烧成了灰烬，高地上被炸起的浮土有2尺厚。法军的各级指挥已基本陷于瘫痪，仅阵亡官兵就达1800多人。

下午14时45分，威廉皇储在指挥所里下令："步兵开始攻击！"

随着炮火的延伸，无数的小灰点从被冬雪覆盖的德军阵地上涌出，他们很快便组成一个个突击，按预定的目标直扑法军的第一阵地。在步兵的冲击中，训练有素的德国军队表现出了良好的战术素养。他们在进攻中很讲究层次和攻击的连续性。师的突击是两个团在前，第3团作为预备队在后。第一线的团又以两个营为第1梯队，一个营作为第2梯队。步兵营在四五百米的正面上，组成3个波次的攻击。最前面的由1～3个班的步兵与工兵小队组成的强击队，还配有机枪小队、喷火班和迫击炮分队。第一和第二波次是步兵连出击，第三波次是机枪队和喷火班的配合。强击队的任务十分明确，破障、观察炮击效果，突破第一线上的防御，并为后续部队进攻创造有利条件。

很快，德军轻而易举地完成了对法军第一线阵地的占领，各突击集群交替掩护，密切协同，至23日，德军推进到了法军第二阵地一线。但德国人估计错了。德军士兵在他们认为空无一人的阵地上遇到了前所未有的抵抗。法军的机枪在经历了炮火洗礼后顽强地扫射不止，法国士兵也从地下奇迹般地钻出来向德军射击。德军在进攻中使用了掷雷器。由这种发射装置发射出的装有45千克的高爆炸弹，爆炸后产生的金属碎片可以有效地杀伤步兵阵地上的有生力量。高爆弹一个接着一个地翻滚着抛向法军阵地，很快在阵地上空爆炸。德军在进攻中还使用了一种效力可怕的132毫米的高速炮，它能以步枪发射的速度发射榴霰弹。法军士兵来不及觉察就丧了命。喷火器也投入战斗，发挥了有效的摧毁杀伤作用。

在骤然的打击面前，法国人表现出了大无畏的精神，他们组织了许多敢死队，拼死抵御德军的疯狂进攻。德军推进缓慢，当天仅利用炮火准备的效果占领了法军的第一道阵地。德军指挥部不知道炮火准备杀伤的效果，只是命令一线部队占领第一线的堑壕和侦察第二道堑壕的破坏程度。因此，德军的一线部队在完成任务后就停了下来，没有乘胜扩大战果，从而使进攻失去了连续性。到23日夜，德军仅前进了3000米，俘获法军士兵3000名。

随着时间推移，德军伤亡逐渐增大，偏偏这位皇储不知道充足的补给和体恤士兵的重要，一味地督促士兵进攻，而他自己，“打仗时仍有野鸭、色拉、水果、酒、咖啡和雪茄可以享用，而冒死向法军阵地冲锋的大老粗士兵们，很少吃到黄油，每天只吃到卷心菜汤、土豆、辣根和粗纤维面包”。

德军士气低落，士兵疲惫不堪。尽管军官们严厉督战，但士兵们的作战意志已大不如前。这时，法军设在马斯河西岸的炮兵也从一侧翼进行轰击，使德军陷入欲进不能、苦战难熬的境地。到28日，德军的进攻基本上被阻止了。反观法军，源源不断的援兵和供应充足的武器弹药不断运往前线，使法军的士气大振。他们在德国人的进攻面前不再是惊慌失措甚至是落荒而逃，而是顽强抵抗，死战不退，信心百倍地投入反击，使进攻的德军每前进一步都要付出惨重的代价。

这时，德军总参谋长法尔肯海因觉察出用急速攻击的方法难以取得胜利，而且还会付出重大的伤亡，但他不敢劝告威廉皇帝，也不想挫伤王储的进取心和积极性，他想让他们自己最终懂得这一点。眼见攻击受挫，部队锐势大减，威廉皇储也不得不低下高贵的头颅，下令停止了第一阶段作战。

威廉皇储不承认失败，他决心用更大规模的攻击击溃法军。经过几天的休整和调整部署之后，第5集团军再次发动了不顾一切的进攻。他们这一次把攻击的重点放在了马斯河的西岸地区，其战役企图是夺取具有战略意义的莫尔特—奥姆高地和304高地，以消除法国炮兵对进攻德军侧翼的威胁，进而由西岸向南攻击，一举切断法军的“神圣之路”补给线。

威廉皇储期望通过倾力一击让法国人的防线土崩瓦解，并进而夺取凡尔登城。他向参谋部申请了不少的新锐部队来充实第5集团军，并准备了大量的大口径炮弹。他就像一个输红了眼的赌徒，将全部筹码压向马斯河西岸。

3月6日，德军发起了疯狂的进攻。在进行了猛烈的炮火准备之后，德军步兵首先向法军的第一线阵地发起了波浪式的进攻。法军在顽强抵抗了两天，并给予德军以重大杀伤之后，主动撤到了第二线阵地。从法军第一线阵地到第二线阵地，中间隔着一片略有起伏的森林，法国人称之为克若司森林地带。在失去了第一道防线之后，这片森林地带成了法军核心阵地莫尔特—奥姆高地和304高地的一道重要的前沿屏障。

3月9日，皇储指挥他的禁卫军向克若司森林里的法军阵地进行了猛烈的炮击。数千发炮弹像蝗虫一般飞向了这片茂密的森林，使之燃起了熊熊的大火，并且火势借着风力迅速向下风方向蔓延，这使处于下风方向的法军防御阵地遭到了毁灭性的灾难。许多在阵地上严阵以待的法军士兵还没弄明白是怎么一回事，就被滚滚而来的烈火吞没了。无奈之下，法军指挥官命令部队迅速向南撤退，脱离了火海。德军因在上风方向，所以他们跟在燃烧的大火后面，渐次进占了森林阵地。

当天下午4时，在大火熄灭之后，法军组织炮兵开始向森林地带实施炮击。由于德军刚刚进占森林阵地，立足未稳，且许多战壕及掩蔽部内依旧浓烟滚滚，烈焰灼人，所以进攻的德军几乎完全暴露在了法军的炮火之下。在经过一阵猛烈的炮火急袭之后，法军步兵重又夺回了森林阵地。

森林阵地一告易手，德军马上就调集大量的重炮，开始对这片已成废墟的焦林实施不间断的连续炮击。轰击整整持续了一天，到黄昏时分，皇储非常自信阵地上所有的法军都已经被消灭，他命令他的步兵部队出击，大摇大摆地向法军阵地推进。然而聪明的法军早已摸清德军的战术，当炮击开始，法军前沿指挥官立即命令士兵们撤离阵地，以免在德军猛烈的炮火下遭到无谓的杀伤，一旦德军停止炮击，步兵开始冲锋时，法军士兵们便跃入战壕，用手中的步枪和威力强大的机关枪对着德军密集的进攻队形猛烈射击。在他们英勇顽强的抵抗面前，德国人的冲击遭到了一次又一次的失败。

威廉皇储见进攻受挫，大发雷霆，他立即调集一个师的预备兵力，在夜色的掩护下向法军阵地发起了进攻。经过半夜连续的轮番冲击，德国人终于又从筋疲力尽的法国人手里夺回了森林阵地，占领了克若司森

德军在凡尔登集结

林地带，打开了通向莫尔特—奥姆高地和304高地的通道。

之后数日，德军士兵不停地向两个高地发动轰击和潮水一般的冲锋，两军殊死拼杀，伤亡惨重，尸体和血水布满了整个战场。3月16日，威廉皇储下令第5集团军对莫尔特—奥姆高地的主峰295高地发动“最后一击”。下午3时，德军以一个师的兵力向这个狭小的高地发起了波浪式的进攻。此时，法军的榴弹炮兵向德军进攻部队实施猛烈的炮击，并迫使其暂时放弃了进攻。此后，技术高超的法国炮兵成功地在295高地前沿设下了一道弹幕，使每次试图接近高地的德军都遭到了重大杀伤。无奈之下，威廉皇储转而进攻法军防御阵地的侧翼，希望以此能打开突破口，进而瓦解对方的防御。

3月20日，第5集团军再次得到加强。这次划拨皇储指挥的是巴菲军第11师，该师是德国陆军中一个享有盛名的王牌，在战争初期曾横扫比利时，驰骋法兰西平原，向来以作战凶狠著称，善打硬仗不怕伤亡，并且非常骄狂。在接受攻击304高地的任务之后，该师官兵不顾地形的险要和法军猛烈的拦阻炮火，一波又一波地向高地发起了令人胆寒的进攻。山坡上躺满了该师官兵的尸体，但后续部队依旧士气高昂地打冲锋。法军前沿炮兵见304高地岌岌可危，遂集中全力对进攻的德军进行袭击，使巴菲军第11师遭受了重大的伤亡。在进行了连续2天的拼死攻击之后，这支自诩为战无不胜的部队没能拿下法国人重兵据守的304高地，不得不带着伤亡过半的残躯和攻击未果的愤怒撤离了战场。

在整个3月份的进攻作战中，德军在马斯河两岸均未得手，双方伤亡惨重。皇储向来自诩战术高手，然而屡战屡败的现实让他难以容忍，德国舆论对他拙劣指挥才能的讽刺更令他暴跳如雷。他已经丧失了最后的一点理智，咬牙切齿地命令他的士兵向对方阵地大量使用了一种叫“绿十字”的速效窒息性毒气炮弹，这种歇斯底里式的狂怒使他获得了成功，在接下来的十几天拉锯式的血战中，在消耗掉 17 个车皮的炮弹和近 2 万名士兵的伤亡之后，德军第 5 集团军终于如愿以偿地攻占了 304 高地和莫尔特—奥姆高地。

3

法军总司令霞飞

第一次世界大战开始之时，迟钝而木讷的霞飞屡战屡败，却幸运地在马恩河粉碎了德军的进攻。时间进入 1915 年，虽然法军在春季的几次进攻中遭受挫折，极度固执的法军总司令却坚持认为德国人已经成为强弩之末，法军反攻的时机到了。1915 年 8 月，他和他的参谋们经过研究发现，战争开始以来，新式火炮不断投入战争，其破坏力的发展远远超过要塞墙壁的厚度，一些著名的大要塞因为抵挡不住猛烈的炮火而迅速失陷。为此，他认为永备筑垒工事已经失去了作用，他对他手下的参谋们解释说：脱离野战部队防守的要塞，无法达到坚守的目的。大的炮兵和火炮固定部署在要塞中，使其失去了机动使用、发挥更多作用的可能。因此，这位自负的总司令于 1915 年 8 月 5 日做出决定，废弃凡尔登在内的一些法国要塞，拆除要塞的火炮，连同守备部队一起加强其他野战部队。作为替代，霞飞发出指示：要求各集团军以原有要塞为基地建立筑垒地域。这种筑垒地域由战域、掩体、土木障碍物和铁丝网等野战工事构成，成为野战集团军防御的不可分割的组成部分。各要塞的守备部队也按照这一指示组成野战兵团。

不得不说，这种以要塞型筑城工事与野战型筑垒地域相结合的全新的防御体系是一种革新。不过，在凡尔登大战爆发前，法国人破旧有余，

战争间隙，据守在战壕中的法军将士难得小酌一杯

立新不足，这直接导致了凡尔登战役初期法军的全面被动。凡尔登要塞的大部分炮台和机枪被拆除了，先后拆除的1000门火炮都交给了西线正面其他地区的野战部队，还从要塞中运出了10万多发炮弹。炮台和筑垒只留驻少量的警卫部队，要塞在整个防御体系中的作用大大降低，近乎名存实亡。

好在新修筑野战筑垒在一定程度上弥补了这种缺陷。新的筑垒地域共有4道防御阵地。第一道阵地的大部分通过森林地带，距要塞筑垒外的防御地带约6 ~ 7千米；第二道阵地距第一道阵地2 ~ 3千米；第三道阵地距第二道阵地也是2 ~ 3千米。第二、第三道阵地基本上构筑在丘陵山地上。第四道阵地是最后的阵地，由原有的要塞炮台地带和一条永备筑垒地带组成，两者相距2 ~ 3千米。其中，外防御带炮台中，最强的是都蒙炮台。内防御带中，苏维尔炮台最重要。整个第四道阵地共有12个炮台和30个用深沟、崖壁和铁丝网掩护的中间永备筑垒。每道阵地上的全部工事都居于大小制高点上。整个筑垒地带的外径为45千米，围绕着要塞区分布，大部分集中向北突入韦尔谷地和平原上的德军防线内，防御正面由西端的马朗库尔至东端的埃坦，宽约112千米。整个筑垒地域被马斯河切割。为东段和西段两大部分。其中东段筑垒地域的面积约为西段的二三倍。永备筑垒工事与野战筑垒相结合，组成了15千米纵深的梯次配置。按照新的防御要求，防御重心转向野战部队，并使之与后方紧密联系。

1915 年 12 月 6 ~ 9 日，担任法军总司令的霞飞邀请各协约国军事代表齐集法国小镇尚蒂伊，法国、英国、比利时、意大利、俄国以及日本等国的军事代表首次会聚一堂召开军事会议，共同讨论 1916 年的战略行动计划。

法军总司令霞飞作为东道主，主持了这次会议。固执而自负的霞飞面对各国代表侃侃而谈：“各位，实力是行动的基础。我想提醒大家的是，经过一年的努力，我们在技术兵器的生产和人力资源的动员方面已大大向前迈进了一步。我们的重炮和机枪生产已与德国持平，而且很快就要超过德国；在兵员上，我们各国的总数将要达到 1800 万人，而德奥最多能达到 900 万人。所以，我认为，在下一年，我们的方针应该是进攻！具体来说，应该由俄国和意大利首先在东线和南线发动攻势，在战略上牵制德奥军队，然后由英法军队在西线大规模出动，一举歼灭西线的德军，改变战局。不知诸位意下如何？”

经过激烈的讨论，各国代表原则上同意上述作战方针，但对何时开始进攻未能达成一致意见。大家决定于次年 3 月在这里再召开一次会议，具体确定发起进攻的时间。

1916 年 2 月，严寒的冬季尚未过去，协约国的作战计划还未最后敲定，法国东部边境小城凡尔登便突然响起了隆隆的炮声，德军抢先对协约国发起了进攻。协约国仓促应战，与德国在凡尔登城下展开了一场空前规模的大厮杀，第一次世界大战中伤亡最多，具有决定意义的凡尔登战役就此拉开了帷幕。

事实上，法军对德军大规模的战役准备并不是毫无察觉。相反，法国情报人员很早就得到了德国人进攻的消息，协约国盟友也多次提醒法军参谋部。然而，不可思议的是，霞飞坚持认为德国的进攻将会发起于香槟，绝不会是食之无味的凡尔登。法军陆军部长 1915 年 12 月 16 日致函霞飞："不同消息来源谈到，前线的组织状况显示出某些地点的防御有缺陷，尤以莫尔特河、图勒和凡尔登地区为突出。"霞飞 12 月 18 日草草复函，粗暴地拒绝了他的建议，并严厉斥责了这名部长。之后几天，许多类似的建议又招来了霞飞的冷嘲热讽。不过，为防万一，法军在 1916 年 2 月 11 ~ 16 日的几天里，调集了 6 个步兵师和 6 个炮兵团，共 10 万人，以及 270 门大炮，加强凡尔登一带。

到 1916 年 2 月中旬，德军的进攻由于天气原因一推再推，其意图早已暴露，法军不但获悉了德军的展开地域情况，而且还掌握了其兵力部署、炮兵位置。不可思议的是，霞飞仍然对他的手下们说着："这是德国人的计谋，他们主攻的目标绝不会是凡尔登。"他的固执为法军招致了严重后果。21 日凌晨，一颗 14 英寸的炮弹在凡尔登主教宫炸响，凡尔登战役打响了。战斗前 3 天，法军在德军密集的炮火中节节败退；24 日，部署在凡尔登的集团军群司令卡里率部退出凡尔登镇和要塞，凡尔登失守。

法军头戴防毒面具依托工事顽强防守

战役初期的失败没能使霞飞惊慌失措，在他身上，有一种与生俱来的镇定和坚强。22 日，他决定调动 3 个兵团立即支援凡尔登；24 日晚，在霞飞的副手，陆军少将德·卡斯泰尔诺将军的建议下，霞飞同意将整个第 2 集团军投入凡尔登的防御。当晚 11 时，卡斯泰尔诺将军接到凡尔登法军准备投降，放弃这一地区的紧急情报，他连夜晋见霞飞，却被警卫告知总司令已经入睡谁也不能打扰，几分钟后，卡斯泰尔诺亲自去敲霞飞的门，霞飞看完报告，授予了卡斯泰尔诺全权处置权后，就继续鼾声大作了。

事实上，此时的霞飞心中另有打算。早在蒙受1915年严重灾难之后，英法俄三国政府作出努力，以期协调他们1916年的行动，他们成立了由阿斯奎斯、劳合·乔治、基钦纳勋爵、白里安、霞飞、卡多尔纳、沙皇和阿历克谢耶夫以及所有协约国政府和参谋部为核心的“统一战线”。这一战线目的是把协约国与中欧帝国交战的整个巨大范围，看作是一支大军或一个国家在与之对垒，应统一加以组织；战线的一个部分的一切计划应与整个战线的其他部分的所有计划联系起来；摒弃一系列互不相关的进攻，三大协约国应同时作联合的努力，压倒并摧毁敌人的抵抗。

为了贯彻实施这一思想，决定在夏季几个月期间，在东线和西线对德国和奥地利展开一次大规模的联合猛攻：俄军应努力尽可能将德军牵制在东线的北部，而俄军的主要进攻应在南方战场的加利西亚实施；英军和法军在索姆河两岸携手并进，发动一次超过以前想象规模的进攻。此举旨在力图突破一个宽70千米的战线缺口；英军在索姆河以北突破自埃布特尔纳至马里库尔的25千米的防守；法军攻击索姆河两岸，但主要在索姆河以南突破从马里库尔一直到拉西尼的45千米战线。因此，霞飞在组织凡尔登战役时，一直在致力于索姆河上的反击，为此法军的机动部队始终没有全部投入凡尔登。“这必将打垮德国。”霞飞这样认为。

从3月5日起，德军将原来15千米进攻正面扩大到20千米，把主要攻击矛头转向马斯河左岸，并由急促的冲击改为稳步的进攻。此时，一个偶然的偏弹对法军逐渐赢得优势起了很大的作用。在4月初的一次双方混战中，法军的一发偏弹，无意中击中了隐藏在斯潘库尔森林里的德军秘密弹药补充基地，引起这次大战中的最大一次爆炸，一下子把德军已装上信管的45万发大口径炮弹全部销毁，德军无数大炮无弹可发，瘫痪在阵地上。法军抓住这一时机，逐个炮击德军的炮兵阵地，粉碎了德军采用的“炮兵摧毁，步兵占领”的作战方案。从2月下旬到4月这

70个昼夜里，德军总共只推进了六七千米。

此时，德军已经知道法军统帅霞飞将军在组织凡尔登战役时，一直在致力于索姆河上的反击，为此法军的机动部队始终没有全部投入凡尔登。5月底，当双方在凡尔登僵持不下时，霞飞正在索姆河上准备对德军开辟“第二战场”。于是，为了赶在英法联军之前解决凡尔登战役，德皇专门发布命令，要求在6月15日之前占领凡尔登。于是，双方展开了更加激烈的争夺。

凡尔登战役打得十分残酷和激烈。由于双方都广泛使用了迫击炮、轻机枪、掷弹筒和喷火器，因此伤亡人数都很大，史称这场恶战为“凡尔登绞肉机”。直到8月，德军仍未能摧毁法军的防御，德军作战6个半月，仅楔入法军防御纵深数千米。这年6月，俄国人在西南加里西亚对德军发起进攻，德军迫于无奈只得分兵抗击；7月初，法军又在索姆河流域会同英军对德军发起了大规模进攻，德国人只得从凡尔登战场抽出兵力三面作战；8月底，罗马尼亚又加入英法多国部队对德作战，德军失败已成定局。8月29日，德军统帅法尔肯海因被撤职，由兴登堡继任参谋长。10月24日，法军用17万人的军队，配以700多门火炮和150架飞机，对凡尔登德军阵地进行了大规模的反击，夺回了都蒙炮台，将德军一米一米地赶了回去。

4

法军第2集团军司令贝当

亨利·菲利普·贝当，1856年4月24日出生于法国加来海峡省的一个农民家庭。他的父亲是个农民，母亲早逝，家境贫寒。他从小热爱军事，1871 年法国在普法战争中的失败更促使贝当立志从军报国。他 20 岁考进圣西尔军校，1878 年毕业后进入山地步兵团任职，军衔为少尉。1888 年，贝当被调回圣西尔军校，担任军事教官。因在军界没有任何背景，他升迁很慢，少尉当了 5 年，中尉当了 7 年，上尉当了 10 年。1900 年才升到少校军衔，指挥一个营。1906 年在国家射击学校任教官，贝当工作极为勤勉，性格耿直。他曾拒绝出任步兵学校的校长，理由是他认为那些资深的军官更合适这个职位。他反感一切阴谋活动，和政客的关系也极为恶劣，当中尉时贝当拘禁过服预备役的法国议员，第一次世界大战时更是公开讽刺过当时的总统。最重要的是，当法国陆军的领袖将军们都痴迷地倡导攻势至上主义时，贝当却敢于提出质疑。贝当认为，只有当敌方防御已经受到决定性的减弱时，才可以发动全面攻势，而这种减弱敌人的工作不能靠牺牲步兵的生命，而必须使用高度集中的炮兵火力，这样就要求炮兵与步兵之间必须密切配合。这种思想对头脑发热的军人们无异于一帖清凉剂。后来的法国总统戴高乐当时就是贝当学说的信徒，他对贝当佩服得五体投地，所以毕业后就申请加入了贝当所指挥的第 33 团。

法国将军贝当

1914 年 8 月第一次世界大战爆发前夕，贝当仅为陆军上校，任第 33 团团长，时年 58 岁。第一次世界大战的爆发，为贝当提供了发挥才能的舞台。在 1914 年 9 月的马恩河会战和 1915 年 5 月的阿尔萨斯攻势中，他率部突破了德军的坚固防御，为法军胜利立下汗马功劳。1915 年 6 月，他受命担任第 2 集团军指挥官。9 月 25 日～10 月 6 日，虽然他的进攻由于德军纵深防御而失败，但其炮火准备使德军吃惊不小。贝当因此在2年内不断晋升为少将、中将和上将，先后任第6师师长、第33兵团司令和第2集团军司令，成为法军颇具威名的战将。

1916年2月25日，都蒙炮台沦陷，贝当称“那是有史以来，凡尔登最黑暗的一天”。为挽救危局，霞飞命令第2集团军司令贝当立即前往凡尔登指挥作战，并急调预备队开赴前线。60岁的贝当以前并未指挥过大的战斗，临危受命，贝当感到肩上的担子无比沉重，如果允许贝当自己做决定，他一定会下令撤出凡尔登。撤离凡尔登，法军不会损失任何有战略意义的东西，而德军将处于较困难的境地。但是，他知道总统普恩加莱反对撤出凡尔登，为了维护全法国的士气，要求坚守凡尔登，如果他提出与总统不同的策略，很可能被免职。但局势对贝当有利，德军在进攻反复受阻后，变得越来越急躁，比法军更为盲目更为疯狂。

贝当当天夜里就赶到凡尔登，他知道自己的使命就是扭转战局。贝当上任后，虽然身体不好，虚弱得连走路都感到困难，但他还是立即采取措施改变法军的不利态势。他的第一道命令就是给前线部队划出一条督战线，规定任何士兵不许退过这条线，否则格杀勿论；要求前线部队用一切手段顶住德军的进攻，“宁可牺牲生命，也绝不可再失土地一寸”。

贝当在凡尔登战役中

贝当将军到达战区后，激励全体守军将士：“自22日以来，德意志皇储所掌军队以全力攻击我凡尔登附近阵地，炮火凶猛前所未有，而所耗弹药军需也十分惊人。德军已将其后方精锐之师移至前线，他们不惜一切代价强行以步兵再次投入突袭。这次攻击是过去一年来敌寇苦心经营的最后的孤注一掷，以图获得最后的胜利。现东线因英俄两军投入力量日有增加，德军处境日益困难。西线之敌，经诸要塞拼争，虽锐气尚存，但已屡遭挫折。现在的战斗，将以我们的胜利而告终，德意志孤注一掷，败端从此已显。今天，全体法国人都注视着我们，我们肩负着守卫国土的重任。全体国民都期待我们能够担此重任。我们绝不能让国人失望。”

然而，在堡垒前沿既没有连续的战壕，就连电话系统和交通壕都很少，堡垒内部的炮台和机枪大都被拆除，内部空空如也。贝当当机立断，调来了大量的火炮和人员增援凡尔登前线。命令严密防守四条仅有的连续的防线，重新占领并武装所有堡垒，每个碉堡派驻一支部队守备，命令所有部队准备好 14 天的口粮。法军的士气得以重新振作，各条防线被有序地建立起来，所有士兵为了他们新的司令欢呼，并做好了同德军殊死一战的准备。

贝当认为,补给是法军守住阵地的关键,他迅速建立起一套运输系统。凡尔登位于一个类似死胡同的突出部，被马斯河一分为二。通往这一地区的一条标准铁路经常被德军的炮火切断，因此法军的补给主要靠一条从凡尔登到西南约 35 千米的巴勒杜克城的二等小公路。这条公路远远满足不了法军大规模运输的需要。贝当上任后，立即组织人力进行道路抢修，并调集汽车组建了运输队。巴黎的市民以极大的热情参加了修复公路的工作。白天，一辆辆满载弹药、物资的车辆轰轰隆隆，一辆跟着一辆地驶往前方。在尘土飞扬中隐约可见庞大的车队在飞驰。在公路上担负勤务的警戒人员全身着红色服装，手持蓝白相间的手旗，每隔 80 米布哨一人。在手旗的指挥下，车队被引导着开往指定目标。夜晚，公路两侧增添警戒，他们手持方形汽灯，100 米一名组成几十千米蜿蜒向前的灯火通道，仿佛一条长龙，引导着汽车奔向前方。后来，这条公路被法国人称为“神圣之路”，47万名法军士兵和13万匹骡马获得了充足的补给，法军士气大振。有人对此评论说：“内燃机改变着战争艺术。”到月底，已有9000名法军士兵执行汽车运输任务，在这条公路上行驶的汽车达到3900辆，共编成175个汽车排，不分昼夜地运输物资。这位新司令官建立起了凡尔登和巴勒迪克山之间极佳的机动车运输系统，24小时往返穿梭于该运输线的车辆不下3000车次，在战斗进行的7个月里，每周平均输送9万人员和5万吨物资。沿这条名副其实的“神圣之路”，法军有至少66个师开赴前线。

对法军来说，凡尔登是补给的胜利，也是意志的胜利。法国总统普恩加莱为了表彰贝当的功绩，在专用列车上设宴款待他。然而霞飞却不满意贝当在凡尔登的战略。他的解决办法是把贝当提升，领导中央集团军群，远离一线战场。

行驶在“神圣之路”上的法国运输车队

5

法国第 2 集团军继任司令尼维尔

尼维尔在接任凡尔登战区司令之前，职务是战区炮兵指挥官。他是一位博学的、能言善辩的炮兵专家，出生于一个军人世家。进过骑兵学校，后来又改学炮兵，成绩优良。第一次世界大战开始时，他的军衔是中校，同他的前任贝当将军一样，尼维尔也是一位在战争中飞黄腾达的人物。

由于他具有高超的炮兵运用艺术和超人的勇敢精神，使得他在战争中屡获战功，在一年之内先后升任旅长和师长。在具有决定意义的马恩河之战中，他的大口径火炮知识和坚毅勇猛的品质得到了淋漓尽致的发挥。在一次法军步兵面临溃败时，他大胆命令炮兵部队穿过被破坏的防线向前推进，大胆地向克卢克将军的德军第 1 集团军实施近距离射击，瞬间扭转战局，他因此获得了霞飞授予的将军军衔和各国官兵的仰慕。在他的指挥之下，法国炮兵给德国人造成了重大伤亡，惊恐万状的德国步兵愤怒地称他们为“魔鬼炮兵”。随后，他逐渐成为霞飞的亲信，迅速崛起。

尼维尔将军

尼维尔曾发明过一种能够破坏空中飞行气球与飞艇、飞机的高空爆裂弹，这种炮弹可以有效地阻止德军对马斯河两岸法军防御阵地的空中侦察。

当凡尔登战役进入第 3 个月，法德双

方依旧在各个阵地上进行伤亡惨重但谁也无法改变局势的大厮杀。5月初，意志坚定的贝当升任西线中央集团军群司令官，尼维尔作为法军中位数不多的炮兵专家接替了他的职务。

尼维尔一就任集团军司令，就信心百倍地向全体法国守军发出了“绝不许他们通过”的战斗号召。在他的勇敢精神鼓舞下，法军士兵斗志昂扬，士气旺盛。“绝不许他们通过”很快就成了流行于整个凡尔登地区乃至全法国的著名口号。

6月初，由于得到协约国企图在索姆河开辟第二战场的消息，威廉二世向前线德军下达了6月15日之前拿下凡尔登的命令。

6月7日，德军在凡尔登前线集中了十几个师的强大兵力，向凡尔登城近郊地区发动了疯狂进攻。尼维尔面对法尔肯海因近乎疯狂的进攻，他沉着冷静，率领手下官兵牢牢扼守着凡尔登的核心阵地。他详细分析德军进攻路线、战术，以轻重武器配合打退了德军的一次次潮水般的进攻。

6月12日，法国参谋总部通令凡尔登各部队：“协约各国磋商的计划现在确已实行。这是由于你们在凡尔登本着义烈坚忍的精神，对德军实行了顽强抵抗而产生的效果。我们将来的胜利，确实要依赖这一基础，协约国方面将来能获得这次世界大战的胜利，全然是你们的抵抗促成的。”

霞飞对凡尔登守军给予了高度赞扬：“法军在凡尔登的大牺牲，实为协约国建立起互助的基础……我对凡尔登防御部队实在是佩服至极。”他说：“法军在凡尔登抵抗了5个月，遂使德国大本营的计划归于失败，并使我们联军布满战线以开胜利之端。”此时，就连平时异常狂热的德国报界也变得冷静起来。一家报纸这样评论：“法军在凡尔登的牺牲固然不小，但能持久抵抗，在战争史上必会对军事学术有很大的贡献，他们对于战事毫无畏惧。我们在前一段夺来的胜利，必将不可避免地被他们夺回去。此次大战究竟能够在何时结束，会有什么样的结局，没有人能够知道。过去所希望的那种结局能否实现，也没有人知道。战事发展到现在，最好还是不提这件事了。”另一家报纸这样说：“凡尔登陷落与否，没有什么关系。即使占领这个要塞或那些炮台，究竟有没有一点价值呢？战事的胜利固然归于战斗力最完备的一方，但我们必须知道，纵然所取得的胜利很有价值，战胜的一方还是要付出相当大的代价。”

7月1日，英法军队在索姆河发起进攻，俄国也在西南战线发起大规模战役。协约国的联合军事行动，顿时使德军捉襟见肘，不得不从凡尔登前线抽调兵力，一部分调往俄国前线，一部队调往索姆河。仅从7月2日到12日，就有2个步兵师和52个重炮连及9个轻炮连从凡尔登调往索姆河。这样，德军再也不能在凡尔登地区发动任何攻势了。德军攻占凡尔登，并在此歼灭法军主力的企图彻底破产了。恼怒的德皇撤掉了法尔肯海因的职务，由兴登堡接任德军总参谋长。9月2日，德军统帅部正式下令停止在凡尔登地区的进攻，从一些付出了巨大代价占领的要塞中撤出。

10月下旬，尼维尔将军经过充分准备，开始大规模反攻行动。他的首要目标就是失陷已久的都蒙炮台。为了夺取这座炮台，法军把500余门大炮布置在附近的高地上。3个步兵师和1个旅被加强到第一线。为了给斗志旺盛的士兵们再添一把火，战区司令官尼维尔将军亲临火线，用他那出色口才到处去发表演说，他满怀激情而又豪气干云地对参加反攻的官兵们说道：“决胜的时机就要来到了！法国要依赖你们如同以往那样的努力。你们在前几个月的英勇战斗使德国人的战斗力失去了许多，现在仍须继续保持凡尔登不可侵犯的形象……法国的种族和语言能够长存于世，而为世界所尊重，都是因为你们对于国家的希望能够给予保证，你们无愧于伟大的法国。现在英法联军正协力在索姆河沿岸进攻，并大有进展，这是很值得庆幸的。德国人的主要精力目前已不在凡尔登，但他们的企图尚未完全打消。假使有一个德国人还留在法国境内，我们就没有理由高枕无忧。德军在凡尔登的伤亡数量固然不下数十万，但他们还没有放弃他们徒劳的欲望。我们不能仅仅以抵抗敌军为满足，必须进而与敌人以最大的努力来决战。过去的战绩便是将来的战绩之保证，你们万不可放弃自己的使命。如果你们能够赢得这次具有历史意义的大反攻，便一定能得到国家与协约各国更大的感激……"

10 月 22 日，法军使用具有很大破坏和杀伤作用的爆裂弹对炮台进行了两天的持续炮击。24 日，法军终于收复都蒙炮台，德军被全面驱逐至战争开始前的战线。自此，尼维尔下令停止进攻，历时 10 个月的凡尔登战役结束。

法国增援部队赶往凡尔登

1916 年 12 月，由于在凡尔登之战中的出色表现，尼维尔接替霞飞出任法军陆军总司令。此时，尼维尔年已 60。大战开始以来，法国军队表现不佳，引起了民众的普遍不满。法国人渴望有一位英雄，而尼维尔指挥部队夺回了被德军占领的炮台，振奋了军心士气。因此，他在法国人需要的时候自然就成为了这样一位英雄。新官上任的尼维尔对于自己担任法国陆军最高统帅充满信心，因为他觉得他在凡尔登之战中已经具备了获胜的经验："这个经验是确定了的。我们的战法已经经过试验。我可以向你们保证，一定胜利。"

人们相信他，对他的所谓“凡尔登战法”坚信不疑。

尼维尔负责的是一个复杂的三头指挥部。他的两边，一边是达朗松上校，他连着政府；一边是芒让将军，他连着部队。达朗松身患绝症来日无多，但他被炽热的信念所驱使，那就是要拯救法国：“在我死之前必须赢得胜利，而我活着的时间为时不多了。”因此他极力主张发动进攻。芒让将军是法国陆军中最顽强的指挥官，他的绰号是“吃人的人”和“屠夫”。他藐视生命，甚至是他自己的生命。49岁的他是为战争而活的，从青年时起，他就把他的时间消磨在海外殖民地，不断地镇压反抗法殖民统治的土著居民。从他回国率领1个旅对付德国人时起，他几乎总是睡在沙漠帐篷里，他可以毫不迟疑地命令他的部队冲向猛烈的机枪火力。

尼维尔在这两位先生的帮助下，以其在凡尔登战役后期指挥集团军成功突袭德军防线的战法为模式，制订了他的西线进攻战役计划：法军第5、第6集团军（为第一梯队），第10、第1集团军，在兰斯和苏瓦松之间宽40千米的正面上，向伊尔松方向实施主要突击；英军第3集团军、第1和第5集团军各一部，由20千米宽的阿拉斯地域向瓦朗谢纳实施辅助突击；法军第4、第3集团军负责战役保障。尼维尔企图以优势兵力兵器，通过一次大规模的“巨人般的拳击”，一举摧毁德军西部防线，围歼努瓦荣突出部的德军，从根本上转变战场形势。

尼维尔的计划一提出，就受到法英两国政界、军方许多人的怀疑和反对。但是，尼维尔以其雄辩的口才和坚定的决心，利用协约国各国领导人急切渴望胜利的心情，先后说服了英国和法国政府，同意他的计划。

1917年1月15日，尼维尔谒见英国首相，提出他的计划。这一计划与他在凡尔登战役后期的作战计划相似。英国人对这位英俊的将军印象良好，尽管英国总参谋部的有些成员对他的计划不以为然，但最后，还是尼维尔获胜了。英国首相深信尼维尔大胆的想象力，因此下令黑格及其在法国的部队，对法国总司令要“遵从其意见”，“执行所有与作战实施有关的命令”。

法军士兵在十分严寒的气候下据守战壕

然而，事情从一开始就不太妙。许多年来最寒冷的冬天降临西欧，士兵冻伤情况十分普遍，部队中的不满情绪在不断滋长。“士兵不再知道他为什么在打仗，他们对自己防区以外发生的任何事情都不了解，他们已经丧失信心和热情。他们把他们的生活和犯人的生活相比拟。他们机械地执行任务，他们会变成最沮丧的受害者。”但是尼维尔对这些有关军心士气的情报熟视无睹。在达朗松的催促下，他加快了准备进攻的步伐。命令不断下发到各部队，他在命令中明确写道：“我坚持，暴力、残忍和迅速的标志必须成为你们攻势的特征。尤其是，第一步的突破，必须一举夺取敌人阵地和靠他们的炮兵占领的所有地区。”

尼维尔的计划，包括由法军与英军对一个巨大的、无掩护的德军突出部进行双管齐下的强击。这个计划要求英军先于法军几天向前猛冲，以吸引德军防守者向北移动。那时在南面，即无掩护的德军的侧翼，将受到法军的冲击，预期他们将冲过去，在德军的堑壕体系中打开一个70英里的缺口，然后以决定性的胜利结束战役。

闪电速度是尼维尔夺取胜利的基础，要在德国炮台被利用来对付进攻的法军之前，就把它们碾碎。指挥官要计算出他们部队随着徐进弹幕射击前进的速度，芒让夸口说，他的部队能以1分钟30码以上的速度跑步前进，并且能在至少几英里的距离内持续保持这种速度。尼维尔于是把这种速度定为标准，任何对此表示怀疑的军官都受到了压制。为此，“不断前进”这个口号没完没了地灌输到部队当中，部队进行了不断的训练，尼维尔指望在攻击开始后7小时，部队就能够渗入德军的后方阵地。

尼维尔发起的进攻比以前规模更大，组织得也更好。但是，好大喜功的尼维尔，却忘记了保密这项至关重要的工作。在凡尔登，尼维尔是靠对进攻计划进行充分的说明来鼓动部队投入战场的。这一次，尼维尔又将凡尔登的经验用上了，他下令进行堪与好莱坞报刊宣传员相比的宣传运动，作战计划都发给了士兵，目的是引导他们对决定性的胜利充满信心。同时，为了赢得对该计划的支持，他广泛散发进攻计划和指令，甚至在伦敦的宴会上对女士们公开谈论即将来临的交战。没多久，德国人对即将发生的事情的了解就同尼维尔一样多了。

德国人事先得到有关尼维尔攻势的情报，他们知道经受不住庞大对手对自己毫无掩护的突出部的钳形攻势。为了缩短战线，防止被法英联军合围，德皇于2月4日下令努瓦荣突出部的德军后撤40千米，把战线拉直。从2月25日到4月5日，德军在鲁登道夫巧妙的指挥下，实施分阶段从努瓦荣撤退，退到一系列正面狭窄的预设阵地上，这些阵地史称兴登堡防线，而德国人自己把它称为齐格菲防线。兴登堡上台后，于1916年开始修筑一个坚固的防御体系，这一体系是以鲁登道夫的“弹性防御”思想建立起来的。防线沿着称为谢曼—德—达姆的山脊修筑，防御纵深由传统的不足2千米扩大到15千米，主要防御地带前面有警戒阵地，警戒阵地与主要防御地带间设置了许多机枪火力点。主要防御地带由2～3条堑壕组成，相隔200～300米，堑壕线上筑有大量永备火力点和掩蔽部，每条堑壕前设有一道30米宽的铁丝网障碍。在主要防御地带之后，还设有中间防御地带和后方防御地带。德军的这次撤退，是3年来在西线最大的一次运动。新的阵地与纵深野战工事相结合，极其坚固，德军缩短了的防线使用不到13个师的兵力即可防守。因此，这次撤退不仅避免了敌人来自两边猛插的危险，而且多出来的部队还可以满足德军最大的需要——充当后备队。在德军放弃了那个曾经长期固守的突出部之时，他们留下了一片焦土。水井撒了毒药，建筑物残骸上埋有地雷，村庄、公路、树木和铁路都被彻底破坏。

但是，尼维尔无视德国人的撤退。因为如果他正视现实，他几个月来精心制定的方案将成为废纸。当法国部队进入这块烧焦了的突出部时，尼维尔博得了他的国人的欢呼。在各种集会上，平民们都为国家有这样一位杰出的战略家来担任总司令而庆幸。尼维尔深受鼓舞，决定继续前进，将主要打击方向定为兴登堡防线南端的谢曼—德—达姆。

德军坚固的防御工事

这时，法国政府改组，潘勒韦成为新的陆军部长。以前历任陆军部长从不过问总参谋部的决定。但潘勒韦不同，坚持自己必须拥有相应的权力。他刚刚就任部长时，就会见了尼维尔，直言不讳地告诉他，如果他在霞飞被解职时担任部长，那么担任总司令一职的将是贝当。他告诉尼维尔，他得知他的作战计划包括进攻的准确日期在巴黎已是尽人皆知，他对此深感不安。这位部长认为，除敌人有可能知道细节和确切日期外，随着德军的撤走，原先围绕攻占突出部的计划自然应该取消。

但是尼维尔只答应对计划稍作修改。他解释说，因为突出部不再存在，法国的大炮和部队将去德国前线打开缺口，然后在敌人后面扇形展开，以摧毁其堑壕体系。法国的损失将是微不足道的，因为兴登堡防线经受不住法国攻城炮的锤打。“我不担心人数，人数越多，胜利越大。”

与尼维尔的乐观不同，潘勒韦有一种大难临头的感觉。各集团军的指挥官向他提出对这一计划的许多怀疑。他们告诉部长，俄国的垮台已近在眼前。一旦俄国退出战争，那么德军就可以从东线调来许多强大的部队加强已严密设防的兴登堡防线。法国不需要单独流血，而应等到美国参战后再发动进攻。协约国得到美国的增援，就能粉碎德国军队。

1917 年 3 月 25 日，一位高级军官撰写的报告摆到了潘勒韦的办公桌上。这份报告是根据高级参谋们集体的意见写成的。该报告称德国已对法国的攻势做好了充分准备，如果法军的进攻被击退，那么法国陆军最好的几个集团军将遭到歼灭。这份报告让陆军部长胆战心惊，他立即召见尼维尔手下 3 个集团军的指挥官了解情况。结果，米什勒公然反对这次进攻，贝当也认为尼维尔的计划不会取胜，德斯佩雷也同样悲观。

陆军部长觉得不能再犹豫了。4 月 3 日，他将尼维尔请到陆军部，其他的客人中包括总理等。潘勒韦向尼维尔说明了所有不利于他的进攻计划的事实，强调了等待美国参战的巨大利益。但尼维尔不为所动，他重申了他决定进攻的理由。德国撤退，只需要对法国计划作些小的变动，任何相反的观点都是无知的产物。他再次向他的听众保证，这场大规模的进攻将在数周时间内真正结束这次世界大战。虽然美国的参战已成定局，但他认为，美国提供的任何军事援助不会来到，至少要等到下一年。而那时，所有的黄花菜都凉了。在谈到德国的防御时，尼维尔认为那不值得担忧，他充满信心地说，兴登堡防线在第一次猛攻下就会土崩瓦解。

说到这里，这位将军平息了一下自己激动的情绪，然后走到一幅巨大的西线地图前，用指挥棒横扫出一道宽阔的弧线。他高傲地宣称，所有这一切几天内将是我们的。尼维尔对他的听众十分了解，他的听众是那些哪怕是对一点点胜利都会感到激动和满足的人，更不用说是一场大胜利了。差不多3年了，法国人得到的只是失败、耻辱和失望，他们太迫切需要一场胜利了。

潘勒韦暂时被尼维尔描绘的前景吸引住了，他忘记了高级参谋们给他的报告。他拉着尼维尔的手，激动地说："将军，如果你进攻的结果，只是归还我们这片广大的领土和它所包含的一切，政府和国家将认为这是一个伟大的胜利，并将大大地感谢你。"尼维尔报之矜持的微笑："你所说的没有什么，只是一个微不足道的小小的战术胜利而已。我在埃纳河集结的120万士兵、5000门火炮和50万匹马匹，不是为了这样一点点战果的。果真如此，这场比赛是不划算的。"

然而，德国的防御体系现在已经做好了战斗准备。传统的堑壕，已被数千个布满机枪的混凝土碉堡所取代，任何机枪碉堡受到袭击，就会得到周围其他机枪碉堡的火力支援。在机枪碉堡的后面，是数千个地下掩蔽部，这些地下掩蔽部在猛烈轰击期间为防御部队提供掩护。在敌人炮火准备停止时，防守者将冲向前去，击退可能越过机枪碉堡的敌人。德军的这种所谓的"弹性防御"，是专门为迅速而彻底地挫败尼维尔进攻而精心设计的。

同时，尼维尔原来的计划假定，他的44个师将大大胜过敌人的9个师。他当时还不知道德国已从俄国和其他战线抽调足够的兵力，集结了43个满员师，沿着兴登堡防线布防。当这个情报送达尼维尔的办公桌时，他将其弃之一旁，认为这个情报不过是德国人的宣传。在进攻发起之前的一段日子里，许多指挥官，甚至是普通老百姓，不断给陆军部长写信，指出这次攻势的愚蠢。因此，潘勒韦部长又开始担心了。

4月6日，在大炮轰鸣之前10天，一个高级军政联席会议在贡比涅总统的个人专列上召开了。总统首先表明，在人力方面已感贫乏的法国，应当避免失败的风险。因为如果冒险失败，国家将遭到重大损失。陆军部长也发表了同样语调的讲话。在场的其他要员也都表示赞同总统的意见。

尼维尔仍旧一意孤行。他坚称："我不会在任何借口下卷入又一次索姆河之战的。"他预言，这次进攻将摧毁法国的消极态度。为了消除人们的担心，他作了甚至他本人也知道不能实现的许诺，如果进攻在48小时内不能成功，他将终止这场战斗，撤回所有部队。

但集团军指挥官的意见显然没有这么乐观。贝当认为："我们没有执行这个计划的人力物力。即使这个计划成功，我们也不能扩大这个计划的战果。我们有50万生力军来进行这样一次前进吗？没有。那么这是不可能的。"

面对反对意见，尼维尔不愿意妥协和放弃，他甚至以辞职相威胁："既然我不能得到政府的同意，又不能得到部下的同意，摆在我面前的唯一道路是辞职。"这下问题大发了。部长们知道，在大战即将发起的这样一个关键时刻，他们是无法向公众解释总司令辞职的理由的。尼维尔如果离去，有人将随之提出组织新内阁的要求。部长们关心的是保持国家的协调和他们自己的职位。因此，他们后退了，妥协了，即使尼维尔只获得一点点胜利，风险也就不会存在。即使发生最坏的情况，尼维尔不是已经许诺，他将放弃进攻吗？既如此，还有什么好担心的呢？最终，法国批准了尼维尔的计划，避免法国人遭受一次巨创的机会就这样丧失了。

1917年4月初，大军云集在西线。在协约国方面，从新港到伊普雷地段，是比利时集团军群；伊普雷到鲁瓦是英国集团军群；鲁瓦到瑞士国境依次为法军的北方集团军群、预备集团军群、中央集团军群和东方集团军群。在主要突击方向上，法军投入进攻的兵力为 59 个步兵师和 7 个骑兵师，5000 余门火炮，1000 架飞机，约 200 辆坦克。预定参加全战役的协约国军队共 100 多个师。而与之对垒的德军，从海边到苏瓦松之间是巴伐利亚王储鲁普雷希特集团军群（辖第 4、6、2 集团军）；苏瓦松至凡尔登的是德国皇太子集团军群（辖第 7、1、3 集团军）；从凡尔登到瑞士国境是符腾堡公爵阿尔勃莱希特集团军群。此外，预备队有 28 个师。总兵力共 151.5 个师，270 万人。在尼维尔预定的主要进攻方向上，德军配置了第 1、第 3 和第 7 集团军，共 27 个步兵师，2400 门火炮和 640 架飞机。

尼维尔攻势开始于 4 月 9 日。在那个可怕的早晨，英军首先拉开了尼维尔攻势的序幕。英军第 3 集团的 13 个师，2800 门火炮，300 架飞机，40 辆坦克，在阿拉斯以南首先发起辅助突击，英军第 1 和第 5 集团军保障其两翼的安全。英军的目标是朗斯，企图以此打通通向杜埃和康布雷的大门。英军进攻前，实施了连续 6 天的炮火准备，向德军阵地倾泻了近 9 万发炮弹。进攻的第一天，英军在 20 千米宽的正面楔入了德军第一线阵地。配属英第 3 集团军的加拿大兵团 5 个师占领了兴登堡防线西北翼的维米岭。但是，英军的进攻遭到了德军的顽强抵抗，加之遍地泥沼，英军坦克和炮兵行动困难，步、炮、坦未能协同动作，以及天气恶化，气温下降和暴风雪等原因，英军推进缓慢。到第 6 天，最远只前进 6 千米，虽然俘虏了 1.8 万名德军，缴获了 230 门火炮，加上德军伤亡 5.7 万人，但英军也付出了 8.4 万人的代价，最主要的是，英军的辅助突击并未能牵制德军，并将德军的注意力从法军的主要突击方向上引开。

当大炮仍在阿拉斯轰鸣时，由法军第 5、第 6、第 10 和第 1 集团军 120 万大军组成的尼维尔攻势的强大主力部队，就要对德军发起突击了。

4 月 15 日，进攻的前夕，黑暗降临，天气开始转为雨夹雪，气温迅

法军在用喷火器攻击德军

速下降。法军士兵们步履艰难地走向他们的出发阵地，走向他们生命的尽头。泥深没踝，上衣被淋得湿透，慢慢地耗尽了精力。到达攻击位置后，他们在大下特下的雨雪下缩成一团。指挥官开始宣读尼维尔的命令："时间已经来到！勇敢和信心！法兰西万岁！"

与此同时，在对面敌人防线的后面，德军指挥官鲁普雷希特也在向士兵们宣读德皇的电报："你们军队正在经受猛烈的炮击。法国步兵的大进攻随时都会到来。整个德国正在期待地注视着它勇敢的儿子们。为我问候他们，我的心和他们在一起。"

尼维尔把宝押在7000门大炮、1100万发炮弹和十足的信心上。在法国炮兵通宵弹幕射击期间，法国部队开始向前移动，尽管寒冷刺骨，士兵们却感到一种新的力量。当拂晓前突击的哨子吹响时，部队攀登壕内的梯子登上壕顶，指望着把敌人杀光。但当他们在泥淖中艰难行进时，他们开始失望了。

德军在法军长时间炮火准备时，主动将部分人员撤出第一线阵地，以保存实力。尽管如此，法军步兵的密集进攻仍遭到未被压制的德军机枪火力的打击和火炮的拦阻射击，遭受很大伤亡。法国的大炮尽管数量庞大，仍不可能轰击所有敌区。德国的带刺铁丝网都挂上了铃铛，当法国士兵在黑暗中撞上铁丝网时，铃铛就会发出响声。而在法国炮弹把带刺铁丝网炸毁的地方，德国人就在当场燃起黄色的火焰。在火光的笼罩下，法国进攻部队被火炮和机枪的火力所击倒。法国士兵不能绕过敌人防守的据点去进攻后方的德国阵地，只能倒伏在灌满泥浆的弹坑里。炮弹和机枪向他们扫来。到上午7时，尼维尔制定的时间表已乱成一团。法国的各个营，预定每隔15分钟就进入进攻堑壕，但由于后面的部队步履蹒跚，前面的部队又爬了回来，使得在他们后面堑壕里的人无法前进，而跟上来的人又倒在他们身上，乱成一堆。

在指挥部里，总参谋部不了解前线的攻势已经陷入绝境，却向部队发出了催促前进的命令。命令第6集团军“不要容许敌人建立连续的机枪防线。你们必须利用缺口，通过敌人抵抗的据点”。但法军可以利用的缺口不多，而这不多的缺口也都成了成千上万名法国士兵走向死亡的通道。到中午，雨和雪下得更密，使目视通信和空中观察变成不可能。炮手们看不到他们前进的部队，根据混乱的报告而指挥炮击的炮兵指挥官，以为士兵们还没有离开堑壕，于是把掩护弹幕拉回到出发点，将数以吨计的炮弹倾泻到正在前进中的自己部队头上。

在战斗中，法国人第一次大规模使用了坦克。这种坦克按照制造它们的兵工厂的名字命名，被称为“施乃德”。进攻中，法军投入坦克支援步兵作战。为了增大行程，每辆坦克外部挂了一桶燃料，结果使坦克更容易被炮火击中起火。加上天气恶劣，大部分坦克陷入泥沼，成为炮火易于命中的目标。

下午2时30分，德国人开始大举反击。到黄昏时刻，法军以巨大的代价，在部分地段占领了德军第一防御地带，个别地方突入中间防御地带，而远远没有达到尼维尔规划的前进10千米。只是由于法国士兵的勇敢，才阻止了德军进一步把他们赶回来。

大量的伤亡，把本来就效率低下的法国医疗勤务完全压垮了。进攻发起前，卫生勤务部门做好了救治1.5万名伤员的准备，但第一天的伤亡

法国士兵尸横遍野

人数就达9万人。一所医院只有4只体温表要供3500名伤病员使用。由于缺乏甚至最起码的医疗设施和条件，只得让伤病员躺在泥沼中。

尼维尔大吹大擂的“结束战争的突破”在头一天就完全停止了。48小时倏忽而逝，尼维尔再次自食其言。这时，就是他愿意他也不可能撤回他的部队了。

法国部队在前线遭到屠杀的报道在士兵中传开了，于是这样的口号在部队中响起：“打倒战争！”“打倒笨拙的将军！”甚至连军官也开始对尼维尔的战略提出抗议，他们说：“这是倒退，我们没有学到一样东西，我们还在坚持1915年的战法。当然，我们将得到传令嘉奖和勋章，但是我们不在乎。我们关心的不是荣誉，而是可以节约更多人命的较明智的政策。”

当陆军部长巡视前线时，他最担心的事变成了现实。最后，就连尼维尔也认识到，他的攻势是一场大灾难。到这时，前线的真相传开了，尼维尔要寻找替罪羊。他向潘勒韦暗示，这次溃败是芒让的过失，但他企图推卸责任的做法遭到了无情的鄙视。

尼维尔歇斯底里地发作，他跑到米什勒的指挥部，在会议室里大发雷霆，当着米什勒幕僚的面，尖声谴责米什勒。米什勒没有忍受责骂，他猛烈反击他的总司令。他大声喊道：“你想要我对你的错误负责？我，从未停止过对你的错误提出告诫。你知道这种行为叫什么吗？”他指着尼维尔责问着，“嘿，这叫做怯懦！”尼维尔在他的部下面前退缩了，他像喝醉酒似的，摇摇晃晃地钻进他的小汽车，灰溜溜地开走了。

在尼维尔进攻期间，法国官方列出的伤亡人数是9.6万人。一位后来成为历史学家的前线指挥官报告法国的伤亡人数是18万，其他人把损失定在20万以上。至于德军，他们自己承认的伤亡人数是16万人。

法国士兵是勇敢的，对战争所引发的苦难也是有思想准备的，但他们再也不肯日复一日年复一年地像猪一样被赶到屠宰场去接受屠杀了，部队爆发了反抗。在此后的两个月中，法国陆军处于瘫痪状态。

这种反抗的情绪早已存在，正式开始于1917年4月29日，然后逐渐蔓延。这也许是现代史上一支庞大军队中发生的最大兵变，徒劳无益的流血，无休无止的战斗，没有得到充分的休息，没有任何娱乐设施，官兵间无法弥合的鸿沟，后方的反战罢工和绝望情绪，敌人的宣传以及俄国发生的革命，所有这一切累积在一起，导致了法国兵变。整师整师的部队拒绝执行命令，“兵营贴满了布告，宣布士兵们拒绝再回到堑壕去，奉命上前线去的一个营在树林中解散了。回家休假的士兵在火车上高唱《国际歌》，要求和平。在16个不同的军团中都发生了兵变，许多青年士兵游行穿过一个法国城镇的街道，学着羊的咩咩叫声，表示他们就像羔羊一样被赶赴屠场”。

在最危急的日子里，只有两个可靠的师屹立在巴黎和德军之间。万幸的是德军当时对法国的混乱局面一无所知。法国最高统帅部曾担心德军可能向俘虏搜集这方面的情报，因此不断调动前线的部队以迷惑敌人。所有被俘的士兵连提也没提这次反抗的事。法国兵反抗的是无能的领导，但他们不是叛国者，这是法国的幸运。倘若德国人了解实情，其后果当真是不堪设想。

军方领导人企图蒙骗政府，称这种反抗为“集体无纪律”行为，但纸终究是包不住火的。在反抗表面化的同一天，惊恐的政府得出结论，如果法国要生存下去，尼维尔必须滚蛋。当尼维尔的进攻转化为大屠杀后，有人直率地要他为了法国的利益而辞职。陆军部长正式提名贝当为总司令，好大喜功的尼维尔连同他的大话全完蛋了。

第六章

点燃地狱之火的纵火犯

——索姆河战役的指挥者

就在凡尔登战场上法德两军进行浴血厮杀的时候，1916 年 6 月底，英法军队向德军发动了第一次世界大战中规模和伤亡最大的一场战役——索姆河战役。在这场持续 4 个月之久的战役中，交战双方统帅无视士兵生命，造成双方巨大的伤亡。英军总共损失了 42 万人，法军损失了 20 万人，而德军则损失了 65 万人。索姆河战场也因为成了当时的人间炼狱而闻名于世，而那些发动和指挥这场战争的人则成为点燃地狱之火的纵火犯。

1

英国首相劳合·乔治

索姆河战役使几十万英国士兵丧身异国他乡。而谁要对这样巨大的伤亡负责呢？英国人大多把责任归罪于战役的指挥者和国家的决策者。1916 年 11 月，时任英国首相阿斯奎斯因索姆河战役中英军的重大伤亡而引咎辞职，接替他的是劳合·乔治。而实际上这位英国人新选上来的首相与索姆河战役有着脱不掉的干系。正是这位新首相在第一次世界大战期间任军需大臣、陆军大臣等职，为前沿提供着源源不断的人员和物资。随着战争的不断深入，英国传统的兵役制度已经远远不能应付大规模战争的需要了。劳合·乔治就是积极推动英国改革志愿兵役制为征兵制的政治家之一。擅长演说的劳合·乔治多次到议会慷慨陈词，支持实行征兵制。1916年5月英国通过了普遍兵役法，使大战的人员得到充分的供应。要知道，此前英军司令黑格在法军总司令霞飞劝他发起索姆河战役时最担心的就是兵源问题。听到英国通过普遍兵役法的消息后，霞飞迅速跑到黑格的办公室，喜出望外地告诉黑格："司令，你的兵源问题解决了！"应该说把数十万的英国士兵送上索姆河这个人间地狱，劳合·乔治也难卸其责。

英国首相劳合·乔治

劳合·乔治喜欢把自己归为平民，总是说自己出身卑微。在他任首相期间，唐宁街十号的造访者感觉他们置身于移自威尔士北部某个繁荣的海滨小镇的家庭。他和夫人都不喜欢拜访宏伟的皇宫，他还非常讨厌与国王和王后待在一起。

1863年1月17日，劳合·乔治出生于曼彻斯特一个普通教师家庭，父亲在他不足两岁时就去世了，母亲带着他到威尔士投靠他的舅舅。他的舅舅是一个手艺精湛的补鞋匠和非神职布道者，在当地小村庄德高望重。劳合·乔治的舅舅给了他无微不至的关怀和大力支持。当年少的劳合·乔治发现自己失去对上帝的信仰时，作为非神职布道者的舅舅原谅了他。当他决定学习法律时，他的舅舅又提前一步学完法语语法以帮助他达到语言要求。当没钱没势的他下了巨大赌注决心从政时，他的舅舅一如既往表示支持。

劳合·乔治天生适合从政。他擅长演讲，喜欢唇枪舌剑。他的演讲，感人而充满睿智，亲切而鼓舞人心。他就像个优秀的演员，很善于控制听众，他对询问演讲技巧的某个人说：“我时而停顿，时而伸出手让他们向我靠拢。那时他们就像孩子，而且是小孩子。”他反应敏捷，总是对所讨论的话题驾轻就熟。

1890年，在舅舅的支持下，劳合·乔治在卡那封自治市补缺选举中获胜，进入议会，开始了他的政治生涯，并在这一席位上坐了55年。很快，他便以大胆、具有魅力、机智和掌握辩论的技巧而蜚声下院。1895年选举后，自由党处于在野地位长达10年，在这期间劳合·乔治成了自由党激进派领袖。当英国向南非小共和国布尔宣战时，他强烈反对布尔战争。在伯明翰演讲时，他公开指责这是一次“非正义的战争”，而且不值得大英帝国为之一战，表示了坚决反对的态度。愤怒的人群涌向讲台，差点让他丢了性命。此举在后来给他带来了巨大的政治回报。当英国人磕磕绊绊终于取得来之不易的和平时，劳合·乔治成了国家领袖。

1906年，劳合·乔治应邀入阁，主持对外贸易部。任职期间，他提出了一些重要立法，如1906年的商船法和专利法，稍微改善了海员的生活条件，保护了英国人的发明创造权。1908年通过的伦敦港法案，建立了伦敦港务局，使对外出口有了一个统一的协调机构。1907年秋，英国铁路工人酝酿罢工，劳合·乔治出面调停，他邀请劳工纠纷双方与他坐下来一同解决矛盾。这在当时是非同寻常的创新之举！一位曾亲见他解决这次铁路纠纷的目击者说：“他就像拨弄乐器琴弦一样摆弄那些人，时而请求，时而劝说，一会儿不苟言笑，一会儿轻松有趣，一会儿又威胁恐吓，真是变化多端。”最终事情获得解决，他的政治声誉也随之大大提高。

1908 年 4 月，劳合·乔治担任财政大臣的职务。当时国际形势日趋紧张，德国力图称霸世界，大力扩建海军。英国为保持海上霸权也积极建造无畏舰，海军经费空前增长。在国内，由于资本主义的发展，小自耕农濒于破产，工人阶级贫困化以及失业问题日益严重，需要改善经济情况以缓和阶级矛盾。那时地方税收已超过负担，前财政大臣又留下1600万镑的财政赤字。劳合·乔治认为，要解放财政收支，增加国库收入，必须用社会改革的手段来寻找出路。

1909 年，劳合·乔治向国会提出一项财政预算案，用巨额军费发展海军，同时用低金额的费用作为失业、疾病及残废保险金。为解决经费的来源，他提出增收财产附加税，规定对每年收入在 3000 镑以上的有产者，税收从原先交 1 先令提高到 1 先令 2 便士；每年收入在 5000 镑以上的，其超过 3000 镑的部分，课以一笔超额所得税。此外，还要增加遗产税、酒贩执照税，并开征烟酒税，以后又提出征收土地税。

劳合·乔治的预算案遭到地主资产阶级的强烈反对。经过激烈的舌战，预算案在下院还是通过了。但提交上院讨论时，因自由党和保守党争吵不休而被搁置起来。最终英王爱德华七世从中斡旋，1911 年 8 月 10 日通过了“议会法”。这使议会两院的法律关系第一次由成文法作了规定。这项法令载明，财政法案为“一件公共关系法案”，每一个财政法在经过下院议长认证后，上院不得加以修正或否决，一俟英王批准立即成为法律，从而剥夺了上院讨论财政法案的权力。其他一般法案，上院只能否决两次，若下院连续三次通过，并经英王批准，即可成为法律。这样，劳合·乔治便获得了胜利。

20 世纪初，英国国内的阶级矛盾激化。工人罢工此起彼伏，劳资关系十分紧张。劳合·乔治出任财政大臣期间，为了缓和国内的阶级矛盾，维护资产阶级的统治，实行一些改革，如：取消企业主强迫工会赔偿“罢工损失”的权利；矿工 8 小时工作制；规定 70 岁以上的老工人可以领取“养老金”；建议成立全国劳工所和行业委员会，作为调解劳资关系的机构等。特别是在 1911 年颁布“国民保险法”，规定“保险金”分为两部分：一部分用于工人的疾病和残疾，一部分用于工人的失业“补贴”。法案规定“保险金”按不同比例由国家、雇主和职工分担。这些改革措施，虽然不能从根本上解决英国国内的阶级矛盾，但毕竟暂时缓和了劳资矛盾。

1914 年 8 月第一次世界大战爆发，这为劳合·乔治提供了更为广阔的舞台。1915 年 5 月，为解决前线暴露的军火供应严重不足的问题，时任英国首相阿斯奎斯任命劳合·乔治担任新成立的军需部部长。为解决军火问题，劳合·乔治想尽了办法：不准以私人利益阻挠国家公务或危害国家的安全，职工会章程暂停实施，雇主利润加以限制，熟练工人必须在工厂，有关私营厂交由国家管理以及增建新的国营厂等。1915 年 7 月，他还公布了军需品法，对罢工的工人和停工的雇主同样给予严厉的惩罚，并严格限制军需机构的利润。这一系列举措，保证了军火生产大幅度增长，从根本上缓解了前线对武器弹药的需求。难怪丘吉尔称颂他：“劳合·乔治具有非凡的洞察力和勇气，他随机应变——措施影响深远，计策新颖奇特。”

劳合·乔治憎恶战争，战争之前，他从未考虑过军事问题，但战争爆发之后，劳合·乔治对军事形势非常关切。他曾对一位工党代表说：“一旦你已经卷入，就必须坚强地打完，否则一切都白费。”1915 年后内阁分成东线派和西线派，各自认为东线或西线是决定胜负的关键。劳合·乔治属东线派。联军在萨洛尼卡战役中失利后，他建议从西线至少抽调100万军队加强东线。虽然战争形势的发展证明东线派的主张并不切实可行，他仍坚持而不改变。

随着战争的进行，依靠志愿兵制远远不能补充战争中损失的兵员。他在1915年秋主张实行征兵制，最初遭到自由党人的反对。经过激烈的争论，1916年5月内阁终于通过了普遍兵役法，使大战的兵员得到充分的供应。索姆河战役也就是在此基础上才得以为继的，也正是这个法案让更多的英国青年走上索姆河战场而一去不回。

1916年，劳合·乔治被任命为陆军大臣，代替殉职的霍雷肖·赫伯特·基钦纳元帅。当时大战的进程对协约国不利。西线双方处于胶着状态。而在东线，俄国军队战斗不力；罗马尼亚在8月参加协约国，不久即为德奥联军所败。英法军队鞭长莫及，无法援助。劳合·乔治敦促内阁采取有效措施救援罗马尼亚，未能奏效。罗马尼亚实际上退出了战争。12月1日，他向首相建议指派由4人组成的战时内阁，其中，首相并不包括在内。在遭到首相拒绝后，他提出辞呈。保守党的内阁成员也一致认为“政府照原样是拖不下去了”，企图迫使阿斯奎斯辞职。12月5日，阿斯奎斯辞职。英王乔治五世任命劳合·乔治组阁。12月6日，劳合·乔治就任首相，直至1922年。

劳合·乔治这时处于权力的顶峰，但自由党的内阁成员绝大多数与阿斯奎斯同时辞职，只有保守党人与他合作。他首先建立了由5人组成的“战时内阁”，目的是要摆脱各部的领导以便全力指导作战，并把过去各部对内阁负责制改为对首相负责制，以加强首相的职权。

在军事上，劳合·乔治担任首相后，一意孤行，推行他的东线派主张，与当时担任总司令的道格拉斯·黑格元帅和帝国参谋总长威廉·罗伯特·罗伯逊元帅意见相左。他越过总司令和参谋总长而单独指挥。1917年年初，俄国发生革命，与德国单独媾和，使德国能抽调大量兵力支援西线。劳合·乔治却不顾西线危急，仍要抽调5个师的兵力增援意大利，使其免遭奥军击败。

劳合·乔治和霞飞、黑格在一起

劳合·乔治为应付这一严重危机，采取两个步骤：主张联军统一指挥；要求美国总统伍德罗·威尔逊立即派出军队参加大战。劳合·乔治不与黑格和罗伯逊协商，便同意由法国元帅费迪南德·福煦担任联军统帅。而对黑格要求增援则置之不理，致使其兵力遭到巨大损失。为此，原在陆军部担任要职的毛里斯爵士发表了一封公开信，指责他在西线的错误。这件事使自由党进一步分裂，以阿斯奎斯为首的自由党约100名议员投票反对他，使他在自由党内处于少数派的地位。

1917年1月31日，德国实行了"无限制"潜水艇战术，使英国处于饥饿威胁之中。为克服这一困难，英国政府于1917年通过一项法令，保证有利于农场主的农产品的价格，并规定了农业工人的最低工资，使农业生产有所增长。在1918年实行了粮食配给制。劳合·乔治还解除了第一海军大臣约翰·杰利科元帅的职务，并成功地使下一任海军大臣戴维·贝蒂同意采用护航制度，并取得了很大的成果。

大战结束后，劳合·乔治踌躇满志，认为政治地位稳固，于是在1918年12月就匆忙进行大选，以确立其战后的地位。竞选中，劳合·乔治领导的自由党与保守党联盟提出了蛊惑性的纲领，说如果在选举中获胜，将采取坚决措施改善人民群众的状况，首先是全体工人阶级的状况。劳合·乔治提出了“把英国变成一个无愧于战场归来的英雄们的国家”的选举口号。结果，联盟在707个议席中取得了484席，劳合·乔治连任英国首相。

1919年1月11日，刚刚组成新政府的劳合·乔治率领英国代表团出席巴黎和会。他与法国总理乔治·克莱孟梭和美国总统威尔逊勾结在一起，操纵和会，力图按自己的意图重新瓜分世界。英国不愿意听任法国称霸欧洲大陆而与自己抗衡，不赞成过于削弱德国，给了德国军国主义的复活以可乘之机。

大战结束后，英国并没有出现经济繁荣，而是生产下降，失业人数上升，到1921年6月失业人数达到258万人，国内阶级矛盾尖锐，罢工运动高涨。为缓解社会矛盾，劳合·乔治政府对工人阶级在经济上作了一定的让步。政府实行了复员军人就业前发给补助金的制度，军火工业工人因军事企业停工而失业也发给补助金，并通过了住宅建筑计划。

1919年1月，爱尔兰人民在新芬党领导下在都柏林市府大厦举行会议，成立爱尔兰议会，宣布成立爱尔兰共和国，新芬党领袖瓦勒拉当选为共和国总统。英国政府企图以武力镇压，激起国内工人阶级义愤，工人纷纷提出抗议，统治阶级内部也出现意见分歧。劳合·乔治于1921年7月11日与新芬党签订停战协定，并于12月6日缔结条约，宣布爱尔兰南部26郡为爱尔兰自由邦，享有自治权利，而工业最发达的北爱尔兰6个郡则仍处于英国殖民地的地位。他对爱尔兰的让步引起了保守党对他的强烈不满。

与此同时，英国在对外政策上的失利，加深了劳合·乔治政府的危机。第一次世界大战后，英法等国企图利用土耳其战败国的地位夺取其在欧洲所占有的领土。土耳其人民掀起了民族解放斗争，成立以凯末尔·帕

1923年劳合·乔治与女儿前往纽约访问途中

夏为首的大国民议会政府。英国支持希腊发动对土战争，结果希腊军队在希土战争中遭到惨败，于1922年10月签订停战协定。表明英国对土耳其政策的彻底失败。对于新生的苏维埃政权，英法等帝国主义的武装干涉亦被粉碎。

劳合·乔治为摆脱1920年的经济危机，扩大对外贸易，在1920年11月末开始英苏贸易谈判，并于1921年3月16日签订贸易协定。劳合·乔治说："我们使用武力不能恢复俄罗斯帝国。我相信，我们借助于商业便可达到这一目的，并拯救俄国。"

以上一系列内政、外交上的失利，使联合政府内部发生了分裂。保守党与劳合·乔治为首的自由党联盟发生意见分歧。1922年10月19日，保守党人在卡尔顿俱乐部召开大会，经过激烈的争论，以187票对87票通过终止与自由党联盟的提案。劳合·乔治由于失去保守党的支持，陷于困境，便在同一天提出了辞呈。

劳合·乔治曾几次想重振旗鼓，提出煽动性的口号参加竞选。但他的一切努力都告失败。以后，心灰意冷的他便开始从事写作，先后发表了《大战的回忆》《关于和约的真相》等著作。第二次世界大战爆发后，丘吉尔曾邀其再次入阁，他以健康原因而拒绝。1945年1月1日，英国政府授予他男爵的称号。1945年3月26日逝世。

2002年，劳合·乔治入选BBC评选的最伟大的100名英国人。2004年，在MORI的一个调查中，他的评价在20世纪英国首相中位列第三，仅次于艾德礼和丘吉尔。

2

英国远征军司令黑格

道格拉斯·黑格，这个名字注定要和索姆河战役紧紧地联系在一起。由于这是一场造成数十万人伤亡的战役，作为战役的发动者和协约国的最高指挥官，黑格获得这样一个外号："索姆河的屠夫。"虽然这场战役从客观上牵制了德军力量，使德国发动的凡尔登战役以失败而告终，重创了德军的士气，德国损失的大量精锐一时难以补充，因而严重地影响了德军后续的作战行动。但无论这次战役是否成功，都始终伴随着这样的争议：大部分历史学家都认为在这次战役中英军投入了 55 个师，法军投入 32 个师，付出了包括 42 万英国人和 20 万法国人的重大伤亡，却仅仅只向前推进了 12 千米，取得这样的战绩实在是无足称道。

道格拉斯·黑格 1861 年 6 月 19 日生于爱丁堡，其父约翰·黑格是一位富有的苏格兰酿酒业主。殷实的家庭条件使他有机会到牛津大学的克利夫登和伯拉森诺斯学院接受良好的教育，并于 1884 年进入桑赫斯特皇家军事学院学习深造。在校学习期间，他异常刻苦，学习成绩优异。1885 年，他以全班第一名的成绩完成了在桑赫斯特的学业，进入第 7 轻骑兵团服役。随后的 9 年间他曾在英国服役，但主要还是在印度担任骑兵指挥官。第二次布尔战争中，黑格负责指挥第 17 枪骑兵团(即著名的"勇敢与光荣之子"团)在开普省与斯马特的游击队作战。可能是由于这段骑兵的经历，使他对骑兵情有独钟，无论走到哪里都穿着黑亮亮的带着马刺的长筒战靴，固执地认为骑兵是战场的主宰，从思想上排斥其他兵种。他还一直致力于对骑兵的研究，并于 1907 年出版了《骑兵研究》一书。

出身于骑兵的黑格对骑兵有着终生的偏爱

黑格是当时英军中一位极其出色的战将，他意志坚如铁，勇气似虎狼，善于组织和训练士兵，颇受上级赏识，在仕途上也一帆风顺。1899 年，黑格担任约翰·弗伦奇爵士的参谋长，晋升为上校。1903 年，黑格返回印度，在基钦纳的手下担任监察长。1905 年，黑格晋升为少将，成为当时英军中最年轻的将军。1906 年，黑格成为陆军部军事训练局局长。在这 3 年的任期内，他协助完成总参谋部和地方自卫队的组建工作。此外，他的另一个重要职责是为和德国之间可能展开的战争建设一支英国远征军。1909 ~ 1912 年，黑格担任印度军队的总参谋长。任期中，他于 1910 年晋升中将。1912 年，黑格接管在阿尔德肖特的指挥权。1914 年 8 月一战爆发，黑格在远征军司令约翰·弗伦奇爵士手下负责指挥英国远征军中的第 1 兵团。由于在战争中表现活跃，黑格很快晋升为上将。1915 年 2 月，黑格升任第 1 集团军司令。1915 年年末，黑格的上司弗伦奇由于不能适应这场战争，面对获胜的机会往往迟疑不决，引起了英国领导层的不满。1915 年 12 月弗伦奇被调回到英国，黑格便取代了饱受责难的弗伦奇担任英国远征军的新司令。

黑格能如此迅速地得到提升，与他能征善战不无关系。在尼罗河战役期间，黑格参加了 1898 年 4 月 8 日的阿特巴拉河之战和 9 月 2 日的乌姆杜尔曼之战。1909 ~ 1912 年，黑格在第二次布尔战争中表现也十分活跃。第一世界大战开始后，他指挥第 1 兵团先后参加了蒙斯之战、马恩河战役、第一次伊普雷战役。在“奔向大海”之战中，第 1 兵团在皮卡第和阿尔图斯进行了大规模的战斗。这些战斗中，黑格的表现十分抢眼，深受军方的好评。这些战绩也为他最后能顺利接任英国远征军司令铺平了道路。

当上总司令没多久，黑格就面对着一个严酷的考验：英法军队与德军在西线陷入了僵局，消耗了大量的力量。因此，必须在某个方面打出去，以进攻来打破目前的西线僵局，彻底地扭转战场的形势。

早在1915年年末，法军统帅霞飞就向英国远征军统帅黑格提出，要在第二年夏季发动一场大规模攻势，地点在索姆河地区。对此，黑格最初不以为然，因为他十分清楚索姆河地区是个钢铁堡垒，但很难说有什么太大的战略价值，对这样的防线发起进攻在军事上是极不理智的。实际上，自从1914年马恩河会战后，英法联军就和德军东西对峙在索姆河沿岸。足足有1年多的时间，战争双方在这一带相安无事，以致索姆河地区成为了整个战线上最平静的地区。德军利用这段时间从容地加固了防线。在沿河的南北两个方向上，德军用坚实的白垩土精心构筑了纵横交错的堑壕工事和地下坑道网。黑格在给英军统帅部的电文中写道："德国人已不辞劳苦地把这些防御工事变成坚不可摧的堡垒。"黑格并不是不想进攻，他也十分渴望用一场出色的进攻战役来打破西线的僵局，不过他有自己心目中的理想攻击地，例如像佛兰德这样防御比较薄弱的地区。

黑格（中）与霞飞、福煦在一起

但是经不住霞飞的劝说，黑格最终还是相信在索姆河地区发动一场攻势真的可以击溃德军的防线，因而同意了他的战役计划：由法国3个集团军和英国两个集团军在索姆河两岸实施大规模战略进攻，力争打破西线的僵局，为而后转入运动战创造条件。依据这一战役计划，英法联军应该迅速突破德军的防线，在西线取得决定性的胜利。黑格陶醉于这个构想之中，兴奋莫名。他说，他可以在一天之内将德军切为两段，他将命令骑兵严阵以待，等到冲锋号一响，就可以拼命狂奔，冲向敌人，一举粉碎敌人。

然而，出乎黑格意料的是，德军也有相似的企图，而且动作更快，所不同的是德军的突破点选在了凡尔登。德军在凡尔登方向突如其来的顽强进攻，给他的盟友法军造成了相当大的压力。惨重的伤亡和德军一天紧似一天的进攻，使法军疲于奔命，大量的法军预备队被用到了凡尔登方向，根本无法进行索姆河战役的准备。这样索姆河战役的重担就完全落到了黑格和他指挥的英国身上了。

为了应对突如其来的战场变化，黑格与霞飞商定对预定的索姆河战役计划进行更改：将原计划中的突破正面由70千米缩小为40千米，参战兵力由64个师减少到39个，其中法军的兵力减少64%，突破地段压缩为15千米。他们最后确定的进攻阵容是：英军方面由第3、第4集团军参战，共25个步兵师；法军方面是第6集团军，共14个步兵师。战役的主要突击力量也就由法军改为英军第4集团军担任，其所辖的5个兵团成一线展开，主要任务是突破德军在索姆河以北的第4和第6集团军的防御，预备队由2个步兵师和3个骑兵师组成；法军共分两个梯队，主要任务是沿索姆河以南向东突破，然后向北协助英军第4集团军行进，向康布雷方向发展。战役总预备队是英国的2个军和法军第10集团军（辖4个军）。这样，在将要发起的索姆河战役中唱主角的就将是英国远征军及其附属国加拿大远征军。

索姆河战役中的黑格

为了顺利达成战役目的，黑格要求自己手下的将士们认真做好战役准备。在为期5个多月的时间里，英、法军积极地进行了大规模的周密准备。在进攻地带，从后方到前线铺设了250千米的铁路和500千米的窄轨铁路，并修建了6个机场150个混凝土场地，还构筑了堑壕、交通壕、掩蔽工事和躲避炮兵火力的掩蔽部、各种仓库。为了获得充足的水源，他们还挖掘了2000口小井。在物资准备上，他们更是集中了开战以来的最大力量，集中了约840余万发炮弹、3500门火炮及300多架飞机。这样，英、法军在每千米的突破正面上，兵力和兵器的密度达到了1个步兵师和近90门火炮。除此之外，英、法军对预定参战的师，还进行了一系列专门的野营训练，模拟德军防御演练突击的方法，采取在炮火射击的配合下，步兵对防御阵地进行逐步攻击、向前推进的协调作战，还练习了与航空兵的协同动作。在武器装备方面，轻机枪、枪榴弹筒等新式武器已装备到了团、旅、师。总之，英、法军队为保证战役的成功，在突破地带对德国形成绝对优势，其步兵超过3.6倍，炮兵为1.7倍，航空兵将近2倍。在进攻开始前半个月，英、法军一切进攻准备就绪，任务按三个进攻阶段作了严格划分，规定了协同动作的严格体系。黑格对他的部队能够迅速突破德军的防御阵地，顺利完成整个战役任务充满了自信。

为了实施好整个进攻计划，黑格还从英国国内及印度、新西兰、澳大利亚、加拿大等英国殖民地调来了大批支援部队。不过，英军多年不在本土外打大仗，缺乏重炮和弹药，所以黑格不断把计划发起时间推后。这一推后不要紧，可急坏了法军的总司令霞飞。随着凡尔登战事越来越激烈，霞飞不断催促黑格提早行动，还特意从法国军队中拨出了100门重炮支援英国人。1916年5月26日，黑格在日记上写道："我提到的进攻时间是8月15日，霞飞马上显得很激动，大声说：'如果到那时我们还无所作为，法国军队就要被消灭了。'。"最后，经不住霞飞无休止的劝说，黑格只得决定把进攻时间提前。

1916年6月24日，黑格下令对对岸的德军阵地开始实施炮火准备。于是，隐蔽部署在索姆河西岸的英、法军炮兵群对德军阵地开始了最大规模的炮击。1400门轻重火炮一齐怒吼，无数的炮弹呼啸着砸在了德军阵地上，到处沙石飞扬，树木横飞，硝烟遮天蔽日，不时有德军的掩体和障碍物飞上天空。在德军阵地上空，英、法军的校射飞机不停地盘旋，给地面炮兵指示目标，纠正弹着点；同时，战斗侦察机则不时地向德军阵地扔下炸弹，而后俯冲扫射。至6月30日夜，英、法军先期火力打击持续了整整一周，发射了比大战头11个月在英国制造的炮弹还要多的炮弹——150万发，最激烈时平均每分钟要落弹3500发。炮击把德军阵地上的铁丝网炸得七零八落，大部分掩体已不复存在，堑壕和第一阵地的交通壕被夷为平地，德军第2集团军的观察和通信配系被摧毁，许多炮兵连失去了战斗力。此间，英、法军还向德军阵地不定期地发射化学炮弹。6月30日夜晚，炮击到了最后阶段，也达到了最高潮，准备投入进攻的英、法军士兵都爬出他们的堑壕，感叹地观看着战争史上的奇景，德军阵地上炮弹爆炸的闪光多如繁星，与夜空中的星星连成了一片。面对如此猛烈的炮火，索姆河东岸的德军士兵只能钻入深深的地下工事，躲避着倾泻而下的炮弹。难怪后人将这7天称作"钢铁熔炉中的7天7夜"。

透过望远镜，黑格对炮火准备的强烈震撼效果感到十分高兴。他相信经过连续的炮击，德军阵地上的碉堡、铁丝网、战壕均已“无复完卵”，地面部队将势无阻挡地在德军阵地上横冲直撞。但他这种愉悦的心情很快就被连绵的阴雨扰乱了。就在英法联军以炮火猛击德军阵地的第 4 天，天公不作美，突然下起雨来，而且连着下了 3 天。守候在堑壕里的英军步兵吃足了苦头，一个个弄得泥泞不堪。更重要的是，如果到 7 月 1 日还不停雨的话，步兵的行动无疑将受到极大的影响，突袭作战的效果就要大打折扣了。这无疑让黑格欢喜的心头又多了一丝愁云。

幸运的是，到了 7 月 1 日天终于放晴了。黑格欣喜若狂地向他的地面部队下达了进攻的命令。早晨 7 时 30 分，英军的阵地上突然响起了刺耳的军号声，担任主攻的 10 万名英军士兵爬出战壕，在手执传统鞭子的军官的率领下，开始向德军阵地发起冲击。他们以为德军在前几天的猛烈的炮火覆盖下，肯定已丧失斗志，无力抗击了。英军居然像上一世纪的战争那样，排成了整齐的方队大摇大摆地向德军的阵地展开进攻。由于每个士兵要背着多达 220 发的子弹，2 颗炸弹，许多士兵还带有野战电

英军爬出战壕准备发起冲锋

话设备、铁镐、铁锹和通信鸽的箱子，每人负重达30千克，因此他们的动作非常的缓慢。他们分几个波次实施攻击，每个波次的士兵几乎都是肩并肩排成长长的横列，斜举着步枪，步履缓慢地却十分自信地向德军阵地前进。英军大部分都是新兵，他们刚刚从国内调到前线，第一次参战，毫无经验，而且训练和装备都不足。但他们却和他们的指挥官一样充满了自信，以为只要他们爬出堑壕向前进攻，就可以一口气冲到柏林。可怜的士兵们不知道，死神已经离他们不远了。黑格对这次进攻显然也充满了期待。当战役开始时，坐在远离前线的办公室中，黑格在日记中得意洋洋地写道："所有的报告都是令人满意的，我们部队处处都越过了敌人的正面堑壕。"

然而，事实却大出黑格和他的士兵们的意料。联军的炮火尽管猛烈，但是很不均匀。英军的炮群里大都是轻型火炮，不足以摧毁德军的坚固的工事。在发射的150万发炮弹中，有100万发是榴霰弹，在空中爆炸后落地成粉碎状小铅球。这种炮弹可以重创露天阵地上的敌人，但是对藏在深深掩体里的德军并没什么伤害。所以，英军发起冲锋时，德军阵地上的铁丝网和火力点大都还完好，而德军尽管被前几天的炮击打得昏头涨脑，却也都还活着。于是，一场惊心动魄的大屠杀开始了。当英法军队接近正面堑壕时，德军的机枪火力像刮风般地扫射过去，各种火炮猛烈开火，覆盖了英军的所有进攻地带。英军成片成片地倒下去了，后面的人继续冲上来，又倒下，再后面的人再冲上来，再倒下。战场上尸积如山，血流成河，这种场景甚至让德军射手的手都发抖了。英军前仆后继地凶猛进攻，在个别地段也终于冲进了德军堑壕，双方展开了你死我活的白刃战。血腥的战斗整整进行了一天，英军死伤了6万多人，却只夺占了4.8平方千米的土地，开创了英国军队作战史上伤亡最大的纪录。战后，黑格一想到这一天就会忍不住心痛万分。

黑格几乎无法相信第一天的进攻就会造成英军如此巨大的伤亡。他愤怒了！他愤怒于他那“完美”的突袭战术居然未能生效；他愤怒于他的部队付出了如此沉重的代价，却未能突破德军在索姆河的防线。于是他不顾一切地向前线调去部队，发出了继续发起进攻的命令。“就是铜墙铁壁，我也要将它烧熔！”

英军冒死冲锋造成巨大的伤亡

黑格看到左翼受阻，无法前进，为了能够集中兵力在更窄的地段上达成突破，他决定对攻击计划进行修改。他把主攻方向暂时限制在右翼第4集团军进攻正面翼侧的第13、第15和第3兵团的方向上，其余的第10和第8兵团离开右翼调到预备队，担任防御任务。第二天，英军不顾伤亡地再次发起凶猛进攻，一步一步地顺着山势与德军逐个堑壕地争夺。而德军因为在凡尔登大量消耗了兵力，无力在索姆河发起大规模反击，只能顽强固守。7月14日夜，英军在进行了猛烈的炮火打击后，趁黑暗冲进了德军阵地。经过一夜战斗，英军取得了一些进展。不过，天亮后英军又陷入了残酷的阵地战中。双方日复一日地在迷宫般地防御工事中进行着混战，英军不断加大进攻兵力，而德军也被迫把部队投向索姆河防线。7月9日德军已大大加强了兵力，使得双方的兵力对比从英、法军占2.8倍的优势下降到只占0.6倍，这对于处在进攻一方的英、法军来说，已算不上什么优势了。因此，虽然英、法军士兵冒死冲锋，但依然进展缓慢，双方很快进入胶着状态。

经过近半个月的战斗，黑格不得不正视这样一个无情的事实：英法军想迅速突破德军防线是不可能的，原先的战役企图在德军顽强的防御面前已经无法完成。在这种情况下，黑格改变了自己试图一举突破德军索姆河防线的计划，转而想通过拼消耗来拖垮德国。他与法国将领及部下反复商议定下决心："我们协约国方面，无论在人力还是物力上都占有优势，如今德军已放松了在凡尔登方向的进攻，因此我主张下一步我们应该采取消耗战的方针，以连续不断的小规模进攻来削弱德军的力量，逐步改变我们和德军的力量对比，然后在 9 月份再发动大规模进攻，我相信，到那时我们的进攻将会奏效。"

于是，一场增加兵力兵器的特殊竞赛代替了大规模的战役进攻。自 7 月底到 9 月末，双方的战斗演变成了反反复复的局部争夺战。英军进攻 90 次，而德军则反攻 75 次。双方不断地偷袭与反偷袭，强攻与反强攻，战场上终日重复着机枪屠杀与白刃格斗。在不到 5 平方千米的土地上，英军倒下了 8 万士兵，德军也损失了 6 万人。如此巨大的伤亡，使这场战役和凡尔登战役并列为人类历史上最为血腥的战场屠杀。

巨大的伤亡与黑格的作战方法往往简单粗暴不无关系，他看不到机枪和新式火炮给战争带来的巨大变化，固执地认为："战斗的胜利取决于士气和决心。"黑格凭借其坚定的意志无视大量的人员伤亡，坚持发动猛烈的直接攻击，最终把索姆河变成了一个屠宰场。他的战术也因此一直遭到很多人的批评，被认为是有着深刻缺陷的。也有人为黑格辩护，认为黑格主要受制于必须在西线持续援助法国人所产生的压力。不过值得一提的是，黑格在索姆河战役中干了一件足以影响整个世界战争发展史的大事，他在"超级装甲迷"富勒的鼓动下，把刚出世没多久的坦克送上了战场，此乃军事史上坦克第一次上阵冲杀，揭开了装甲战时代的序幕。

相对于要对这场战役后果负责的其他领导人来说，黑格无疑是幸运的。由于这场战役协约国的所得和所付代价相比是微不足道的——以伤亡 61 万人的代价却只夺取了 10 千米宽的一条 50 千米长的狭长地带，最主要的是这一地带并无多少战略价值。因此，霞飞的军事经历由此而告终，法国总理白里安因为战事不利下台了，英国首相赫伯特·阿斯奎斯的位置也因此被劳合·乔治所取代。只有黑格不但经受住了政治大风暴，甚至还升为陆军元帅。

3

法国总理白里安

索姆河战役对许多人的政治生命产生了重大的影响。时任法国总理阿里斯蒂德·白里安就是因为战事不利而引咎辞职，失去他的总理宝座的。

阿里斯蒂德·白里安，法国著名的政治家、外交家，法国社会党创始人，曾经 11 次出任法国总理，第一次世界大战结束后因主张对德和解获得诺贝尔和平奖，以非战公约和倡议建立欧洲合众国而闻名于世。

1862 年 3 月 28 日，白里安生在一个旅店主家庭，读高中时学习过希腊语和拉丁语，后在巴黎学习法律。这一经历使白里安得以经常在周末与小说家儒勒·凡尔纳一起散步。毕业后，白里安以律师和新闻记者为业。

1893 年白里安在巴黎《路灯报》工作并开始步入政坛。白里安开始热衷于工团活动和工会运动。1894 年在南特工会组织大会上，他极力说服工会领袖将发动总罢工作为一种适度的运动方式。他的这一主张得到了当时社会激进组织的大力支持。他反对 19 世纪末不断滋生的军国主义和民族主义，他还强烈地反对宗教影响国家的政治生活，主张政教分离。

不过区别于激进主义者，他在处理社会事务中所表现出来的是温和的处事作风。这使他被朋友们冠以“迷人的白里安”的雅号。在私人生活方面，白里安是个禁欲主义者，他终生没有娶妻。

1901年白里安与茹尔·盖得、让·饶勒斯等共建法国社会党，并担任法国社会党总书记。这个党提倡在资本主义体系内合法地发展共产主义。1902年白里安作为法国社会党的候选人当选为众议员，这个位置一直担任到他去世。进入议会不久，由于可以随时做即兴演讲，白里安就因超群的讲演和雄辩能力而成为法国人人皆知的著名众议员。

1904年白里安同饶勒斯共同创办了《人道报》。1905年法国议会通过《政教分离法》，而白里安正是该法案报告人。这一事件极大地推动了白里安政治事业的发展。他虽然是一位无神论者，但在政教分离问题的辩论中表现出的温和政治立场仍得到天主教徒的赞赏。在认同法律规定之前，他同各教派的牧师代表进行了广泛的交流。1906年白里安任国民教育、宗教部部长，并与亚历山大·米勒兰等人另组独立社会党。1909年白里安继乔治·克莱孟梭后出任法国内阁总理，成为法国历史上第一次组阁的社会党党首。尽管法国政界历来是动荡不安的，但他仍在1909～1932年间先后11次组阁，15次出任部长。

白里安在第一次总理任期内，爆发了1910年法国铁路工人大罢工运动，巴黎的食物供给和国家的经济都受到威胁。他动用军队严厉镇压了这次罢工，这使他失去了众议院中的社会党成员的支持。社会激进派都指责他维护资本家的利益，不惜动用武力镇压工人运动，并将白里安称为独裁者。虽然白里安一再声称，他之所以动用军队是因为铁路运输对国家安全是至关重要的。但是失去了社会党激进派成员支持的他还是不得不于1911年2月27日被迫离任。他的第一次总理生涯就这样结束了。

第一次世界大战爆发后，白里安于1915年10月再次出任法国总理，并主持战时内阁。他支持法国参加第一次世界大战，上任后就着手组成了所谓的“民族团结政府”，以进一步动员全国继续进行帝国主义战争。1916年12月12日，同盟国利用攻占罗马尼亚首都布加勒斯特的有利时机，在占领大片协约国土地的情况下，通过美国、瑞士等中立国向协约国正式提出和平建议。但次日，白里安就在议会发表措辞强硬的演说，指责同盟国的建议纯粹是个圈套，旨在瓦解协约国的士气，号召协约国军民坚持战争，直到取得最后胜利。紧接着12月18日协约国正式拒绝了美国总统威尔逊的调停。

白里安支持法军总司令霞飞提出的通过军事进攻打破西线僵局的作战计划。在索姆河战役英法付出巨大损失却未能实现预期战役目的的情况下，白里安将曾在战争初期立过赫赫战功的霞飞调离总指挥的职务。因为他太需要一场像样的军事胜利了，而在他看来，这位年逾60的老将军稳健有余，而勇猛不足，在防御战中固然可以发挥作用，然而在战争转入进攻阶段时，就无法胜任了。1916年12月索姆河战役刚落下帷幕，他就任命尼维尔将军接替了霞飞。

然而，令白里安意想不到的是年轻气盛的尼维尔也没能给他带来他期望的胜利，相反却是一场无法接受的失败。1917年4月16日，求胜心切的尼维尔在兰斯和苏瓦松之间长达40千米的战线上对德军展开了“决定性”的进攻，但由于进攻计划早为德军指挥部所得悉，因而节节受挫，到5月5日便不得不宣布进攻以失败告终。最不能让人忍受的是在20多天的战斗中，法军居然损失多达18万人。进攻失败，朝野震动，刚上任的尼维尔只得引咎辞职。而任命他为法军总指挥的白里安则早在当年3月因为法国在索姆河和凡尔登战役中的重大损失而再次离开了法国总理的宝座。

战后白里安长期主管外交部，多次代表法国出席重要国际会议，但在巴黎和会和《凡尔赛和约》的签订中未起到任何作用。第一次世界大战后，时任法国外交部长的白里安深感建立一个国际安全体系的重要，但他观察到国联并不能保证集体安全，欧洲仍然面对德国的军事威胁。他想实现法德之间的和解以使法国安全得到保证，但在法国国内民族主义膨胀之时似乎不太现实。于是他考虑到只有在一个组织起来的欧洲范围内才能既制约德国又确保法国安全，法德之间才能友好相处，欧洲和平才可望实现。然而，时任法国内阁总理的普恩加莱对欧洲组织不感兴趣。

巴黎和平会场凡尔赛宫

1921 ~ 1922 年，白里安再次出任短时期的总理职务，1924 年任外交部长，并在此后左派及中派联合内阁执政期间连续担任该职，1931 年他还亲自领导内阁。无论是当外长或是总理时，白里安均以和平主义者的姿态出现。他奔走于欧洲各地，多次在国联慷慨陈词，呼吁和平。他相信在欧洲实现长期和平的唯一途径是其他国家都与德国建立起友好的外交关系。对德国加入国联，白里安答应进行全力支持。他的努力得到公众的认可。在德国外长施特莱泽曼和英国外交大臣张伯伦的支持下，白里安积极领导和推动西欧国家重新恢复彼此间紧密的合作关系。他取得最大的成就便是1925年10月16日开始协商，12月1日正式签署的《洛迦诺公约》。

《洛迦诺公约》包括由德国、法国、比利时、英国、意大利等欧洲国家所订立的彼此提供安全保障的一系列协定。公约保障了法比边境的不可侵犯，并由英意两国出面保证；至于德国的东部边境则只签订了德、波、捷三国仲裁公约，规定在三国间如果发生边界矛盾，应由仲裁法庭或国际常设法院来进行裁决。换言之，德国并没有就维持东部边境一事做出保证。洛迦诺会议还决定接受德国参加国联。白里安的名字就此和洛迦诺会议紧密联系在一起了。1926年，由于他在签订《洛迦诺公约》的过程中发挥了重要作用，他与德国人古斯塔夫·施特雷泽曼共获诺贝尔和平奖。白里安促成的《洛迦诺公约》表面上使法国取得了和宿敌德国的和解，而且边境安全也得到了保证，但事实上德国却成了最大的受益者，它通过洛迦诺会议取得了和英法平起平坐的地位。克莱孟梭就是这样评价白里安的洛迦诺会议的：“和凡尔赛相比，洛迦诺究竟又给法国带来什么呢？什么都没有！甚至比什么都没有还要糟，因为这样一来，德国和我们完全权利平等了。”不仅如此，德国还可以乘机再次向东扩张，至于法国，则其东部边界落到了受人保护的地步，而其在东欧盟国的边界随时可发生变动。连白里安本人也承认：法国和它东欧盟国的关系已经发生了变化，今后法国只能和国联其他成员国共同对东欧和南欧承担责任。虽然在法国的策划下，1926年波兰和罗马尼亚签订了军事协定，法国也和罗马尼亚签订了同盟条约，但自洛迦诺会议后，法国在欧洲的形象受到严重的损害，战后法国势力的高峰也已过去。

在瑞士洛迦诺举行的会谈后不久，白里安邀请施特雷泽曼到托洛瑞山村进行秘密会谈，他们讨论了对使德国陷入困境的《凡尔赛和约》进行必要的调整，以便缓解德国人的抵触情绪。

1928年11月11日，为纪念第一次世界大战结束10周年，时任法国外交部长的白里安和美国国务卿富兰克·比尔林斯·凯洛格一起在巴黎发起订立了《非战公约》，又被称为《白里安—凯洛格公约》。该公约反对以战争手段来解决国际问题，规定在任何情况下，任何国家均不得用诉诸武力的办法来解决国家间的分歧。先后有63个国家在《非战公约》上签字。虽然后来的事实表明，它在德日意法西斯面前不过是一纸空文，但白里安此后却因此以“和平缔造者”自居。自1929年起，白里安数次发表备忘录，倡导欧洲联合，呼吁成立“欧洲合众国”。他建议欧洲各资本主义国家组成联邦，并逐步降低关税和奉行符合洛迦诺精神及欧洲统一思想的政策，期望以此来消灭欧洲各国之间的矛盾，这在当时只能是空想。

尽管一段时间内白里安的身体状况欠佳，但在1932年年初，他还是决定参加法兰西总统的竞选。关心他的朋友劝他退出竞选，但他固执己见。1932年3月7日，因心脏病发作卒于巴黎。

白里安儒雅的风度和他为维系一战后的欧洲国家间的合作关系所作出的不懈努力，使他成为具有广泛国际影响力的人物。《洛迦诺公约》是他的主要成就，《白里安—凯洛格公约》的签订以及欧洲联合的初步构想，更加提高了他的威望。

4

法军总司令霞飞

法国最高军事委员会副主席兼总参谋长霞飞是索姆河战役的最初策划者。

打开法国地图，人们便会看到，索姆河位于巴黎北方，发源于圣康坦城北部，由东向西流经阿曼斯、阿布维尔等城市，最后注入英吉利海峡，全长241千米。从形状上看，连绵蜿蜒的索姆河就像一张大弓，连同康布雷、凡尔登等军事重镇一起，构成了守卫法国北大门的一道防御屏障。突破德军索姆河防线对协约国军队而言意义非同小可。它不仅可以打破西线僵局，更可以为协约国军队而后转入运动战创造条件。

然而，霞飞非常明白单单依靠法军的力量是无法完成这一重大战役设想的，因为法军不得不分散相当的军力用于防守凡尔登、康布雷这些军事重镇，无法在索姆河地区形成相对于德军的绝对优势。要发起这场进攻战役，他必须设法说服英军的最高指挥官黑格将军，让他和他所指挥的英军一起投入战斗。

在1915年12月6日的尚蒂伊会议上，霞飞见到了英军的总司令黑格。

"我有意在索姆河地区发起战役，不知将军意下如何？"霞飞客气地探听着黑格的想法。

黑格站起身来，走到作战地图前，双眼紧紧地盯着索姆河地区，默默地伫立良久，之后，他对霞飞说："尊敬的总司令阁下，您知道吗，在沿索姆河的南北两个方向上，德军用坚实的白垩土精心构筑了纵横交错的堑壕工事和地下坑道网。可以说，索姆河地区是个钢铁堡垒，对这样的防线发起进攻在军事上是极为不智的。"他停顿了一下接着说："你认为我们能在这里取得突破？我倒是觉得即使要进攻也应该选择像佛兰德这样敌人防御比较薄弱的地区为好。"

霞飞很坚定地告诉黑格："战争打了一年多了，看不出任何结果。只有在西线取得突破性进展，才能迅速结束这场该死的战争！将军阁下，我反复考虑过了，以你我联合的力量，在索姆河两岸同时发起攻击，必定能迅速击溃德军，取得这场战争的决定性胜利！"

“但是我们兵力不足，而且缺少攻克敌人坚固防御工事的重武器。”黑格似乎还是很为难。

“这个请您不用担心，据我所知，贵国政府将在明年初实行征兵制。这样，兵力不足的问题可望迅速得到解决。至于重火器，我可以从我们法军这里调100门火炮给您的军队使用。”为了能说服黑格，霞飞一点也不吝啬。在霞飞的极力劝说下，黑格最终还是改变了态度。他认为只要不是导致崩溃的行动，还是以听从法国指挥官的意愿为宜。于是他们一起拟订了初步的进攻计划，并从英国国内及印度、新西兰、澳大利亚、加拿大等英国殖民地调来了大批的支援部队。按照霞飞和黑格原来的商定，实施索姆河战役由法军主攻，兵力为40个师；英军是助攻，兵力为21个师，在一条90千米长的战线上同时发起进攻，以彻底突破德军的防线，取得在西线的决定性胜利。

但出乎意料的是，同样为了摆脱西线的困局，1916年2月21日，德国人率先向法国发动了一场声势浩大的进攻作战，所不同的是德国人把地点选在了法国东北部的凡尔登。面对德国人向凡尔登发动的潮水般的进攻，法军似乎有些难以招架，几乎快把这座小镇给丢了，而它的身后就是法国首都巴黎。心急如焚的法军总司令霞飞不得不把正在准备索姆河战役的法军预备队大量地调到凡尔登方向，同时他比任何时候都急切地希望黑格能够早一点在索姆河发动一场规模空前的进攻战役，把德国人从凡尔登吸引回来，以减轻法军凡尔登的压力。然而让霞飞着急的是黑格似乎并不急于发起进攻，他总是以军队新兵太多缺乏训练，重炮和弹药准备不足为由一再推迟计划发起时间。

1916年5月26日，霞飞再次约见黑格。

“亲爱的将军，请允许我向您说明一个事实。”霞飞以诚恳的语气对黑格说，“尽管贵军和俄国军队从侧翼帮助了我们，但凡尔登主战场

1916年年初霞飞与法国总统普恩加莱、英国国王乔治五世、福煦、黑格在一起

仍然需要我不断派出新的部队增援。因此，我希望贵军能担负起索姆河战役的主攻任务，并希望你能提前发起进攻。”

黑格注视着霞飞问道：“提前进攻？你的意思是要改变我们双方原先制订的索姆河战役计划？”

“是的！”霞飞重重地点了点头，“最好是立即开始！”

“不！”黑格摇头了，“阁下，你是清楚的。以现有的兵力，是难以在索姆河地区发动攻势的。我需要时间，以便将部队调到战场。”

“那你打算什么时候开始？”

黑格想了想：“8月15日。”

“什么？”霞飞一听跳了起来，“8月15日，如果真是这样，那法国就要完蛋了！”

看着坐立不安的霞飞，黑格的心中充满同情。如果德军突破凡尔登，法军将全线溃败，那么，在法国的英军乃至整个英国的处境将岌岌可危。唇亡齿寒，英法的荣辱与共。想到这里，黑格终于开口：“阁下，我可以考虑把进攻的时间提前，但你必须给我时间，让我为这种提前去做许许多多应该做的事情。”

只要英国人答应提前发动进攻，就好办了。霞飞几乎是喊了起来："那就赶快去做吧！赶快，赶快！越快越好！"

霞飞和黑格两人，不得不根据新的形势，对原定的索姆河战役计划进行修改，将原计划中的突破正面由70千米缩小为40千米，参战兵力由64个师减少到39个师，其中法军的兵力减少了64%，突破地段压缩为15千米。他们最后确定的进攻阵容是：英军方面由第3、第4集团军参战，共25个步兵师；法军方面是第6集团军共14个步兵师。

在进攻开始前半个月，英、法军一切进攻准备就绪。法军总司令霞飞在检查了英、法军的战役准备后满意地对黑格说："凭借这样的兵力兵器，我们一定能一举突破德军的防御阵地，顺利完成整个战役任务。"

然而战役发起后，整个进程并不像霞飞想象的那样顺利。相反，由于德国人用了两年的时间在索姆河防线上精心构筑了一整套比较完整的防御体系，使英法军队的进攻显得异常的艰难。每前进一步都要付出巨大的人员伤亡。进攻的第一天仅英军就死伤了6万多人，却只夺占了4.8平方千米的土地。相对而言，霞飞指挥的法军要幸运一些。法国人的重炮多，炮击效果还不错，将德军阵地前沿的铁丝网和火力点打掉了许多。法军发起冲锋时队形也比较分散，因而伤亡要比英军少得多。经过激战，法军攻占了德军一些阵地，但是法军兵力不足，没有能够在德军防线上打出一条通道来。再往后，法军的攻势就被德军阻止住了，整个战场上还是英军在唱主角。

经过近半个月的战斗，无情的事实击碎了英法军队想迅速突破德军防线的梦想。霞飞原先设想的从索姆河实现西线突破的计划在德军顽强的防御面前失败了。

7月13日，霞飞和黑格会面，交换情况，总结第一阶段战事。

"这是一场消耗战。"黑格有些懊恼，"我们的突袭未能成功，敌我双方陷入了胶着状态，每天都在交换着阵地，每天都有大量的伤亡，我搞不清为什么会弄成这样！”

“德国人是很难对付的。”霞飞安慰着黑格，“从总的态势来看，我们虽然未能按预期的那样一举击溃德国人，但在我强大的炮火打击下，德国人的伤亡也不小啊。”

“正是这样！”黑格有些兴奋地说，“既然事态演变成这样，我们索性就同德国人拼消耗。我们的目的就是要打一场大规模的消耗战，看德国人能拿出多少兵员、弹药来同我们较量！”

他说：“我们协约国方面，无论在人力还是在物力上都占有优势，如今德军已放松了在凡尔登方向的进攻，因此我主张下一步我们应该采取消耗战的方针，以连续不断的小规模进攻来削弱德军的力量，逐步改变我们和德军的力量对比，然后在9月份再发动大规模进攻。我相信，到那时我们的进攻将会奏效。”

由于法军在凡尔登方面的压力已经大为减小，霞飞非常爽快地同意了这项新的作战方针。

就这样，一场耗时近2个月、双方伤亡都非常惨重的拉锯战在索姆河地区展开了，每天都有数以万计的士兵倒在血泊之中。

这场战役的流血程度与凡尔登战役不相伯仲。但是，霞飞仍决定继续打下去。在他的心目中，一名步兵已经不再是一个血肉之躯，而只不过是一个数字而已。受凡尔登和索姆河双重消耗的影响，协约国的士兵正在日益减少。霞飞遂压迫法国陆军部提前征集1917年度的新兵。

面对着与日俱增的死亡，“为德国而战”或“为法国英国而战”之类的口号渐渐失去了蛊惑人心的作用，士兵中开始出现逃亡。在战场上向敌人缴械投降的事层出不穷。

在4个多月的大战中，英法联军攻占了一块50千米长10千米宽的德军阵地，但为此却付出了惨重的伤亡代价。英军总共损失了42万人，法军损失了20万人，而德军则损失了65万人。英法联军攻占的阵地并没有多么大的战略价值，唯一的收获是大大消耗了德军的人力和物力，从而使实力不足的德国在整个战争中更加处于不利的地位。由于英、法军在索姆河战役中牵制了德军力量，使

法国纪念霞飞的雕像

德国发动的凡尔登战役以失败而告终，大大影响了德军的士气，德国损失的大量精锐部队无法补充，这对德军以后的行动产生了巨大影响。霞飞也因此名声大震，但惨重的人员伤亡也得有人承担责任，1916年12月，霞飞被免去实职，改任法国政府军事顾问，同月晋升法国元帅。他虽然获得了一名军人所能获得的最高军衔，但却从此以后再也没组织过一次战役了。

5

德军总参谋长法尔肯海因

德军的总参谋长法尔肯海因是一个典型的西线派，他一向力主在西线对协约国发动一次大规模的进攻。

就在法军的总司令霞飞与英军的总指挥黑格密谋着要在索姆河一线发动一次大规模的进攻之前，法尔肯海因先动手了，只不过他选择地点

索姆河之战后被解除职务的法尔肯海因（左二）在巴勒斯坦前线

与英法的不同，他把进攻的地点选在了法国东北部的边境小镇凡尔登。

在制订凡尔登进攻计划的同时，法尔肯海因并没有忘记在索姆河地区的防御。他非常清楚这个两年来都看似平静的地区的重要地位，如果在他集中精力进攻凡尔登的同时，英国人和法国人在索姆河地区捅上他一刀，那后果不堪设想。他可不愿意做得不偿失的事。为了应付不测事件，他把德军的精锐第2集团军放在了索姆河地区的最前沿，准备用第77兵团的3个师来抵御法国第6集团军的进攻，用第6集团军预备队第14兵团的4个师抵御英国第4集团军的进攻。

法尔肯海因命令他的部队在索姆河防线上构筑了非常坚固的防御体系。实际上，自西线陷入堑壕战僵局以来，在索姆河方向上没有爆发过大规模的战斗，因此德军利用充裕的时间加强防御，精心选择地形，构筑了一整套比较完整的防御体系。这一体系由3个阵地组成，第一阵地纵深约1000米，包括3条堑壕以及支撑点、交通壕和混凝土掩蔽部。第二阵地在第一阵地后3～4千米，有2条堑壕和支撑点。第一、第二阵地之间有一个中间阵地。第二阵地后面3000米处是第三阵地，整个防御体系纵深7～8千米。德军还构筑了深达12米的地下坑道网，其地下工事的出入口都隐蔽在村庄和附近的树林中，难以发现。德军的整个阵地从低到高修筑在山坡上，对英法军队的行动一览无余。工事内配备完善，有野战厨房、洗衣房、战地医院等，储备了丰富的弹药和食品。坑道内采用电灯照明，由专用的发电机提供电力。而电灯是当时不多见的奢侈品，在平民中尚未普遍使用。

设防的村庄，石灰岩下深深的地下掩蔽部、纵横交错的铁桩和带刺铁丝网组成的障碍物、地下室、地下单人掩体和通道，这一切使索姆河地段成为“世界上最坚固和最完备的防御工事”之一。有了如此坚固的防御体系，法尔肯海因相信协约国不会傻到要在这里做鸡蛋碰石头的尝试，哪知道天下就真的有这样的傻瓜。

到1916年4月底，大部分欧洲人都已知道英国人正在准备发动一次大攻势。在索姆河上的德国第2集团军司令比洛向法尔肯海因求援。法尔肯海因告诉他，如果敌军来犯，那才是一种难得的机会。在他自己一头撞在凡尔登要塞上吃了大亏之后，他很难相信敌人居然也会像他一样，犯下如此愚蠢的错误。法尔肯海因说：“英军没有能力单独进行大规模的进攻，而法军在凡尔登城下耗尽精力，不可能再积极参加进攻。因此，第2集团军大可放心就是。”

但法尔肯海因不相信的事情还是发生了。1916年6月24日，索姆河两岸雷鸣般的炮声打破了清晨的宁静，英法军隐蔽的炮兵群对德军阵地开始了开战以来最大规模的炮击。索姆河战役的序幕就此拉开。

面对空前猛烈的炮火袭击，法尔肯海因似乎没有什么更多的选择，他只能命令德军士兵钻入深深的地下工事，安全地躲避着倾泻而下的炮弹，仅剩下担负侦察和监视的德军利用潜望镜在工事里观察英法军的动向。因为法尔肯海因深知此次英法联军的炮火实在是空前的，暴露在这样猛烈的炮击下，没有人能够幸免，即使没有被密如雨织的炮弹直接炸死，也早已被此起彼伏的剧烈爆炸震死。英法军队炮火准备的效果显然是不错的，就连法尔肯海因自己都承认，在一线防御地带内“前面的障碍物全部消失，大部分掩体被夷为平地，只有极少数特别牢固的工事经受住了猛烈的炮击”。

不过法尔肯海因的方法还是有效地保存了德军的有生力量。在连续 7 天的炮击之后，英法军队对德军的阵地发起了猛烈的进攻。但是，虽然德军的表面阵地被炮火炸得已经面目全非，然而德军的有生力量却并没有在炮火中受到严重的削弱。他们正躲在坑道里等着英法军队的进攻呢！德军已从潜望镜中发现英、法军的动向，他们的士兵们全部蹲在坑道口，准备占领表面阵地。英、法军的炮火向后一延伸，德军立刻从地下工事中倾巢而出，他们把沉重的机枪全都搬上阵地，迅速地挖好掩体，把黑洞洞的枪口指向阵地前的开阔地带，居高临下地准备射击。当英法军逼近德军正面堑壕时，德军炮火齐射，德国步兵则凭借坚固的防御工事，等英军士兵进入百码射程之内，重机枪才一齐开火，密集的子弹像一把锋利的大镰刀，顷刻间就把英军“像割麦子一样成群地扫倒”，其结果不亚于一场大屠杀。

虽然伤亡惨重，但这并没有动摇英法军指挥官突破索姆河防线的意志，英法军仍然不顾伤亡地发起凶猛进攻，一步一步地顺着山势与德军逐个堑壕地争夺。法尔肯海因意识到英、法军在索姆河进行的攻击规模是空前的，其目的和企图也许绝不仅仅是牵制凡尔登方向的德军，如果掉以轻心，也许会造成整个战线的崩溃。因此，他迅速抽调兵力，加强第 2 集团军的力量，整个集团军增加了预备队第 14、第 6 和第 9 兵团，步兵师由 8 个增加到 21 个，此外还有 27 个重炮连，15 个轻炮连，30 架飞机。这一举措大大加强了德军在索姆河地区的力量，英法军的兵力与德军的对比由原来的占 2.8 倍的优势下降到只占 0.6 倍，这对于处在进攻一方的英、法军来说，已算不上什么优势了。因此，虽然英、法军士兵冒死冲锋，但依然进展缓慢，双方很快进入胶着状态。

经过近半个月的战斗，协约国军队的指挥官们终于意识到，在德军顽强的防御面前，原先设想的迅速突破德军防线的计划已经宣告失败。于是，他们改变了原先通过战役进攻实现战略突破的计划，以消耗战来代替原来的进攻作战。可惜的是，法尔肯海因似乎并没有意识到消耗战对德国的不利之处。他对他的部属们反复地强调："一寸土地也不能丢失。如果失去一寸土地，那么即使剩下最后一个人，也要马上反击，夺回失地！"法尔肯海因的这道命令，正中英法的下怀。对于德国人而言，寸土必争所付出的代价实在太大了。尤其是反击，那几乎是用士兵的尸体铺就的一条死亡之路。

这时，法尔肯海因担任德军的总指挥已差不多有2年之久。2年的时间，使他的头上平添了许多华发。他付出了所有的努力，守住了所有的战线，甚至还曾迫使敌人后退。但他却不曾认识到这场战争中的基本问题，仅仅能够坚守防线是不够的，因为时间是德国最大的敌人。战争拖得越久，对德国就越是不利。他的消耗战略实际上不过是用德国士兵的身躯去填塞无底洞。

1916年8月27日，罗马尼亚对德奥宣战。当这个消息传来时，正在玩纸牌的德皇威廉二世惊慌失措，德国又多了一个敌人！他恼羞成怒，下令撤销法尔肯海因参谋总长职务。因为正是他信誓旦旦地向德皇保证，罗马尼亚近期内不会参加对德战争。法尔肯海因这个消耗战的鼓吹者，成了自己战略的牺牲品。新近

罗马尼亚皇帝和皇后

在东线出尽风头的兴登堡和鲁登道夫这个“双簧”，接管了德军的指挥权。

至此，法尔肯海因的军事生涯走下了巅峰！原本德皇打算派他去土耳其担任大使，但是法尔肯海因不愧是一个职业军人，他认为即便自己的军人生涯已走过了巅峰，自己也应该完结在战场之上！德皇被其精诚所打动，便任命他为集团军司令，主要负责对罗马尼亚的进攻。从 8 月下旬战役开始到年底，法尔肯海因的军队就开进了布加勒斯特。在这场胜利之后，他又被派去指挥土耳其在巴勒斯坦的防御战。在此期间，他成功地组织了土耳其人在巴勒斯坦全部消灭犹太人的计划。1917 年 12 月，英军夺占耶路撒冷，法尔肯海因的防御以失败告终。1918 年，他被派去指挥占领白俄罗斯的第 10 兵团，在那里他一直待到战争结束。之后他退出现役，在自家庄园里隐居，并出版了几本军事类书籍和回忆录。著有《1914 ~ 1916 年总参谋部及其重大决定》。1922 年，61 岁的法尔肯海因离开了人生战场，他真正轻松了，无论后人怎样评价都听不到了！

第七章
北海怒涛的弄潮儿
——日德兰海战的指挥者

1916年5月31日～6月1日，在北海日德兰海域，战列舰时代规模最大也是最后的一次舰队决战在英国皇家海军主力舰队和德国公海舰队之间展开。短短的两个昼夜，前后共有260余艘舰艇在这片200平方千米的洋面上驰骋、厮杀，一艘又一艘战舰被击毁击沉，冒着滚滚浓烟退出战斗，随之葬身大海的还有数以万计的海军将士。这场海战，存在着很多争议，但真正富有戏剧性又难以评说的，还是那些手执权杖指挥这场海战的人们。

1

德皇威廉二世

德国统一后，迅速强大起来，一跃成为欧洲的头等强国，但德国人并不满足。从母亲那里继承的英格兰血统，使德皇威廉二世早就对海军发生了浓厚的兴趣。美国人马汉的点拨，更是让他茅塞顿开。1894年5月，他在一封信中写道："我现在简直不是在阅读，而是在狼吞虎咽地吞食

威廉二世

马汉的著作，我要背下全文。这部著作水平极高，所有的观点都是经典。我已给全部军舰下发了这本书，现在官兵们经常是言必称马汉。”

从马汉的书中，德皇认识到，只有拥有全球利益的国家才能称为大国，单纯的陆上大国绝不是真正的大国。因此，他要建立一支同陆军一样强大的德国舰队，分享不列颠的海上霸权，使德国变成一个真正意义上的大国。

“在我把我的海军提高到我的陆军所占据的地位以前，我是席不暇暖的。德国的殖民目的，只有在德国已经成为海上霸主的时候，才能达到。”

为了将当时世界排名第 7 的海军建立成为一支能与当时海上霸主英国分庭抗礼的海军，德皇找到了一位极有胆魄的人物，他就是 1897 年 6 月任海军大臣的蒂尔皮茨。

经过长期不懈的努力，德国海军终于仅次于英国皇家海军，世界排名第 2。德国的公海舰队计有 16 艘无畏战舰，12 艘老式战列舰，3 艘战列巡洋舰，17 艘其他巡洋舰和 27 艘潜水艇，实力不容任何国家小视。德皇认为，“一支强大的舰队会使英国人大惊失色，从而使他们清醒过来”，那时候他们就会“屈从于不可避免的命运，我们就会成为世界上最好的朋友”。

当时，德国海军在实力和效能上，在训练有素的官兵数字上，都已有所增长，德国海军的射击技术、炮弹的穿甲能力、光学仪器和测距仪的装置，以及军舰装甲板的抗弹性能都比较先进，但德国海军缺乏英国海军那样的悠久传统，更没有纳尔逊那样的海军将领，所以德皇从内心里不相信德国海军能击败英国海军，他不忍想象他的“心肝宝贝”战列舰被炮火打得粉身碎骨，血迹斑斑，或受到重创，失掉舰舵，沉没海底。因此，他一直将舰队像心肝宝贝一样珍藏着，不敢轻易动用。

英国海军大臣丘吉尔曾说，德国海军不过是一支“奢侈品舰队”。事实证明，丘吉尔说得没错。德国海军的存在是导致这场战争的一大因素，而当战争到来之时，德国最高统帅部竟未给海军安排一个用武之地。

当战争爆发时，德皇谕示：“我命令公海舰队现时采取守势。”

德国对手中这一锐利武器采取的战略，是让它发挥一支“存在的舰队”的作用。让它待在固若金汤的筑垒阵地内，对敌人就会成为一个经常存在的潜在危险，迫使敌人得时刻保持警戒，不使它有出击的可能，从而消耗敌人的海军资源，并使敌人的部分兵力不能从事其他活动。德国希

战争期间德皇视察造船厂

望把它的舰队保持完整无损，作为迫使英国就范的讨价还价的条件。两支舰队，处于劣势的一方如此行事，从理论上讲是不错的，也是马汉所赞成的。不过，马汉后来又认为，一支“存在的舰队”的作用被“过分夸大了”，因为一支甘心雌伏、不去作战的海军，其影响力必然日趋衰减。关于这一点，德皇却置之脑后，不理不睬。

随着时间的推移，胜利的希望日趋暗淡，使德国舰队安然度过战争，以供和平谈判桌上讨价还价之用的愿望也就更加巩固。同时，德国海军之所以被置于脑后，主要是由于相信陆军可以获得决定性的胜利，而不必动用海军。

第一次世界大战开始时，英国对德国公海舰队采取了一种远程封锁战术。海上封锁的威力——尽管动作迟缓，初期不尽完善，但逐渐加强，终于像巨蟒一样无情地越缠越紧。及至 1914 年 8 月底，英国海军已在实际上取得了大西洋上的控制权，并成功地实现了对德国的海上封锁。德国海军没有作战，它被“存在舰队”的理论和德国会在陆上早日胜利的信念锁住，没有让它冒险执行海军的职责——保持本国海上贸易航路的畅通。

1914 年 8 月 28 日，英国的潜艇和驱逐舰队，在战列巡洋舰的支持下，突袭了赫耳果兰湾德国海军的基地。德国猝不及防，3 艘轻巡洋舰以及 1 艘驱逐舰被打得粉身碎骨，沉入海底，另有 3 艘受到重创，1000 余名人员、包括 1 名海军上将和 1 名海军准将，在炮火下丧命或落水溺毙，另有 200 多人，包括海军大元帅蒂尔皮茨的儿子在内，当了俘虏。英国战舰无损失，伤亡约 75 人。

如此巨创，使德皇丧胆，从此死心塌地再也不敢跟英国人较量了，他下令海军不得再冒险行事，“务使军舰免遭损失”。德国舰队如无德皇的批准，不得进行重大调动。此后，当英国海军在德国周围筑起封锁围墙时，德国海军成了旁观者，只是静悄悄地在旁边观看着。

英国海军牢牢掌握了制海权，切断了德国及其盟国的海外贸易和海外联系。德国人的生活水平急剧下降，饿极了的德国人打破英国海军的封锁以摆脱困境的愿望越来越迫切。

于是，一场大战不可避免地要爆发了。

2

德国“海军之父”蒂尔皮茨

阿尔弗雷德·冯·蒂尔皮茨于 1849 年 5 月 10 日出生在勃兰登堡的科斯琴，他的父亲是一个普通的公务员。1865 年 16 岁时加入普鲁士海军，成为基尔海军学校的学生，随后于 1869 年被任命为一个小型鱼雷舰队的指挥官。德意志帝国成立初期，英国和德国是不结盟的盟国，他的军舰停靠英国普利茅斯港的时间比他的德国母港基尔的时间更多，英国人给了他极大的帮助，后来成为鱼雷舰队的监察长。1881 年被提升为海军少校，在此期间，他对于潜艇在战争中的潜在威力产生了浓烈的兴趣。到 19 世纪 80 年代，他成为德国海军中重要的鱼雷专家，他自己认为在鱼雷部队这 10 年是他一生中最美好的时光。

德国海军元帅蒂尔皮茨

1887 年他护送威廉王子去英国参加他外祖母维多利亚女王继位 50 周年

庆典，这是威廉第一次知道蒂尔皮茨。1888 年亚历山大·冯·德蒙接任海军大臣，他不太重视鱼雷部队，蒂尔皮茨被提升为上校，调到波罗的海去指挥巡洋舰。当时威廉已成为皇帝，在一次午餐会上，德皇问他对海军发展有什么想法，他认为应建立战列舰队，于是他被调到北海，负责筹建大洋舰队。

1892 年，蒂尔皮茨担任海军参谋长，进入了海军高级指挥层。1895 年成为海军少将，1896 ~ 1897 年间在东亚指挥远东巡洋舰队。当时中国在甲午战争中大败，各国掀起了一股瓜分中国的狂潮。他提出强租胶州湾，把青岛建成了德国海军东方基地。1897 年蒂尔皮茨被任命为帝国海军大臣。

当时的德国海军只是一支近海防御力量，实力上仅和瑞典、丹麦相当，或者略强少许。对于野心勃勃的德皇而言，具有优良传统的德国陆军不用担忧，他不放心的是海军。要将海军建成可与英国海军抗衡的强大海上力量，任重而道远。德国历史上没有海军，更谈不上海军传统。蒂尔皮茨对海军的理解完全来自于马汉的《海权论》。他把这一理论以法律的形式，写入德国的《第九号部队备忘录》："只有努力争取制海权，而不是依靠巡洋战或其他方式，才能胜利地进行海上战争；交战的一方只有摧毁另一方才能夺取制海权；由于此种以及其他原因，只有依靠对敌方海洋发动战略进攻，才能有效地、胜利地进行海战，而战略防御使自己处于一种十分困难以至几乎绝望的境地；最后，完成这种战略至少需要 1/3 的优势。"

蒂尔皮茨上任后的第二年，德国国会就通过了扩充海军的法案，规定要建立一支包括 38 艘战列舰和 20 艘装甲巡洋舰的大舰队。同时声称，新建"这支大海军的目的，是要使最伟大的海权国家都不敢向它挑战，否则就有使自己优势遭到破坏的危险"。

要在接下来的5年中制造这么多的舰艇，必然会引发老牌海军霸主英国的不满。丘吉尔评论说："大陆上的最大的军事强国决心在同时成为至少占第二位的海军强国，这是世界事务中一个具有头等重大意义的事件。"面对德国的挑战，英国议会通过了海军新的"两强"标准，即德国每建造1艘战列舰，英国将建造2艘。1911年，蒂尔皮茨担任公海舰队总司令，并晋升为四颗星的元帅军衔。

到1914年，德国海军已经拥有18艘新型主力战舰、22艘老式战列舰、41艘巡洋舰、144艘驱逐舰和30艘潜艇。

德国舰队在基尔港

虽然从主力舰只的数量和排水量看，德国海军明显落后于英国，从火炮口径和数量上看，德国海军的差距更大。但是，德国海军主力舰只的技术性能却高于英国。德国军舰这方面的优势，归功于蒂尔皮茨的舰艇设计理论。他认为："军舰的浮力有限，这个程度决定了军舰的生存力和战斗力……由于攻击兵器的最终目的是造成水线以下部分的致命伤，所以增加浮力是军舰防御的主要手段。"根据这一理论，德国军舰的设计目标是追求舰艇在战斗中的浮航生存性能，为此，德国的设计师采取了一系列措施：增厚防护装甲；采用小隔舱，重重设置水密门；燃料舱设在两舷，以提供一定的防护作用；炮塔内弹药分置，以防中弹后引起连锁爆炸。在舰载火炮方面，不过分追求大口径，而把精力放在改进弹药上。因为火炮口径的增大，势必引起火炮重量和后坐力的成倍增长，使得在同等排水量下不得不减少火炮数量。两种不同的设计思想，使英德两国的战列舰从结构到性能上都有着明显的差别。这种差别，对日后的海战产生了重大影响。

然而，这位德国海军大元帅，德国海军之父，海军的缔造者，也是德国海军的灵魂，在战争开始时被抛在了一边。他虽一度受到器重，但由于他的海军学说立足于海军用于作战的理论，因此开始显得是个危险人物，甚至几乎成了一个敌人，并渐渐地被摈诸核心班子之外。海军决策由海军参谋长、海军元帅波尔和海运大臣、海军元帅米勒组成的一个小组，以及海军总司令、海军元帅英格诺尔，在德皇领导下做出决定。“我不需要总参谋长，”德皇说，“我自己能担当这个职务。”蒂尔皮茨和其他几位海军将领一起被拉到统帅部，在胜利的气氛中忍受痛苦。蒂尔皮茨哀叹：“陆军在各方面都得到胜利而海军却一无所获，积20年之努力，而今我的处境如此糟糕，谁也不会理解。”

战后，蒂尔皮茨依然活跃。他对战后社会民主党人所组成的温和政府非常不满。他争取到古斯塔夫·施特雷泽曼的支持，并成为战后的右翼祖国人民党的领导人。1924 ~ 1928 年，蒂尔皮茨担任该党在魏玛共和国国会的代表。1925 年，他成功地劝说冯·兴登堡接受魏玛共和国总统的职位。

1930 年 3 月 6 日，蒂尔皮茨死于伊本豪森，并被埋葬在慕尼黑的一个公共墓地。有学者说，蒂尔皮茨是恶化德英关系的罪魁祸首，但作为德国远洋舰队之父，他当之无愧。

3

德国公海舰队指挥官舍尔

1863年9月30日，舍尔出生于德国汉诺威的奥本科岑，他的父亲名叫朱利叶斯·舍尔，母亲名叫玛丽·赖因哈德，舍尔的名字结合了父母的遗传，可他的性格却没有受到父母太多的影响。他很小的时候就很倔强，争强好胜，对任何事情都有自己的判断和主见，直到他长大成人也没有改变。多年以后，当德皇授予他贵族头衔时，他拒绝在名字中使用“冯”字，而是保持原状。

舍尔与海军的渊源也从很小的时候就开始了。1879年4月22日，他作为海军军校生加入德意志帝国海军，并在1880年6月15日成为海军候补军官，1882年11月16日升为海军少尉，三年以后晋升为海军中尉，又八年后成为海军上尉。在19世纪80年代，他已经成为德国海军中著名的鱼雷专家。

德国公海舰队司令舍尔

随着德国海军作战次数的增多，舍尔的军衔也越调越快，自1900年晋升海军少校后，又分别在1904年1月27日和1905年3月21日晋升为海军中校和海军上校；1907年，舍尔开始担任战列舰舰长；1910年1月27日，成为海军少将，随后被当时的公海舰队司令海宁·冯·霍尔登道夫任命为参谋长；

1911年任海军总务局长，成为海军主帅阿尔弗雷德·冯·蒂尔皮茨的拥护者。

1913年，舍尔成为第二战斗集群的指挥官，并在12月9日晋升中将。作为潜艇作战的强力支持者，自1914年8月开战后，舍尔就一直过于高估潜艇在接下来的战争中的作用，以至于不惜以激怒当时处于中立的美国为代价，也要鲁莽地鼓励使用潜艇。舍尔计划和实施了德国潜艇对英国海岸线的直接袭击，他精心使用水面船只作为诱饵将英国战舰引入潜艇早就埋伏好的公海海域。

1916年1月19日是舍尔终生难忘的日子。这一天，他穿上崭新的军服，从波尔将军手中接过公海舰队司令的大权。从此，这位被史学家称为“粗暴好斗的汉子”的老水兵相信，这是上帝给他的一次机会，德国数十年的愿望，将最终在他的手中变成现实，他将成为德国海军最优秀的指挥官，他的名字将永远载入德意志帝国的史册。

公海舰队被英军围困在港内已经很长时间了，德国军队在各个战场上东征西讨，而强大的海军却碌碌无为，这让舍尔觉得脸上无光，坐立难安。因此，他在上任伊始，雄心勃勃，决心与英国海军来一场真正的会战，彻底扭转无所作为的难堪局面。

威廉港，是德国最主要的海军基地，公海舰队的战舰几乎都驻泊于此，透过来自北海的晨雾，数十艘小山般的巨舰依稀可见。此刻，在公海舰队旗舰“腓特烈大帝”号上，舍尔正在面壁沉思。突然，他鹰一般的眼睛，从悬挂在舱壁上的北海海图扫过。对于这一片海域，他是再熟悉不过的了。北海如同一个大大的三角形，横置在欧洲大陆的西侧。三角形的顶角是公海舰队所在的威廉港，对面的英国本土构成了三角形的底边，两个底角是德国进入大西洋的两个出口。南边的一条是狭窄的英吉利海峡，这里自开战以来，一直在英法两国大炮的控制之下。北边的一条是公海舰队唯一可能的出口，从这里绕过英国本土，德国海军就可以进入大西洋。但此刻，英国的主力舰队，正像一条看门狗一样蹲在通道附近的斯卡帕弗洛。今天，摆在德国海军面前的选择只有两个：要么困死港中，要么干掉英国主力舰队。但要实现干掉主力舰队的目标，则是一个艰巨而危险的任务。目前，英国主力舰队拥有“无畏”级战列舰和战列巡洋舰 37 艘，而公海舰队与之抗衡的仅有 23 艘；在火力方面主力舰队拥有 340 ~ 380 毫米的火炮 168 门，305 毫米火炮 104 门，而公海舰队仅有 305 毫米火炮 176 门。公海舰队还有 6 艘老式战列舰。但在大型会战中，它们只能成为英军远程火炮的活动靶船。在巡洋舰和驱逐舰方面，主力舰队也占着绝对优势。正是因为处于全面的劣势，使公海舰队在近两年的时间里，一直不敢轻举妄动。

经过再三思考，舍尔的计划出笼了：派出小规模舰队到英国海岸及港口骚扰，打了就跑，英国海军如果不追击，就搅得英国海岸永无宁日；一旦出港追击，就把其诱至德国海军预设的战场，由德国海军主力突然

舍尔将军（左 3）和他的同事们

出现，打敌人一个措手不及。“希佩尔中将，我命令你率领第1侦察舰队5艘战列巡洋舰执行诱敌任务。”舍尔告诫他的部下，“记住，舰队在航行中要不断地向外发出无线电报，要让那些英国人知道你的位置。”

舍尔设想，根据以往的经验，杰利科将派出10艘左右的战列舰和战列巡洋舰前来迎战。如在作战中将这些战舰重创，主力舰队的优势当一笔勾销。

估摸着希佩尔的舰队出发有4个小时了，舍尔下令公海舰队主力出发！舰队集结起来了，那是一支庞大的队伍，舍尔本人亲自率领的旗舰“腓特烈大帝”号、本克少将率领的第3战列舰队的7艘“无畏”级战列舰、施米特少将率领的第1战列舰队的8艘“无畏”级战列舰，加上莫维少将的第2战列舰队的6艘老式战列舰，随同舰队护航的有5艘轻巡洋舰和31艘驱逐舰。

航行的路线选择在“诱饵舰队”西南的大洋上，和希佩尔保持80千米的距离。按正常计算，希佩尔在同英军交火后，如果英国军舰追踪而来，两小时之后，公海舰队的主力将会出现在英军舰队的侧后，对英军形成包围态势。

此时的舍尔像个等待猎物的猎手，不时告诫他的属下，要保持严格的灯火管制和无线电静默，要轻些再轻些，同时，他让威廉港内的无线电台，继续使用旗舰的呼号同希佩尔联络，造成公海舰队主力仍在港中的假象。他知道，要想让他的计划成功实施，必须先骗过无处不在的英国间谍和无线电侦察。

很快，希佩尔的诱敌舰队传来消息：发现敌舰，英国派出了10艘主力战舰，由贝蒂率领前来拦截公海舰队的袭击。真是条大鱼，舍尔心中一阵窃喜，看来战前的估计是正确的，杰利科并没有倾尽全力，那就先把这部分舰队吃掉。于是，他果断地给希佩尔发布指令：立即转向东南，与大部队会合。按照他的计算，再有不到一个小时，他的舰队主力就能和前卫舰队合围英国皇家海军。

不久就传来隆隆炮声，激荡着北海的汹涌波涛，“腓特烈大帝”号上，捷报不断传来:“雄狮”号受重创，“不屈”号沉没，“玛丽女王”号爆炸……高兴之余，舍尔又有些担心：希佩尔可千万别把英国人吓跑喽，他赶紧催促他的舰长们，全速前进，支援前卫舰队。让他恼火的是，他的6艘老式战列舰航速太慢，拖了整个舰队的后腿。他当机立断，甩下6艘老舰，让它们在战列后自行跟进。舍尔相信，凭他手中的16艘快速战列舰，对付贝蒂，应是绰绰有余。终于，贝蒂的战列巡洋舰出现在面前。

舍尔将他的16艘战列舰排成两行战列，所有的大炮一齐向英军发出震天巨吼。此时，一直被贝蒂苦苦追赶的希佩尔也调转头来，反身杀向英军的侧后。按原来的位置，贝蒂恰好在舍尔和希佩尔之间。但由于贝蒂及时下达了转向命令，4艘战列巡洋舰高速撤退，脱出了德军的火力夹击。

从目前的局势看，德军兵力占优，希佩尔顺利完成了诱敌任务，可他的舰队也遭受了重创。舍尔着急了，亲自站在旗舰“腓特烈大帝”号的舰桥上指挥炮战。由于他的加入，战场上的形势发生了根本性的变化，英国舰队顾头顾不了尾，一时间仓皇失措。托马斯的战列舰刚刚完成转向。由于舵机出了故障，托马斯队列最后的“厌战”号竟在原地打起转来，一排德国炮弹飞去，“厌战”号上升起浓浓的黑烟。等到其恢复航向，已是遍体鳞伤，只能在一小群驱逐舰的护卫下一拐一拐地驶出战列。胡德的3艘战列舰还在德国舰队的右侧，舍尔认为他的行动，不过是为了掩护主力撤出战场。几分钟前与英国装甲巡洋舰的遭遇，更加坚定了舍尔的判断，看来英军已到了山穷水尽的地步，连他们的掩护兵力也被派上战场，抵抗公海舰队的追击。东南方向，希佩尔的战列巡洋舰正按照命令向舰队主力驶来，舍尔打算让希佩尔跟在战列的侧后，随同主力行动。如果必要的话，可以让希佩尔提前返航，他自己完全有把握收拾英军残余。反正这场海战自己是赢定了。

6时17分，西北方向突然又出现了3艘战列巡洋舰，这大大出乎舍尔的意料。他的旗舰依然冲在德军战列的最前头，恶劣的海况，使他已经分辨不出前面的英军舰队到底是谁。正当舍尔迷惑不解之时，杰利科编队西翼为首的“马尔博罗”号的炮声把他震醒。在舍尔纵队航向的正前方，赫然横陈着象征英国威力和尊严的一系列战舰——“乔治五世”号、“费克斯”号、“铁公爵”号、“文森特”号、“特梅雷尔”号、“马尔伯勒”号、“阿金考特”号和“科林伍德”号，还有许多艘英国人引以为豪的、飘扬着圣乔治十字旗的其他战舰。英国主力舰队的全部战舰出现在舍尔的面前，双方的距离仅10000～14600米！

没等舍尔从惊慌中清醒过来，英军的炮弹就落到了“腓特烈大帝”号的甲板上，东北方向的水天线上变成了一片银白色和橘黄色。德国舰队碰到了海战史上最猛烈的炮火，第一批英国炮弹就把几艘德国驱逐舰送入了海底，轻巡洋舰“维斯巴登”号燃起了冲天的大火。

舍尔正在观察敌情

直到这时，舍尔才相信，不但自己的计划被英军识破了，对手还给自己挖了一个更大的陷阱，自己即将输掉这场战斗，而输的代价是葬送整个公海舰队。一艘接一艘的成行战舰，完全暴露在英军的炮火攻击之下，而对方被硝烟和逐渐笼罩的夜色掩护着，只看得见炮口发出的火光。更加致命的是，提前转向的贝蒂舰队，已经开始插入舍尔返航的航线，对德国公海舰队形成了半月形的包围态势。

就这样输了吗？不！还来得及！舍尔倔强不服输的念头充满了大脑，他意识到，不能坐以待毙，当务之急是利用英军展开和转向的混乱，立即脱离战斗。他没有犹豫，立即发出命令："转向右舷作战。"根据命令，公海舰队的作战队形转向右舷，各舰一齐转了180度，同时驱逐舰在舰队的后方实施了有效的掩护，它们施放出浓浓的烟雾，并向英国舰队发射了大量鱼雷。受伤的"维斯巴登"号发射的一枚鱼雷，命中了杰利科战列最前端的"马尔博罗"号，海水涌入了锅炉舱，"马尔博罗"号当即退出了战列。

舍尔的命令下达得可谓及时。如果再晚几分钟，英国舰队完成了它的整个作战部署，公海舰队就可能永远失去逃走的机会了。

逃是逃出来了，可接下来要往哪里走呢？惊魂未定的舍尔拿出罗盘和海图，开始重新判断自己的位置。英国的战舰暂时从视野里消失了，可他们行驶的方向正是远离自己的基地，向西驶向英国！这真是绝妙的讽刺。

回想刚刚过去的惊心动魄的20分钟，舍尔才感到杰利科不像原来所想象的那样简单。尽管刚才他下令脱离战场时，杰利科没有下令追击，让他轻松地逃掉。但公海舰队驶向西南，每前进一步，就离返航的航线远了一步。舍尔现在追悔莫及。杰利科没有追击，但他的行动比追击更可怕。如果英军追击，那么公海舰队还有希望在混战中杀出一条血路，返回德国基地。眼前杰利科一定是把他的舰队部署在德军返航的航线上。想想手中的公海舰队，那可是全体德国人含辛茹苦几十年建造而成的，难道就要在自己手中毁于一旦吗？不行，公海舰队必须返航，必须从英国主力舰队的拦截中杀回德国。

舍尔俯下身来，仔细研究着面前的海图。刚才英军主力是从东北方向杀入战场的，英军的战列呈东西方向，现在如果杰利科要堵住公海舰队的归途，必须把队形转换为东南方向，自北向南行驶。杰利科从转换队形，到驶入公海舰队后面的东南方向，起码需要几十分钟。在这段时间里，主力舰队一定在忙着变换队形。如果带着公海舰队转身杀回，趁英军的混乱，或许可以杀出一条血路。如果碰巧穿过英军战列的尾部，他还可以在返航途中再捞上一把。想到这里，舍尔再次下达了转向的命令，公海舰队掉转航向，向舍尔想象中的英军舰队尾部杀了过去。

德国人的驱逐舰冲向英国的长蛇阵，接连发射鱼雷，在规避鱼雷的过程中，英军的阵形被冲乱了。但是，德军也没有捞到多大好处。混战中，几艘担任侦察任务的轻型舰只被击沉，几艘战列巡洋舰上也被炮弹击中，燃起熊熊大火，丧失了战斗能力，舰上人员落水逃命。

舍尔的大脑此刻异常冷静，他知道眼前的对手不是英国的几个分舰队，而是英国皇家海军的主力舰队，继续打下去会吃大亏，于是立即下令，德国舰队掉转航向 180 度，边打边向南方撤退。负伤的希佩尔的旗舰“吕措夫”号落在后面，成了英国远程大炮的靶子，被打得像蜂窝一样，瘫在水面上不能动弹。

归途被遮断，这是最让人绝望的。舍尔不想孤注一掷和杰利科的大舰队决战，那样的结果也许不是鱼死网破，而是公海舰队的全军覆没。还是要杀出一条路回去，这是唯一正确的选择。

战列舰时代，战机的把握和队形的编排往往能决定战争的胜负。老天似乎又和穷途末路的德国公海舰队开了个大大的玩笑。当他们按照自己的想法企图冲过英国舰队的尾部，撞开缺口寻求归路的时候，由于计算失误，他们又闯进了英国主力舰队的中部，成了英国所有战列舰的活靶子。

舍尔想试试运气，派希佩尔的战列巡洋舰直接冲向英国人的战列，把他们的队形冲乱，可是这一希望很快也破灭了，这支冲锋队刚刚冲出公海舰队的阵列，便被英军炮火完全覆盖。“吕措夫”号沉没；“塞德里茨”号的甲板下面灌入了5000吨的海水，在海上危险地晃动着；“德弗林格尔”号的主炮塔全部报废，甲板上横陈尸体500具；2艘战列舰受到重创。

面对严峻的形势，舍尔再次发出向后转的命令。战斗仅仅持续了15分钟，公海舰队向西撤离战场。德国的驱逐舰再次掩护了主力的撤退。它们在公海舰队的后面施放了一道浓浓的烟幕，借助烟雾的掩护，大胆的德军驱逐舰接近到7000米的距离，向杰利科的战列发射了31枚鱼雷。成群的鱼雷扑向主力舰队。为了摆脱鱼雷的攻击，杰利科指挥他的舰队，进行了两次急转，总共转过25度。公海舰队乘此机会，又一次消失在雾海之中。

7时45分，公海舰队终于从英军的炮口下平安地撤了出来，舍尔长长地出了一口气。从报告中得知，杰利科并没有把他的主力投入追击，相反，英军似乎在有意回避交战，杰利科到底在玩什么花样？舍尔陷入了沉思。良久，舍尔得出了答案：看来杰利科不愿意，或者说不敢让他的主力舰队在黑暗中同德军进行一场决战，他要把公海舰队封锁在海上，等到天亮之后，再以优势兵力围歼公海舰队。

舍尔过去曾仔细研究过杰利科，他一向以为杰利科胆小怯战，缺乏当机立断的统帅品质。但真正交上手之后，他才真正体会到杰利科的老谋深算，委实是一个不怎么好对付的人物。他不是那种大炮至上、以力取胜的将领，他好像只是在你的身边撒下一张大网，任你如何挣扎叫骂，他都置之不理，只是暗中慢慢收紧他的大网，等到你精疲力竭之时，他才会站在最有利的位置，向你刺出致命的一枪。如今，杰利科一定正在布撒他的大网，加紧部署兵力，封堵公海舰队的归途，等到明天天一亮，公海舰队就将面临着最后的决战。

不，决不能等到明天天亮，公海舰队必须在今天夜里返回德国基地。可是，如何才能做到这一点呢？双方交战的海域位于德国海岸以北，杰利科应该是向南行驶，按时间计算，恐怕英军已经插到公海舰队的前面，也就是说，德军已不可能抢在英国舰队的前面驶近德国海岸了。德国濒临北海的海岸长达数百海里，杰利科的兵力有限，不可能在整个海岸附近处处设防。他的部署中一定有弱点，只要找到弱点，才能从中杀出一条血路，返回基地。必须同英军保持接触，才能摸清他们的弱点。于是，舍尔下令，公海舰队改变了航向，开始向东南方向驶去。

在公海舰队的旗舰上，舍尔根据希佩尔的报告，推断杰利科的位置

行驶在北海上的德国舰队

和兵力部署。贝蒂的战列巡洋舰一般都是杰利科主力的前锋，贝蒂航向西南，说明杰利科的主力位于贝蒂的左后方；贝蒂出现在希佩尔的左前方，说明英军的主力位于公海舰队平行或稍前的位置，双方的距离大约16千米。按照这个态势，公海舰队不可能抢在英军的前头靠近德国海岸，唯一可取的办法是让过杰利科的主力，从英军的屁股后面悄悄地摸过去。这样即使同英军侦察兵力发生一些冲突，等到杰利科返身回来时，公海舰队已经穿过英军战列，靠向德国海岸。只要到了自己的家门口，有预设的大面积雷场帮忙，德国舰队就可以返回基地。主意已定，舍尔俯身在北海海图上，仔细推敲起下一步的航线。

在德国的海图上，明确标示着返回德国的3条路线，每一条路线都通向一段布满德国水雷的航道，这些水雷保护着进入德国海军基地的每一条通道，雷区中预留航道是德军的最高机密之一。从海图上看，3条返航路线最北面的一条是从合恩礁东面通过，中间的一条途经赫耳果兰岛，直抵威廉港，最南面的是西南航线，从这里可以直抵海岸，进入埃姆斯河入海口。

舍尔反复权衡着3条航线的利弊。西南航线，距战区最远，按公海舰队现有的航速，到达西南航线外端海域时，天已放亮，这对德军来说显然是危险的。赫耳果兰岛航线距威廉港最近，是公海舰队返航的捷径，那里海域开阔，便于机动，有利于规避英军的拦截和追击。合恩礁水道距战场最近，公海舰队只需6小时就可赶到那里，但是那里海区条件复杂，水道狭窄，在黑暗中通过需要冒很大的风险。

到底取哪条航线为好？舍尔一次又一次地在海图上量距离，计算时间。到达赫耳果兰岛的时间应该是6月1日凌晨4时左右，如果途中稍有耽搁，天色就会放亮。一旦在那里与英军遭遇，杰利科只要拖上个把小时，公海舰队就会暴露在初升的阳光下。看来唯一的选择只有合恩礁水道了。

想到合恩礁，舍尔不由得打了个寒战。任何一个航海家都知道，那里是一片十分险恶的海域，曲折的海岸和一片片暗礁、险滩，使那儿被人称为“舰队的坟墓”。即使是在平时，德国海军的大编队都尽量避开这里。像公海舰队这样庞大的舰队，在黑暗中从那里通行，且后有追兵，无疑是困难重重。但事已至此，别无良途，舍尔咬咬牙，最后下定决心，夜闯合恩礁。

9时19分，公海舰队改变航线，航向西南，直指合恩礁水道。与此同时，舍尔将行动报告海军部，请求海军部给予配合和支援。

9时40分左右，公海舰队从贝蒂的屁股后面平安地穿越了英军的第一道封锁线。10时10分，德军前卫部队的轻巡洋舰与杰利科担任翼侧警戒的驱逐舰不期而遇，战斗中德国巡洋舰“弗劳恩洛伯”号被鱼雷击沉，德军的炮火击沉了两艘英国驱逐舰。

这场突如其来的遭遇战使舍尔万分紧张，他生怕杰利科发现他的动向及时调整部署。上帝保佑，杰利科没有任何反应。11时30分，舍尔到达了杰利科主力的正后方海域，眼看着突围行动就要平安地完成了，突然，一小队英国驱逐舰出现在面前，舍尔意识到，公海舰队夜间突围的关键时刻到来了。

现在，舍尔不敢有一分钟的迟疑，他做出了他认为是唯一的选择：保持航向，加速前进，向面前的英国驱逐舰扑去。

11时30分，日德兰海战的最后一幕开始了。朝合恩礁东驶的德国舰队的先头部队，与英国的后卫驱逐舰遭遇。随之而来的是双方混乱的碰撞，在探照灯、照明弹和着火舰只的炫目光辉下进行的疯狂战斗。

舍尔没有急于让德军的战列舰投入战斗，因为战列舰炮口的闪光可能为英军的驱逐舰提供最佳的鱼雷攻击目标，他只是让前头的轻巡洋舰和驱逐舰挡住英军的第一波攻击。半小时后，等到英国驱逐舰的攻击势头减弱下来，舍尔才命令他的战列舰开始进入战场，德国驱逐舰拱卫在主力战舰的周围，随时准备用自己的舰体挡住袭来的英国鱼雷。

关键时刻，英国海军不擅夜战的弱点帮了德国人的忙。他们因为怕撞上自己的队友而频频用灯光信号联络，殊不知这样也暴露了自己，给德国军舰的火炮提供了瞄准位置。在双方近乎疯狂的鱼雷战中，上帝又一次将天平倾向了德国，让他们的主力战舰无一中雷，只是一些轻巡洋舰和驱逐舰揪住英国的驱逐舰苦苦缠斗。当然，最根本原因是，庞大的公海舰队面对的并不是杰利科的主力舰队，而只是充满了悲情色彩的后卫舰队。

凌晨3时，德国舰队冒着纷飞的炮火和鱼雷，从英舰封锁线上杀开了一条血路，现在他们终于回到了自己的家门口。舍尔在前方发现了两颗他期盼已久的灯火，那是海军部专门在雷区中设置的灯标。舍尔对准灯火，最后校正了一下方位，找到了雷区中那条秘密通道的入口。

德国战舰排成了一路纵队，一艘紧跟着一艘通过了黑暗中的合恩礁水道，向着自己的军港驶去。“腓特烈大帝”号上升起了一串信号旗：公海舰队返航归来！

日德兰海战结束了，舍尔在此战的表现无疑是优秀的。因此，此战结束后不几天，他即于1916年6月5日晋升为海军上将，同时获颁蓝马克斯勋章。

日德兰海战过后，无论是德皇威廉二世还是舍尔都不愿再次冒险让公海舰队在战斗中面对英国皇家海军。德军继续被英军封锁，其舰只仅限于在海岸附近的水域游弋。舍尔继续努力想打破德国海军所处的被动局面，转而大力鼓吹无限制潜艇战，“哪怕冒同美国作战的风险也罢”，并推动执行了所谓“舍尔计划”。这一计划旨在提升军工能力，以达到每月生产36艘潜艇的能力，但这些努力收效甚微，公海舰队的士气也因

起义的士兵把机枪从军舰上拆下来架在街头

此不断下降。德国舰队中出现了“威廉港和北海舰队秘密委员会”，在这一委员会的推动下，抗命和叛变事件时有发生。

1918年8月8日，舍尔取代豪森道夫被任命为海军大臣。这个职位使舍尔实际成为德国海军最高指挥官，他顶住压力，给海军建立了一个统一的指挥系统。

舍尔计划于1918年10月对英国舰队发动大胆的进攻，通过一个决定性的胜利来突破围困，但这一计划由于10月30日基尔水兵起义搁置下来，没有被执行。11月9号，舍尔被威廉二世免职。在12月新的德国共和政府成立后，舍尔于12月17日正式退役。

4

德国第1侦察舰队指挥官希佩尔

在日德兰海战中表现出色的希佩尔，出身寒微，军旅生涯也不是一帆风顺。1863年9月13日，希佩尔出生在巴伐利亚的维尔海姆的一个以酿酒为生的家庭。到18岁时，成为了德意志帝国海军中的一名候补军官，并于3年后接受了军官任命，先在北海的扫雷艇上任职，后在帝国快艇“霍亨索伦”号上担任领航军官。在1908～1912年间，他指挥过许多轻型装甲巡洋舰，1912年晋升为海军少将，并担任侦察分舰队指挥官。到第一次世界大战之前，希佩尔一直领导着公海舰队的侦察分舰队。

当战争爆发后，希佩尔率领他的战列巡洋舰编队潜伏在危险的北海海域，在战争初期多次实施了对英国海岸“打了就跑”的袭击行动，尤其是1914年11月3日对戈尔斯顿和12月16日对斯卡巴勒和哈特普尔的炮轰非常成功。这些偷袭性质的行动打死打伤了许多英国平民，以至于他被英国人称之为德国海军的“婴儿杀手”。

在对斯卡巴勒的袭击后，英国军方鉴于舆论的压力，决定努力寻找希佩尔的舰队，并将其摧毁。这种努力带来了随后的多格尔沙洲海战。

1915年1月23日，希佩尔再次率舰队从亚德湾出发前往英国沿海寻找战机，这支舰队下辖3艘战列巡洋舰和1艘重巡洋舰，并且有6艘轻型巡洋舰和20多艘驱逐舰的支援。他受领的命令是24日凌晨对多格尔沙洲一带进行侦察，截击和摧毁这一区域的任何英国侦察军舰。这时英国已经破译了德军的密码，通过无线电侦听截获和破译了希佩尔的出航命令，于是派遣海军上将戴维·贝蒂指挥的战斗巡洋舰分舰队前往拦截。24日，贝蒂在位于德国和英国中途的多格尔沙洲附近成功地伏击了希佩尔，重创希佩尔舰队。希佩尔转舵逃走，但贝蒂以优势的速度追上并攻击敌舰，使德军重巡洋舰“布吕歇尔”号失去作战能力，同时还击伤了希佩尔的旗舰“塞德里茨”号。希佩尔这时指挥正在撤退的德国战列巡洋舰集中向英舰队旗舰“雄狮”号开火，成功地迫使贝蒂的旗舰退出战斗。接任贝蒂指挥的阿奇博尔德·穆尔少将错误地理解了贝蒂的命令，转头集中攻

德“诱饵舰队”司令希佩尔

击“布吕歇尔”号。这样，借助良好的作战技巧和运气，希佩尔成功地逃离了英国人设下的陷阱。

这一战果让英国人十分恼怒，贝蒂后来回忆说：“那天的失望使我不堪回首。每个人都以为那是个大胜利，而实际上却是一场惨败。我原是打定主意要打沉全部4艘的。我们原是能够击沉4艘的。”

德皇对这一失利更是十分不满，他立即解除了英格诺尔的公海舰队司令的职务，因为他的战列舰队没能及时地援助希佩尔舰队。德皇同时也命令希佩尔舰队应避免进一步的冒险，以免再次损失主力战舰。

经过连年的征战，尤其是与老对手贝蒂的几次较量，希佩尔海军中将越来越成为一名“精力充沛、容易冲动、感觉敏锐、具有海员慧眼”的海军军官，他所统辖的第1侦察舰队，经过不断更新装备，也成了公海舰队的精华所在。其中包括5艘战列巡洋舰——“吕措夫”号、“德弗林格尔”号、“塞德里茨”号、“毛奇”号和“冯·德·坦恩”号，5艘战舰是清一色的“无畏”级战列巡洋舰。

1916年5月31日，破晓前的黑暗笼罩着威廉港，港口狭窄的出口处，一队幽灵般的战舰悄悄驶出，最先一艘是希佩尔的旗舰——排水量26000吨的“吕措夫”号。根据作战命令，希佩尔的第1侦察舰队将驶向丹麦海岸直到斯卡格拉克，这是一条从北海伸出的288千米宽的海峡，把丹麦和挪威分割开来。在这一次的任务中，他的舰队被称为“诱饵舰队”。执行这样的任务，对于希佩尔来说是轻车熟路，习以为常了。舰队一出航，他就一直站在舰桥上，随时处理可能发生的各种情况。在他的身后，站着一位名叫雷德尔的年轻参谋。30年后，正是这位参谋率领纳粹海军，在大西洋上同英国皇家海军进行了另一场殊死搏斗。

希佩尔小声对雷德尔说：“把无线电波的功率调到最大，每隔五分钟就发一次报，我们要让那些英国人快点找到我们。”

战列舰的舰艏劈波斩浪，在茫茫的北海海面上划出一道深深的印痕，这支舰队的武器系统和机动性能都让希佩尔感到骄傲。他心中暗暗攥着一股劲，快点遇到英国舰队，狠狠给他们点颜色看看，然后扭头就走，哈哈，这样的战术确实很有意思。

下午2时15分，“埃尔平”号率先发现了英国军舰，立即报告了希佩尔，希佩尔在舰桥上也远远地望到了英舰的主桅，6艘战列巡洋舰向着自己的方向飞速驶来，看样子是来拦截他们的。双方节节逼近，更近一些，希佩尔终于看清了来人，竟是他的老对手贝蒂的舰队，真是不是冤家不聚头。在更远的地方，似乎还有4艘更大的“伊丽莎白”级战列舰。希佩尔在看清了英国舰队的全部阵容后，不禁暗自高兴：看来战前的估计完全正确，英国果然派出了10艘主力战舰，前来拦截公海舰队的袭击。他没有犹豫，命通信兵将情况火速报告舍尔，同时下达了转向的命令，“诱敌舰队”快速掉头，转向东南方向的舰队主力驶去。

敌人果然上当了，英国军舰开足马力急急追赶过去。

3时47分，“吕措夫”号上，希佩尔目不转睛地注视着桌子上的海图，几名参谋正根据推算出的航位，不断标出舰队的位置，测距兵不断地报出与英军的距离。“14000米！”希佩尔抬头看了看越来越清晰的英国军舰，下达了开火的命令：“目标英国舰队，全体射击！”

德国战列巡洋舰队的大炮射出了第一批炮弹。炮弹尚未落下，只见远处的英国军舰的炮口处，大团的浓烟挟着枯红的火焰喷射而出，英国人也开火了。

希佩尔站在舰桥上，审视着整个战场。在双方刚刚交火时，他曾有些担心：他所面对的英国舰队，在数量上有6∶5的优势；在吨位上，有30%的优势；在速度上，至少有2节的优势；在火力上，他的16门305毫米火炮和28门280毫米火炮，要对付32门340毫米火炮和16门305

毫米火炮。在敌人战列巡洋舰后面，还紧跟着4艘巨无霸般的“伊丽莎白”级重型战列舰，那上面一共有32门380毫米的巨炮。战事如果处于胶着状态，不到半小时，380毫米的炮弹就会落到他的头上。

“决不能减速。”希佩尔暗自盘算着：“现在只能仰仗坚厚的装甲和良好的生命力了，如果哪一艘军舰受伤失速，只好听天由命了。哪怕只剩一艘战舰，只要挺过一小时，舍尔的舰队主力就能赶到，那时候再回头收拾他们。”

双方舰炮仍在齐射，一排炮弹打来，在“吕措夫”号的舷侧激起高高的水柱。透过散去的硝烟，希佩尔发现，一马当先追在前面的正是“雄狮”号，贝蒂的将旗正挂在“雄狮”号的主桅上。希佩尔下令：“发信号，让‘毛奇’和‘塞德里茨’号集中火力，先打‘雄狮’号！”

一排炮弹打来，轰然一声巨响，一发炮弹命中了“雄狮”号的前甲板，“雄狮”号舰艏向下一沉，前甲板上，一座副炮炮塔飞上了天空。2分钟后，“毛奇”号上发出的又一发炮弹命中了“雄狮”号的后甲板。德国的军舰虽然也被击中，但是由于主炮和甲板装甲的厚度远远超过炮弹的穿透力，虽有损伤，却没有致命的威胁。

很快，“吕措夫”号的炮弹又一次命中“雄狮”号，终于使它脱离了战斗序列。截至目前，希佩尔对自己的舰队的表现感到十分满意。但是，他十分清楚，他的使命是诱敌，仅凭借他手上的军舰，不可能完全吃掉当面的英军，他必须把敌人拖到舍尔面前。于是，希佩尔向舰长们下达了新的命令：与英舰保持火力接触，集中火力，攻击英舰“不屈”号和“玛丽女王”号。他要乘敌人的战列舰赶上来之前，再狠狠地敲打一下老对手贝蒂。

“不屈”号是一艘19000吨的英国战列巡洋舰，从海战一开始，它就在与德国战列巡洋舰“冯·德·坦恩”号进行着殊死的决斗。280毫米的德国穿甲弹和305毫米的英国炮弹穿梭往来，拖着橘色尾焰的炮弹，在空中流星般地穿行，仿佛架起了一道火的桥梁。当“雄狮”号退出战列后，“吕措夫”号调转炮口，加入了对“不屈”号的战斗。一次漂亮的交叉射击命中了“不屈”号，两枚德国穿甲弹穿透了“不屈”号的前主炮装甲，在炮塔内爆炸，引燃了炮塔内的发射药，火势蔓延，大团的黑烟从炮塔的破口冒出，越升越高。30秒后，大火烧到了弹药舱，接着便是山崩地裂的大爆炸。上千吨的炮塔像玩具一样，被抛到了60米的高空，“不屈”号的舰身猛地一抖，向左倾转，翻入水中，随着一个巨大的漩涡，庞大的战舰被海水吞没。舰上的1017名海军官兵随舰丧生，全舰仅有两人获救。

厄运继续笼罩着皇家海军，这回倒霉的是“玛丽女王”号。当“德弗林格尔”号与“玛丽女王”号打得难解难分之时，刚刚重创了“雄狮”号的“塞德里茨”号也赶来助阵。“塞德里茨”号的到来，打破了双方的平衡。在两艘德舰的交叉射击下，“玛丽女王”号无法招架。4时20分，一发炮弹命中了“玛丽女王”号的舯部炮塔，火炮顿时失灵。4分钟后，“德弗林格尔”号的一次齐射，使“玛丽女王”号的舯部炮塔又中3弹。又过了两分钟，“塞德里茨”号的两发炮弹也击中了“玛丽女王”号，炮弹穿透了厚厚的装甲，一直打到底舱，爆炸摧毁了粗壮的龙骨，3万吨级的“玛丽女王”号一分为二，沉入海中。

英国海军“不屈”号

英国战列舰的炮声提醒希佩尔，他与贝蒂单打独斗的时间不多了。因此，他一面督促“塞德里茨”号和“德弗林格尔”号加紧围攻“玛丽女王”号，一边向待在场外的德国驱逐舰队下达命令，拖住英国战列舰。

当主力战舰激战正酣时，双方的驱逐舰照例远远地待在场外。薄弱的装甲，使它们无法抗住大口径火炮的一击。它们的任务是在更大的范围内进行战场侦察，抢救重伤的战舰，必要时冒死一击。接到希佩尔的命令，一队德国驱逐舰以34节的高速，向迎面驶来的英国战列舰发射鱼雷。12枚德国鱼雷冲向英国战列舰，蓝色的海面上出现了白色的鱼雷航迹。德军的鱼雷攻击虽没有给托马斯的舰队造成伤害，但却使他丧失了宝贵的时间。就在这时，“玛丽女王”号爆炸沉没。

托马斯的舰队加入战斗行列，使希佩尔的处境变得困难起来。海面上的三支编队形成了一个三角形。贝蒂的编队已超过希佩尔，开到了最前面，在他的左侧后方是德国的战列巡洋舰。贝蒂的正后方，希佩尔的右后侧是托马斯的战列舰。希佩尔开始承受来自两个方向的炮火。在冰雹般的英国炮弹下，德国舰队顶不住了。希佩尔指挥他的战舰，且战且退。

德军士兵们开始恐慌起来。但旗舰上的希佩尔却十分镇静。只要再坚持十几分钟，舍尔的舰队主力就会赶到。就在这时，瞭望台上的观测兵激动地喊了起来：“公海舰队，我们的公海舰队到了！”

前方，一队德国战列舰的桅杆，出现在水天线上。而此时，希佩尔的舰队已是狼狈不堪。“冯·德·坦恩”号上，上层建筑已经崩塌，所有的主炮都已扭曲成无用的废铁，整个军舰变成了一堆难看的漂浮物。“吕措夫”号伤痕累累，一座蒸汽锅炉被炮弹击中，高压蒸汽喷向天空，形成一团壮观的浮云，战舰损失了1/3的航速。“德弗林格尔”号舰员伤亡180人。但是，希佩尔付出的这些代价是值得的，他不仅给英国人以重创，更重要的是，他完成了诱敌的任务。

让他始料未及的是，他引来的不是英军的一个舰队，而是皇家海军的全部力量，这可能给德国的公海船队带来灭顶之灾。一阵混乱的炮击之后，希佩尔的舰队损伤已经非常严重，他接到了舍尔发出的撤退命令，立即收缩队形，掩护着受伤的“塞德里茨”号和“吕措夫”号转向西方驶去。

此时，舍尔又交给希佩尔一个近乎悲壮的任务，掉头袭击英军舰队的尾部，从那里冲开英军防线，设法让公海舰队主力返回自己的基地。希佩尔知道，这是个置之死地而后生的计划，而将这个先锋的重担交给自己，则是无比的信任。

简单调整了一下队形，7时30分，希佩尔的战列巡洋舰和德军先头的战列舰穿出薄雾，在英军战列的左舷出现了。由于计算错误，德国舰队没有冲向杰利科战列的尾部，而是闯进了英军主力的中部。可他清楚地看到“腓特烈大帝”号上舍尔发来的旗语：冲向敌人，直接冲去！

希佩尔的战列巡洋舰遵照命令，向敌人猛扑过去，可猛烈的炮火连续命中这艘已经破损的“吕措夫”号，甲板在吱吱作响，大火吞没了整个上层建筑，大量的海水从破口处涌入舱室。这艘屡建奇功的战列巡洋舰再也撑不住了，在舰长的劝说下，希佩尔离开了他的旗舰。

几分钟后，希佩尔的将旗升起在“毛奇”号的桅杆上。当他回头寻找他的战舰时，“吕措夫”号已完全湮没在炮火之中。这次冒险冲击，使希佩尔的战列巡洋舰遭到了沉重的打击。除“吕措夫”号沉没外，其他军舰也都损失惨重。“塞德里茨”号的甲板下面，灌入了5000吨的海水，在海上危险地晃动着。“德弗林格尔”号的主炮塔全部报废，甲板上横陈尸体500具，2艘战列舰受到重创。

也许正是这个破釜沉舟式的冲击，再加上驱逐舰靠近实施鱼雷攻击和释放烟幕，吓住了英军主帅杰利科，使他放弃了倾尽全力和公海舰队一搏的念头，才给舍尔海军中将及其公海舰队制造了战略机动的机会。

这次“死亡冲击”使希佩尔又一次名声大噪，他因此被封为巴伐利亚王国的贵族，在自己名字里加上了“冯”字。

日德兰海战后，由于德国海军转向潜艇战，希佩尔少有作为。1918年8月，希佩尔接替舍尔出任公海舰队司令。战争结束后，希佩尔亲眼目睹了公海舰队向英国人投降。在1918年12月23日，希佩尔从现役中退休，平静地度过了余生。卒于1932年5月25日。

5

英国主力舰队司令杰利科

1859年12月5日，约翰·拉什沃思·杰利科出生在英国南安普敦一个商船船长的家庭。父亲的航海经历和在皇家海军中供职的亲戚的影响，使他从小就喜欢海洋，立志要当一名出色的海军，一有机会就学习与海洋有关的知识，很早就研究起了世界海战史。上帝垂青了这个矢志建功大洋的年轻人，13岁那年，他以见习士官的身份进入英国皇家海军，并且获准登上训练舰“布罗塔尼亚”号接受军事训练。两年以后，他以优异的成绩结束训练，成为了一名候补军官。

杰利科

和很多优秀的将领一样，在随后的军旅生涯中，杰利科便向世人展示了一份非比寻常的履历表：1880年，晋升中尉；1882年，参加埃及战争；1883

年，从格林威治皇家海军学院的射击专业毕业，获奖金 80 英镑；1884 年，成为英国战舰“优异”号上称职的火炮射击手；1886 ~ 1888 年，在战舰“国王”号任射击上尉，成为炮术和鱼雷进攻的专家；1890 年任海军部军械署长助理；1891 年，在地中海舰队海军上将乔治·特赖恩爵士的旗舰“维多利亚”号上任舰长；1897 年元旦，开始在军械委员会任职；1898 年，任英国战舰“森都里安”号上校指挥官；1900 年 6 月，作为海军上将爱德华·西蒙率领的分舰队旗舰舰长，参加了八国联军侵华战争，在镇压义和团运动中，他在陆上身负重伤，一颗子弹从此留在他的肺中，伤愈后任海军部第三大臣助理，被封为巴斯勋爵；1903 年 8 月，被任命为装甲巡洋舰“德雷克”号的指挥官；1905 ~ 1907 年，任海军部军械署长；1907 年 8 月，晋升为海军少将，在大西洋舰队任职；1908 年，在费舍尔爵士手下任第三海军大臣，负责海军军械的现代化和“无畏”级战舰的装备计划；1910 年 12 月，晋升为海军副中将，指挥大西洋舰队，后调回国内任第二分舰队司令；1911 年 11 月，获批准正式成为海军中将，任大舰队副司令；1913 年，成为第二海军大臣，并在该年的军事演习中任红方舰队指挥官，此后在乔治·卡拉汉爵士之下任本土舰队副司令；1914 年，任主力舰队司令；1915 年 3 月，晋升为海军上将。

杰利科就这样成为了继 1588 年的查理·霍华德以后首位在战争中指挥整个海军舰队的海军上将。他的老上级费希尔曾经断言：“在大战来临时，他将会是又一个纳尔逊。”纳尔逊是英国皇家海军之魂，是不朽的精神支柱，也是杰利科从小就崇拜的英雄，但他并没有因为这个公开的赞誉而忘乎所以、盲目自信，相反，他更加清醒持重，或许正是因为他的这份一丝不苟和小心谨慎，使他在即将迎来的大战中失去了绝佳的发挥空间。丘吉尔这样评论：“世界上只有一个人可以在 5 分钟内输掉整个战争，这个人就是杰利科海军上将。”

背负这种沉重的责任，杰利科考虑到德国公海舰队的威力、潜艇和水雷的威胁，决定采用“远程封锁”战略，就是以巡洋舰分舰队为主，构成固定的封锁性巡逻配系，全面搜索北海海域，战列舰分舰队在港中待机支援，这样尽管动作迟缓些，在初期效果不尽完善，但逐渐加强，终于像巨蟒一样无情地越缠越紧。英国皇家海军就这样以斯卡帕湾作为大舰队的基地，静待德国舰队出现，对于海上作战采取谨慎的防御性态度。那个时候，公众普遍期待着在北海进行一次特拉法加式的海上主力决战，再显皇家海军的雄风，可杰利科的表现与之形成了鲜明的对比，他认为皇家海军的主要任务是提供英国远征军的补给和保持对德国的经济封锁，并且，他不愿意让他的战舰冒任何不必要的危险。

凡事总有例外，一旦时机成熟，杰利科也会毫不犹豫地出手，务求一击成功。1914 年 8 月 28 日，英国的潜艇和驱逐舰队，在战列巡洋舰的支持下，驶入了赫耳果兰湾德国海军的基地，其用意是想通过突然袭击来转移德国人对英国海军陆战队在奥斯坦德登陆的注意力。

德国猝不及防，3 艘轻巡洋舰以及 1 艘驱逐舰被打得粉身碎骨，沉入海底，另有 3 艘受到重创，1000 余名人员，包括 1 名海军上将和 1 名海军准将，在炮火下丧命或落水溺毙，另有 200 多人，包括海军大元帅蒂尔皮茨的儿子在内，当了俘虏。英国战舰无损失，伤亡约 75 人。如此巨创，使德皇丧胆，死心塌地再也不敢跟英国人较量了，他下令海军不得再冒险行事，“务使军舰免遭损失”。德国舰队如无德皇的批准，不得进行重大调动。此后，当英国海军在德国周围筑起封锁围墙时，德国海军只是消极地看着。英国海军牢牢掌握了制海权，切断了德国及其盟国的海外贸易和海外联系。

1916 年 5 月，德军电报密码的破译又给英国创造了一个绝佳的机会。当德国海军一支舰队在希佩尔中将率领下将向斯卡格拉克海峡调动的情报摆在杰利科桌上时，他的嘴角扬起一丝不易察觉的微笑，他预感到这是一个机会，如果集中兵力，在短时间内将这部分舰队全歼是有把握的，可是很快，他的脸色又恢复了冷峻，因为他想不明白，德军指挥官，他的老对手舍尔海军上将葫芦里究竟卖的什么药，凭他对舍尔的了解，这个人虽然好战，但绝不做赔本买卖，断然不会将这么大一块肥肉送到自己嘴边，唯一的可能就是，这是一个诱敌计划！

杰利科的大脑在飞速地运转，过去十几天，海军部一直在监视公海舰队的动向，发现德军的潜艇开始驶入英国军港外围的阵地，按照惯例潜艇抵近地方军港构成侦察、拦截阵地，预示着海上编队将会有较大的作战行动。既然如此，那就将计就计吧。经过一夜不眠不休的计划筹谋，杰利科和他手下的高参们制订了一个周详的计划，他将制胜的关键——诱敌——交给了他深为信赖的下属戴维·贝蒂海军上将，只要他率主力部队按照计划实现编队队形的展开，前后夹击德国海军就易如反掌。他深以这份计划为傲，只是他不知道，他的这份计划几乎和对手的如出一辙。

5 月 31 日拂晓，抱着相同目的的英国舰队和德国舰队几乎同时出海。杰利科率领 24 艘战列舰和 3 艘战斗巡洋舰驶离因沃内斯港；贝蒂率领 4 艘战列舰和 6 艘战斗巡洋舰，作为诱敌深入的前锋舰队，离开罗西恩。它们分别向东驶去。英国主力舰队是海战进入装甲舰时代后人类所目睹的最壮观的舰队。除贝蒂的 6 艘战列巡洋舰外，还有托马斯少将指挥的由 4 艘最具威力的“伊丽莎白”级战列舰、14 艘巡洋舰、27 艘驱逐舰组成的第 5 舰队，伯尼中将的第 1 舰队，杰拉姆中将的第 2 舰队，斯迪特中将的第 4 舰队，胡德少将的第 3 舰队，总计 24 艘“无畏”型战列舰，3 艘“无畏”级战列巡洋舰，8 艘装甲巡洋舰，12 艘轻巡洋舰和 52 艘驱逐舰。指挥着这样一支豪华舰队，杰利科心中斗志满满。很快，他就收到截获的德军电报，电文上说：“敌人出动。”看来贝蒂的引诱舰队已

行驶在海面上的强大英国舰队

经让德军的巡逻潜艇侦察到了，计划的第一步已经成功。

下午2时15分，杰利科的主力舰队正在距贝蒂60海里的洋面上航行。恶劣的气候，导航的误差，以及规避德国潜艇的“Z”字形航线，使英国舰队的行动速度如龟爬一般。当前方发现敌情的报告传来时，并未引起杰利科的重视。他认定德军的企图不过同以往一样，又是一次骚扰性的袭击行动。贝蒂的10艘战舰对付5艘战列巡洋舰绰绰有余，特别是那4艘“伊丽莎白”级战列舰，更是无敌天下，德军的战列巡洋舰绝不是它们的对手，等到他赶到战场，恐怕只剩下一些残羹剩饭了。等德国公海舰队主力从威廉港赶到这里，他和贝蒂早就带上俘虏打道回府了。

真正让杰利科担心的是那些出没无常的德国潜艇。开战以来，折在它们手下的英国大型战舰已将近10艘，要是他的主力舰队再受到不该有的损失，那他的职位可就难保了。

前方隐约传来炮声，应该是贝蒂的舰队和敌人交火了，前方的战报不断传来，杰利科越听越恼，这个莽撞的家伙打起仗来总是顾前不顾后。问题是希佩尔在占有优势的敌人面前不急于逃命，而是在拼死抵抗，似乎有点反常。难道舍尔又在玩什么花招？杰利科越想越不对劲，他站起身来传下命令，让胡德率领第3战列巡洋舰队全速赶赴战场支援贝蒂，他自己也把航速提高到20节，向东南方向的战场驶去。

下午3时10分，英国航空母舰“思格戴恩”号甲板上的武装侦察飞机出动，去执行战斗任务。这是海战史上首次出现以飞机配合作战。拉特兰上尉驾驶飞机，翱翔蓝天，不断将德舰动向，通过无线电报告给自己的舰队，使英国舰队能够及时赶上前去，展开战斗。飞机传回的讯息是：双方的巡洋舰正全速向东南方向行进。很快，英国的无线电探问站辨出了2.8万吨的“巴伐利亚”号是德国海军的主要无线电通信部队，而这支部队已经离主力舰队不远了。

4时40分，发现敌公海舰队的消息传到“铁公爵”号上，杰利科惊出了一身冷汗，海军部的那帮混蛋简直是吃干饭的！他急忙走进作战室，几名参谋根据报告，正匆匆地将几支舰队的方位标在海图上。杰利科仔细地查看了一阵海图，开始琢磨下一步的行动。他将主力舰队以每4艘战列舰排成一纵列，逐渐展开成6行并列队形，各队相距1800米，队内各舰首尾相距450米，整个舰队形成了一个数平方千米的庞大方阵，整整齐齐地向南推进。各种轻型舰艇照例配置在前方和两翼，担任警戒掩护。这是装甲舰时代舰队投入战斗前的标准队形。按照这个队形，无论敌人出现在什么方位，只要一个口令，舰队转向便可转入战斗队形。对于这些排水量万吨以上的庞然大物，在海上按如此密集的队形航行，需要极高的技术，稍有不慎，便会发生灾难性的碰撞。

远处的海平面上依稀出现了德国舰队的影子，位于杰利科左前方由阿巴思诺特少将率领的第2装甲巡洋舰队最先发现了敌情，但他的任务不是和舍尔的战列舰交战，只是查明敌情，掩护杰利科的主力展开成战斗队形。根据他的判断，这一定是舍尔的侦察兵力，他必须驱散这群讨厌的驱逐舰。然而，灾难发生了，希佩尔的战列巡洋舰和舍尔的第3战列舰队在6400米远的烟雾中出现了，阿巴思诺特连转舵规避的命令都来不及下达，德军战舰的炮弹就落到了他的头上。

此时，杰利科的6路纵队正在海上浩浩荡荡地行进着。这片海区被

英舰炮猛烈轰击德舰

称为“风管”，能见度差，海面上的薄雾和战场上飘来的黑烟，遮蔽了视线，炮声清楚地传进耳中，但却难以看到交战的情况。杰利科推算，他离战场的距离已经很近。杰利科现在的方阵队形只是投入交战前的预备队形，这种队形不适合战斗，因为方阵中大多数战舰的射界被己方的舰艇遮蔽，只有少数的舰炮能够向前射击。只有各舰依舷侧排成一行，容许每舰的舰艏炮群和舰艉炮群同时瞄准，才能发挥最大限度的火力，因此，杰利科当前最需要的是找准战机改变队形。

终于，贝蒂的“雄狮”号出现在远处的烟雾中。德国舰队正好向英国主力舰队右侧翼行进。杰利科在作战室紧张地汇总着之前的战报，以便更清楚地判断战场形势和双方的战损情况，他的额头上渗出了层层汗珠，因为他已经意识到形势的严峻，首先是低估了德军的反应速度。德军在见到英国舰队时，没有丝毫的慌乱，他们在第一时间开火了，而且一击即中；其次是错误地估计了德军的射击技术和炮弹质量，他们的穿甲弹可以轻而易举地穿透任何一艘英舰的防护装甲，而自己舰上射出的炮弹却在刚刚触及对方装甲时就爆炸了。连同贝蒂的旗舰“雄狮”号在内，英军有 3 艘战列巡洋舰、2 艘巡洋舰和 3 艘驱逐舰被击沉，而德国公海舰队只损失了 1 艘巡洋舰和 2 艘驱逐舰。

双方在对峙中紧张地运动着兵力。在第一轮的交锋中，杰利科虽然付出了很高的代价，但他通过破译的德军电讯了解到，舍尔至今还不知道英国海军的全部主力已在眼前，无论杰利科付出了多高的代价，德国人总归是在按照他的计划逐渐钻入陷阱，所以，杰利科决战的决心丝毫也未动摇。

随着双方主力间的距离越来越近，指挥舱内的气氛也越发紧张起来。海军部的特急电报一封接一封地送到杰利科手上，情报专家们正在根据德军电讯确定公海舰队变动中的方位。下午5时45分，杰利科接到通知，知道敌人在一小时一刻钟之前在什么地方。他决定采用大胆的横穿“T”头战术。该战术的实施，要求舰队从敌舰队中央穿过，切断敌舰队，突破点选择在敌人旗舰上。这样可以一举摧毁敌舰队指挥中枢。这一战术也是英国海军史上著名的将领纳尔逊在特拉法加海战中独创的。现在，杰利科又把它用到了舍尔的头上。

几秒钟内，他的左纵队全速向前行进，其他5个纵队顺利地鱼贯而行，直到24艘无畏舰排成一条1.5万码长的作战队形，向东南行驶。老天似乎也帮英国的忙，当皇家舰队炮火齐射时，除炮口发出的闪光外，杰利科的舰只被东方天空的阴暗和德舰烟囱里吹向东方的浓密煤烟所遮蔽。残阳西下，把一片如血的霞光泼洒在海面上。大炮发出震天巨吼，战舰

德舰“吕措夫”号被击伤，舰上水兵乘救生艇逃生

喷吐着浓烟和烈火，血色的海水中飘荡着尸体和垂死的水兵。人类历史上最宏大壮观的装甲舰队大决战开始了！

短短几分钟内，舍尔的前锋舰只就受到了致命打击，“恺撒”号战列舰命中起火，“吕措夫”号的船头几乎沉到水线以下。剩下的各舰一齐转了 180 度，作战队形转向右舷，然后在鱼雷艇的掩护下开足马力向西南方向逃去，很快在薄雾中消失了。

此时，在“铁公爵”号上，杰利科拒绝了参谋们的建议，没有下达追击的命令。他认为，舍尔是逃往西南方向，按此航向，公海舰队离自己的基地越来越远。他肯定还会回来的。如果他冒失地下令追击，说不定正中舍尔的下怀，德国舰队会用鱼雷和水雷来对付英军。对于这些可怕的水中利器，英国的战列舰一定会蒙受更大的损失。眼下的当务之急是调整队形，匆忙之中加入战斗已使他的战列混乱不堪，他必须在最短的时间内把整个战列转过 90 度，横挡在舍尔的东面，堵住舍尔的退路。只要舍尔回来之前英军完成部署，那么舍尔的行动就是自投罗网。

德国人果然掉头回来了，驱逐舰队冲向英国的长蛇阵，接连发射鱼雷。英舰不得不自行规避，破坏了航行队形，其计划未能实现。不过，英军的这一行动已占据了有利位置，他们借助傍晚时分东方天空的阴暗和德国军舰吹向东方的滚滚浓烟，把成千上万发炮弹劈头盖脸地砸向舍尔的德国舰队。混战中，德国几艘担任侦察任务的轻型舰只甚至来不及发出警报，就被英舰强大的炮火击沉。德国几艘战列巡洋舰上也燃起大火，丧失了战斗能力，剩下的再次调转航向，向南方边打边退。但他们没有忘了在撤退之前狠狠地咬英国人一口，把冲在最前面的排水量 1.7 万吨的“无敌”号打成两半，几分钟后，这艘军舰连同 1000 余名官兵和胡德少将一起沉入海底。

杰利科站在旗舰上，看着德国舰队渐渐离去，他担心德国舰队在退却时布雷，害怕追击时遭到袭击，因而没有下令追击，反而命令舰队倒转航向，然后再稍稍改变一下航向，使英国舰队处在敌舰队与其基地之间的位置上，并形成一个浅浅的新月状队形，等待德国舰队自投罗网。

7时10分，希佩尔的战列巡洋舰和德军先头的战列舰穿出薄雾，在英军战列的左舷出现了。由于计算错误，德国舰队没有冲向杰利科战列的尾部，而是闯进了英主力舰队的中部。这无疑又给英国人送了一份大礼，杰利科下令稍稍改变了一下航向，以便缩短同德军的距离。随后，英海军几乎所有的战列舰都加入了战斗，密集的炮火使德国舰队陷入一片火海之中。

战斗仅仅持续了15分钟，受伤的公海舰队再次撤入茫茫大海，向西逃去。

追，还是不追？对杰利科来说，这是个难题。下达追击的命令容易，但主力舰队很可能在追击中遭到损失。现在天色已黑，海面上再也看不到鱼雷的航迹，一旦德军在撤退之中发射鱼雷，连发现都很困难，更不用说规避了。不追是安全的，再说德军是向西逃，它们能逃到哪里去呢？只要堵住他们的退路，舍尔早晚得自投罗网。看来不追才是上上之策。

杰利科最终还是选择了他认为最为稳妥的行动。英国舰队不仅没有追击，反而在躲避鱼雷而转向后的航线上继续航行了25分钟，这个航向正好与舍尔逃走的方向背道而驰。

杰利科命令杰拉姆中将率第2战列舰跟随贝蒂，向西南偏南方向驶去，并把他的主力舰队重新编成了3路纵队，转向西南方向，英军的队形又回到了预备交战的状态。按杰利科的计算，舍尔已经向西开出了至少24千米，他不会再向西去了，否则他会离自己的基地越来越远，因此公海舰队应该在脱离我军威胁后不久转向向南，试探着向自己的基地返航，但是他们任何向东的航行，都会与贝蒂相撞，而自己的第2战列舰队的7艘战列舰紧跟在贝蒂之后，随时可以支援贝蒂作战，这样看来，只要封锁归路就妥了。

杰利科将英军主力舰队部署为三部分，贝蒂在西南方向的最前端，在他的东北稍后，是杰拉姆中将的第2战列舰队，再往东北，是杰利科的舰队主力。贝蒂和杰拉姆的轻型兵力，被配置在他们各自的右前方，以防止德军的鱼雷袭击，而杰利科把他手下的驱逐舰配置在编队之后担任后卫。三部分兵力由右向左梯次排开，同时向南行驶，这样就形成了对公海舰队归途的有效封锁。

不出杰利科的预料，贝蒂很快又和德国海军交上火了，在夜色和薄雾的掩蔽下，战况显得更加扑朔迷离。“铁公爵”号上的杰利科在接到贝蒂的报告后，得出了两个结论。第一，主力舰队必须马上改变航向。因为从海图上看，英军此时的航向是西南，而德军的航向是东南，这样要不了多久，两军的主力就会相遇，一场大规模的夜战就会发生。这种夜战既可能给英军造成损失，也可能使舍尔穿过英军战列，突破封锁。因此英军必须改向东南，保持与德军平行的航线，这样既便于监视敌军，又可以避免夜间的决战。第二，舍尔现在正在寻找一条合适的突围路线，按现有的航向，德军将最终驶往赫耳果兰岛西南的海上航道，从那里返回基地。

英舰队在追击德国舰队

杰利科根据第一个判断，向英军下达了转向命令。9时过后不久，主力舰队由原来的航向进一步向东转过一个角度，与杰利科推测的德军航向保持平行。杰利科的判断大体上是正确的。但其中有个漏洞，那就是他把两军的间距估算得过大，因此英军转向之后，公海舰队实际上是跟在了贝蒂的屁股后面，与杰利科的主力保持大致平行的航向，这实际上使德军突破了贝蒂的封锁线。

对于第二个判断，杰利科没有急于作出处置。他判断德军最有可能的返航路线是合恩礁航道。在合恩礁海域与其决战？不行，那里海区条件太差，夜间作战的结果必然是两败俱伤。但万一舍尔前往赫耳果兰岛航线，主力舰队岂不是白忙乎一场？杰利科思前想后，最终拿出了一个折中方案：保持航向，以不变应万变。他的构想是，英军不一定要通过一场最后决战彻底消灭公海舰队，只要能给德军造成较大的损伤，让它老老实实地待在港内，英国就足以维持制海权和海上交通，这场战争最后也就赢定了。

11时30分，海军部关于德国公海舰队的通报终于送到杰利科的手中。这份电报明确地告诉杰利科，公海舰队将经合恩礁返航。情报是准确的，但因为情报机构的分析判断过程，却足足迟到了2小时15分。

对于海军部情报局的无线电侦听，杰利科之前一直是非常信赖而又深深倚重的，他甚至认为自己能够掌握德军的无线电通信，而对方对自己一无所知，这是他们的一大优势。可事实证明，他们被德军骗了，威廉港内的无线电台分明传达的是公海舰队主力仍然在港内的信息，可他们却奇迹般地突然出现了。这一次，会不会又是德军利用电报耍的花招呢？参谋们不知道，杰利科也拿不准。

思忖片刻，杰利科下达了命令："通知后卫各驱逐舰分队，德军主力可能在11时30分左右穿越我军战列后方，航向东南偏东114度，航速16节，各分队可按战场情况，以单舰或分队为单位予以攻击。"但英国舰队主力仍然保持在原有的航向上，以17节的速度向东南方向前进。

杰利科在舰上

为什么这样决策？杰利科说：“我们不能在一次舰队决战中留下任何碰运气的事，因为我们的舰队对英国的存在是一个，也是唯一的至关重要的因素。”

结果就这样注定了，英军主力舰队撤出战场，剩下一些老旧的战列舰，终究没能拦住德军的归路，但他们的结局异常壮烈。

4时15分，海军部通知杰利科：舍尔已安全通过了合恩礁水道。杰利科带领失望的主力舰队，走上了返航的归途。

血战归来的英国舰队，带着肢体不整的死者，呻吟的伤者，驶向港口。队形是不整齐的，舰容是憔悴的。有的舰上弹痕累累，有的舰艏弯曲了，有的桅杆没有了，有的烟囱破裂了，甚至有的还在冒着尚未完全扑灭的烟火。总之，每一艘舰艇，都显得那样的疲倦，往日的英姿不见了，如果说这也算是一次光荣的凯旋，那是骗人的，这是一次不折不扣的凄凉归航。

在返抵港口之外的英舰，没有马上进港，一方面是怕影响英国人的心理，伤了大英帝国的自尊，另一方面更主要的是处理舰上的尸体。那是一次大规模的集体海葬。两汽车的装尸袋，被送上了一艘海葬船，一具具地装进去。在举行完简单的仪式之后，即被一袋袋送入外海，掀入海中。然后的工作是洗船，因为舰上那些灼焦了的尸体味道，好像阴魂不散一样，如不彻底清洗，在短时间内是不会散去的。

由于杰利科在关键时刻“轻易”放跑了敌人，他遭受到了英国国内的巨大非议，但这并没有影响人们对日德兰海战战果的公正评价，他

1916年获颁的功绩勋章是应得的奖赏。

1916年11月28日，杰利科取代亨利·杰克逊被任命为第一海军大臣，即海军总参谋长。他并不适应这个职务，也不理解它的政治意义。面对德国潜艇的威胁，他反对以削弱主力舰队为代价对商船进行大力护航而是努力采取其他的反潜措施。1917年平安夜，因为他反对在大西洋战役中采取首相所赞赏的护航体系，杰利科被首相劳合·乔治解职，从此退出现役。

由于他在第一次世界大战中的杰出表现，1918年12月，他被封为斯卡帕的杰利科子爵，1919年又被授予最高军衔海军元帅，英国议会还授予他5万英镑奖金。1920～1924年间，杰利科担任新西兰总督，并于1925年获封伯爵和南安普敦的布罗卡斯子爵。1928～1932年间，他担任英国皇家军团的会长。在此期间，他受政府委托周游整个联合王国，视察各殖民地海军，对海军的建设和发展提出了自己的意见，同时很有预见性地指出，日本很可能成为未来战争的策源地。

晚年的杰利科著有《1914～1916年英国大舰队——它的建立、发展和使用》和《海战的危机》等书。1934年他又出版了《潜艇的威胁》一书。1935年11月20日，杰利科去世，被安葬在圣保罗大教堂，紧邻纳尔逊墓地，也许是巧合吧，他离心目中的海军之魂又近了些。

6

英国巡洋舰队司令贝蒂

1871年1月17日，爱尔兰韦克斯福德郡的一个名叫豪贝克的小村落里，骑兵上尉戴维·朗费尔德·贝蒂的第二个儿子出生了，他把自己

喜欢歪戴军帽的贝蒂

的名字传给了儿子，也希望这个孩子将来可以继承他的事业，投身军旅。

1884年1月，13岁的贝蒂作为海军军官候补生登上“大不列颠”号训练舰，进入了英国皇家海军。由于指挥灵活、作战勇敢、思想开放、不拘常规，他在军中一直表现出色，不断获得提升。1896～1898年期间，他担任尼罗河舰队的副指挥，在埃及和苏丹镇压民族解放运动，并逐步被提升为战舰舰长的级别（1898年）。在1900年6月开始的对中国义和团起义的镇压中，贝蒂在天津的作战中“表现突出”，两次受伤，并叙功晋升为海军上校。

在皇家海军中，贝蒂逐步建立了他精力充沛和咄咄逼人的形象。1910年，39岁的他获得旗舰资格，成为一百年以来最年轻的海军少将，打破了纳尔逊子爵所保持的（非皇族）最快晋升为将官的纪录。他随后担任海军大臣麦肯纳的顾问，但是由于意见不合，工作并不顺心。1911年，贝蒂成为海军大臣丘吉尔的海务次官，1913年被任命为主力舰队第一战列巡洋舰分舰队的指挥官，晋升为中将，任此职直至1914年8月战争爆发。当时，战列巡洋舰是皇家海军的“宠儿”，在海战舞台上扮演着重要角色，任命贝蒂这样一个“资历很浅的小人物”为司令，在英国海军史上是绝无仅有的。由于时任主力舰队总司令的约翰·杰利科海军上将担心贝蒂的莽撞个性将战列巡洋舰部队带入德军的陷阱，他分配给贝蒂分舰队的主要任务是巡逻和侦察，一旦发现敌公海舰队后应想方设法将其拖住直至主力舰队到达。

马汉的海军理论和日俄战争的角逐，极大地影响和刺激了欧洲的帝国列强。为了攫取“海权”，英德等国的战舰吨位愈造愈大，火炮口径日趋增加，到第一次世界大战时，海军强国已经跨入了名副其实的“大舰巨炮时代”。战争开始的第一个月，贝蒂于 8 月 28 日参加了对赫尔果兰湾的突袭，他率领增援部队从德军的伏击中援救了理查德·蒂里特准将的舰队，击沉了德军 3 艘巡洋舰和 1 艘驱逐舰。1915 年 1 月 24 日的多格尔沙洲之战中，贝蒂又获得了进一步的战果。他在德军弗兰茨·冯·希佩尔海军中将率领的战斗巡洋舰队出航袭击英国海军时，成功地截击了他，顺利地击沉了“布吕歇尔”号装甲巡洋舰，并使希佩尔处于极端不利的局面。遗憾的是，因为旗舰“雄狮”号受创退出战斗，接手指挥的阿奇博尔德·穆尔少将指挥失误，最后使德舰得以逃脱。不过这并不影响外界对贝蒂的广泛好评，甚至有人称赞他是像霍雷肖·纳尔逊一样的人物。很多人都把贝蒂别具一格的三排扣海军制服（军官制服一般为四排扣）和总是歪戴着的大檐帽拿来与纳尔逊空荡荡的右衣袖和黑色眼罩相提并论。

不过，贝蒂好战的个性与过分沉着的杰利科是两个极端。相比而言，德国人对他是颇为忌惮的，因为他“一旦抓住决不放手”。1916 年 5 月初，当第一海务大臣要求第5战列舰分队归贝蒂指挥时，杰利科极力反对，理由是：“给的船越多，他的胆子越大。”后来，日德兰海战的事实证明，这一担心是有理由的。

让贝蒂的战列舰队充当前锋，承担诱敌任务，既让贝蒂感到兴奋，又似乎是在情理之中。整个皇家海军谁不知道他是出了名的作战勇猛，这样的舰队才能挫了德军的锐气，把他们打疼了才能激起他们穷追不舍的劲头。这样想着，贝蒂只管把他歪着的军帽往下一压，点头领命回去准备出征事宜，甚至都没有记住他的增援部队是谁，他们怎么联络以及遇上敌人之后应该怎么办。

1916年5月31日上午，贝蒂按照计划的航线出发了，在茫茫大洋上航行了几个小时之后，“盖德利尔”号终于发现了目标，舰上打出信号旗：发现敌舰。

接到报告之后，贝蒂认为这是个千载难逢的好机会，来不及向杰利科报告，便先让传令兵打出“全速前进，发起进攻”的旗语。他的心中充满了豪迈，竟没有注意他的指令发出之后舰队的执行情况，也不曾想到，就是这个轻率的命令，险些葬送了他的舰队和他自己的性命。

跟随在“雄狮”号左右的5艘战列巡洋舰以25节的航速编队向远方的德国舰队驶去。

2时45分，第5战列舰队的托马斯收到报告，前方发现敌舰，可是怎么应对，他只能命令信号兵严密注视贝蒂的旗号。天不遂人愿，由于“雄狮”号烟囱冒出的浓烟从桅杆飘过，信号兵无法看清贝蒂发出的信号。直到5分钟后，才弄清贝蒂发出的命令。就这短短的几分钟时间，托马斯的第5舰队已经与贝蒂舰队拉开了距离。

根据海军部的通报，德国公海舰队主力尚未出港。按照以往的经验，小编队的德国舰队在遇到英军主力时，通常总是迅速逃走。贝蒂认为他最多不过是碰上了德国的战列巡洋舰，而且数量只有5艘，自己手头的6艘战列巡洋舰足以应付局面。因此，在关键时刻，他只能和德军舰队硬碰硬了，至少要撑到第5舰队赶来支援为止。他果断下令：开火！

没想到的是，德国舰队似乎见到他们就跑，迅速地转向东南行驶。可不能让他们跑了！贝蒂的急性子上来了，驱动他的舰队跟在德军后面紧追不舍，很快两支前卫舰队就形成了同向异舷的航行状态。距离近了，更近了，贝蒂只顾着追德军的前卫舰队，却忘了他把托马斯的第5舰队甩在后面苦苦追赶，更忘了他离杰利科的主力舰队和指定的会合地点已经越来越远。

就在这时，德军开火了。几乎所有的舰只一起开炮，很明显，德国舰队的火炮瞄得更准一些，炮弹的穿透力和毁伤力也更胜一筹。贝蒂很快发现西斜的太阳光给炮手的瞄准带来了极大的麻烦，他们的炮弹由于没有统一的方位射击指挥系统，很多炮弹都越过德国军舰，落到了远处的海面。

又一排炮弹打来，轰然一声巨响，一发炮弹命中了贝蒂的旗舰“雄狮”号的前甲板，“雄狮”号舰舷向下一沉，前甲板上，一座副炮炮塔飞上了天空。

贝蒂有些不安，在舰桥上来回走动着。一名海军上校低声请示：“将军，是不是稍等一下，等托马斯将军上来。”贝蒂停下脚步，猛一回头：“不！继续追击。向全体战舰发出信号，不得减速，全速追击！”语言未落，又一发来自“毛奇”号的炮弹命中了“雄狮”号的后甲板，“雄狮”号的两门尾炮顿时成了哑巴。

在远距离的射击中，英军的穿甲弹显得无能为力，炮弹往往在坚厚的装甲上一碰，便被弹开，落入水中爆炸。即使是直接落到德国军舰的甲板上，也往往不能穿透主炮塔厚厚的装甲。因此，这种爆炸只是给德国军舰甲板造成一些破坏，而不能带来致命的威胁。相反，几乎每一发德军的炮弹命中，都能轻易穿透英国军舰的炮塔装甲或主甲板装甲，在军舰内部爆炸，从而造成可怕的破坏。英国

“雄狮”号中弹起火

造舰理论的两条原则："速度就是装甲""大口径火炮是胜利的关键"，现在被德国的炮弹打得支离破碎。

4 时，德军似乎发现了英国舰队旗舰的状态不对，3 艘主力战舰的炮火统统集中过来，短短几分钟，"雄狮"号接连中弹，硕大的战舰在重磅炮弹的打击下颠簸。紧接着，一次致命的打击降临了。

"雄狮"号中部炮塔，是一座装有两门 340 毫米主炮的大型炮塔，炮塔由 25 厘米以上厚度的钢甲严密地保护着。在炮塔内部狭小的空间里，数十名英国炮手在炮塔指挥官哈维少校的指挥下，不停地忙碌着。发射药燃烧的热量，使炮塔变成了大火炉，尽管炮塔上的排烟扇不停地旋转，但炮塔里仍是热不可耐。哈维整个身体伏在观察窗上，分辨着弹着点，并不时向他的炮手们下达修正口令。

又一发炮弹装进了炮膛，一名炮手抓着发火绳，等待着哈维的发射命令。就在这时，一发来自"吕措夫"号的炮弹准确地命中了炮塔的顶部。这发半吨重的炮弹穿透了 25 厘米的炮塔装甲，落入了炮塔的内部。一声巨响，炮塔内弹片横飞，在强大的气浪和剧烈的震动下，炮塔内所有的人都被震昏了。

几秒钟后，哈维艰难地睁开了双眼，身侧的炮尾替他挡住了致命的弹片，但他的双腿却不知飞向何方。整个炮塔变成了但丁笔下的炼狱，四周的钢壁上嵌满了炮弹的碎片和炮手的血肉，令人窒息的硝烟中传来几声垂死的呻吟。爆炸后引起的大火，无情地吞噬着周围的一切。

哈维吃力地转过头，眼前的情景让他惊呆了：一条巨蟒般的火舌已经烧到了弹药舱通道口附近，钢制的通道泛出了可怕的暗红色。

久经沙场的哈维深知其中的厉害。只需几十秒钟，火焰穿过通道，就会烧到甲板下的弹药舱，一场可怕的大爆炸，将把整个战舰连同所有乘员，送入另一个世界。哈维本能地撑起身子，向不远处的注水阀爬去。

哈维双手抓住传令筒，对准筒口，吃力地下达了他一生中的最后一道命令："放水！"一股汹涌的海水，从注水口奔入炮塔，迅速淹没了炮塔内的一切，淹没了垂死的哈维，淹没了哈维战友们的尸体，淹灭了燃烧的火焰，也淹没了正在逼近"雄狮"号的死神。

哈维用自己的生命，拯救了战舰，拯救了他的司令官。战后，他获得了英国海军的最高荣誉——一枚维多利亚十字勋章。

"吕措夫"号的炮弹又一次命中"雄狮"号，剧烈的震动使贝蒂差点摔倒在甲板上。他不知道"雄狮"号舯部炮塔内发生的一切，但舰艇的状态使他意识到问题严重，由于几百吨海水涌入舱室，战舰猛然失速，脱离了战列。贝蒂再一次审视了战场态势：远方，希佩尔的军舰上不时冒起黑色的烟柱，后方，托马斯的战列舰越来越近，几十千米外的杰利科舰队更使他有恃无恐。贝蒂不愿意在优势的情况下退出战斗，于是重申前令不变：追击！

托马斯的战列舰队还没有赶上来，贝蒂这里已经损失了3艘战列舰，继"雄狮"号被重创退出战斗序列之后，"不屈"号和"玛丽女王"号相继沉没，英军的士气沉到了最低点。正在这千钧一发之时，托马斯率领的英国第5战列舰队赶到了战场。

贝蒂的"致命错误"，使托马斯的战列舰被抛下16千米。"伊丽莎白"级战列舰的最高航速只有24节，眼看着前面的贝蒂同德军杀作一团，托马斯却望洋兴叹，鞭长莫及，只有拼命催促"加速前进"。"雄狮"号的重创和"不屈"号的沉没，使托马斯忧心如焚，德国战舰刚刚进入380毫米舰炮的射程，他便迫不及待地下达了开炮的命令。

无奈在超远距离的射击中，380毫米大炮的命中率几乎等于零。在"雄狮"号的英国官兵，亲眼目睹了"玛丽女王"号爆炸沉没的场面。在"玛丽女王"号沉没的同时，舰上1722名官兵葬身海底，全舰只有4人被救

“玛丽女王”号沉没时的情景

起生还。战斗随着英国军舰的伤沉而达到了白热化，炮弹落入水中激起的冲天水柱，受伤军舰上的火焰熊熊燃烧，映红了半个天际，海面上漂浮着在水中挣扎的水兵、成片的死鱼、血肉模糊的尸体，场面惨不忍睹。

托马斯的到来并没有从实质上改变格局，“玛丽女王”号被击沉后不久，炮火又集中到另一艘战列巡洋舰“大公主”号上。一次准确的齐射，在“大公主”号上掀起了浓黑的烟柱。信号兵向贝蒂报告：“长官，‘大公主’号爆炸了。”

贝蒂站在受伤的“雄狮”号上，带着懊恼的神色说：“我们这些该死的船，看来今天出了点毛病。”

无论如何，托马斯的舰队加入战斗，使贝蒂大大地松了一口气。尽管他已经损失了两艘战列巡洋舰，但他仍然相信，剩余的8艘重型战舰一定能把希佩尔的5艘战舰消灭。

贝蒂的战列巡洋舰已经超过了希佩尔的战列，横挡在希佩尔的归途上，看到英军的炮弹在德国战列巡洋舰上炸出一团团黑烟，贝蒂心花怒放起来，开局虽然不利，可结果会相当完美。他现在已经不想等待杰利科来收拾残局了，他要单打独斗，彻底吃掉眼前的德军。贝蒂的脑海中闪过这样的念头：他要在旗舰的餐厅里，以一种英国绅士的风度，接待他的宿敌希佩尔。

就在贝蒂沉浸于自己胜利的幻想中时，一封发自“南安普敦”号的电报，打破了他的美梦。

“南安普敦”号是一艘轻巡洋舰，排水量4600吨，装备6门150毫米火炮，仅有的优势是28节的航速。在今天这样大规模的海战中，这种轻巡洋舰根本没有资格加入战列。因此，它被打发到战场的外围，担负一些辅助任务。舰长戈迪纳夫也很识趣，老老实实地待在一旁，当起了这场大海战的看客。

按照贝蒂的安排，“南安普敦”号在战列巡洋舰前方3千米处优哉游哉地航行。看到自己的主力舰被德国人打得焦头烂额，戈迪纳夫却有力使不上。突然，舰上的观测兵向他报告：“前方发现一队战列舰！”

戈迪纳夫感到奇怪。主力舰队此刻远在他的后方，而海军通报说，德国的公海舰队还在港内，这支舰队又是从哪里冒出来的呢？他举起望远镜，眼前出现的分明是德国战列舰的主桅。对于这种形状的主桅，他是再熟悉不过的了。他不敢耽搁，向杰利科和贝蒂发出电报：“发现敌人战列舰队，方位东南，航向北。”

发出电报之后，他没有按照惯例转向规避，而是加速向战列舰迎去。这一行动被英国人称为“一次勇敢的举动”。因为如果他的轻巡洋舰进入敌人战列舰的射程，只有死路一条。几分钟后，戈迪纳夫终于看清了敌人的全部阵容。一份报警的电报，飞向了贝蒂和杰利科：“公海舰队全体出航，在我前方。”

当贝蒂接到戈迪纳夫的电报时，简直不敢相信自己的眼睛：德国公海舰队不是仍在港中吗？怎么会突然出现在战场？该死的希佩尔，这个德国杂种居然装得有模有样，让我白白损失了两艘战列巡洋舰。贝蒂心中泛起一阵酸楚。但他马上意识到，下面他应该牵住舍尔的鼻子，按照预定的计划，把他领到杰利科的面前。

为了引诱敌人上当，贝蒂没有急着改变航向，他继续保持追击态势。几分钟之后，当德国海军主力全部出现在眼前时，才发出了全体转向的旗号。

5时30分，第3战列巡洋舰的胡德少将接到命令，率队赶往战场，支援贝蒂。这支生力军的到来，挽救了托马斯，也将贝蒂带出了包围圈。

前卫作战中的混乱局面终于过去了，贝蒂总算控制住了局势。回想刚刚过去的战斗，贝蒂又气又恼：自己竟糊里糊涂地掉进了舍尔的圈套，白白损失了两艘战列巡洋舰，这实在是一场奇耻大辱。幸亏胡德来得还算及时，否则，后果不堪设想。现在好多了，杰利科马上就要到了，希佩尔也伤得不轻，得迅速行动起来，截住舍尔的退路。贝蒂于是下达了新的命令。一路撤退的舰队突然改变了航向，向东转向90度，插向德军的右侧。

他的这一行动完全是计划外的，没有任何来自上级的指示。也正是因为这误打误撞的提前转向，给德军的指挥官舍尔造成了错觉，以为远处的英军主力舰队是贝蒂舰队的一部分，没有引起足够的警觉。更巧的是，等德军反应过来，想要撤退的时候，贝蒂的舰队刚好完成转向，拦在了德军返航的航线上，形成了半月形的包围。这一猛冲猛打的做法被人称为“纳尔逊式的风格”，也为贝蒂的鲁莽行事打上了英雄的印记。

在这次海战中，大炮巨舰主义遭到失败。英军损失战列巡洋舰3艘、轻型巡洋舰3艘、驱逐舰8艘，官兵伤亡6840余人，其中贝蒂舰队的损失尤重。此后，各大海上强国开始研发争夺制海权的新型力量和探索新的战法。二战中出现的潜艇破袭战和航母海空决战正是这一探索的产物。

由于在日德兰海战中没有为英国取得显著的胜利，贝蒂和杰利科一起作为主要负责人受到抨击。在杰利科升任海军部第一大臣之后，活跃的贝蒂被视为其当然的继任者。他于1916年11月被任命为大舰队总司令，但是他如此快速的提升也在皇家海军内部引起了争议。贝蒂基本保持了杰利科的谨慎的战略，但策略和杰利科稍有不同，他在强调保持既有制海权的同时更倾向于在对德国进行重大海军行动中大胆主动地使用无畏舰。此外，他倡导运用护航体系和进行了几项技术改造。尤其是其中对受首相青睐的护航体系的支持，使贝蒂得到英国首相劳合·乔治的信任和支持。相反，杰利科由于不赞成护航而造成主力舰队的削弱，最终在1917年被解职。

在1918年11月21日接到停战宣言之后，贝蒂离开苏格兰海岸接受德国公海舰队的投降，其中包括90艘水面舰只和87艘潜艇。1919年1月25日，贝蒂晋升海军元帅，并被封为北海和布鲁克斯比的贝蒂第一伯爵。贝蒂还获得国会颁给的10万英镑，以作为对他长期服役和贡献的奖励。是年10月，贝蒂成为海军部第一大臣兼海军参谋长，对英国海军的指挥体制和作战原则进行了重大改革。他在任上，积极倡导保持海军力量。同时，还不顾皇家空军参谋长休·特伦查德爵士的反对，坚持舰队航空力量的独立性，并在新加坡创建了强大的驻垒基地，为二战中的英国海军奠定了基础。1921年，贝蒂代表英国出席华盛顿海军会议。直到1927年他退役为止，贝蒂一直保持着他的地位。1936年3月11日，贝蒂卒于伦敦，享年65岁。

第八章

最后决战的胜负手

——一战最后决战的指挥者

1918 年，是第一次世界大战的最后一年。在经过 3 年多的血腥厮杀之后，交战双方开始进行最后的决战。在这最后的决战中，有些指挥者名誉扫地，形象轰然倒塌，有些人却在无数士兵的尸骨中站立起来，声名鹊起，成了青史留名的人物。

1

法国总理兼陆军部长克莱孟梭

1841 年 9 月，克莱孟梭出生于法国旺代省一个偏僻乡村的一个小绅士家庭，家境不错，自家有座祖传的庄园。青年时期的克莱孟梭基本上是在农民中间度过的，他的父亲贝雅曼是当地的一名医生，由于社会接触面广，思想比较开明，他不相信宗教，而且拥护共和，曾因反对路易·波拿巴复辟帝制而被发配到土伦监狱服刑。

克莱孟梭从小受父亲影响，在思想上也是主张共和、民主和新闻自由。和父亲一样，他学医出身，也和父亲一样，他从不看病。还在学生时代起，他便在报上发表评论文章，并积极参加反对拿破仑三世的活动，结果像他的父亲一样，也被关进了监狱，好在时间不算长，只被关了70多天。1866年年初，克莱孟梭以《时报》通讯记者的身份到美国，在共和党人向往的自由之地美国待了很长时间。回国之后，在激进的知识分子、记者和艺术家云集的巴黎，他以头脑敏锐、充满智慧的演说家自居。在那个革命的年代，他很快被任命为巴黎一个区的区长，第二年又当选为激进派议员。

1871年3月，巴黎的工人和市民在蒙马特尔举起义旗，成立了著名的巴黎公社，临时政府为了平定巴黎公社，便与普鲁士签订了卖国的条约，割地赔款。作为一名新当选的代表，克莱孟梭反对同普鲁士签订的和平条约，并因此辞去了议员的职务，以表抗议。巴黎公社被镇压后，克莱孟梭辞去了区长的职务，在巴黎重操旧业，继续当他的医生。4年后，

法国总理克莱孟梭

克莱孟梭担任了市议会的议长，并被选为众议员，不久便成为激进派的领袖。在法国的那些资产阶级政治家中，克莱孟梭有着较高的政治威望。作为激进派的代表人物，他不断抨击温和派的政府，在议会质询时发言咄咄逼人，富有煽动性，曾导致了好几届内阁总理垮台，从而获得了“倒阁能手”和“老虎”的绰号。

1906年，他先是担任内政部长，接着又出任总理，终于如愿以偿地坐上了法国总理的交椅，任期3年。第一次世界大战爆发时，他是陆军元老院委员会成员，虽非军人出身，但他大力宣扬沙文主义和军国主义，

表现出极其强硬的主战态度。这时已是第一次世界大战的前夕，为了争取胜利，克莱孟梭始终认为法国需要联盟。1914 年之前，德国对于法国来说是个不可战胜的对手，其工业、出口额及财富都在增长，而法国则停滞不前，且出生率下降。克莱孟梭坚决奉行联合英、俄以对付德国的政策，竭力促成法、英、俄“三国协约”最后形成。

1917 年，法国进入了其在第一次世界大战中的最困难的时期，无论是在前线还是后方，各种各样的危机此起彼伏。由于战争的结束遥遥无期，广大民众逐渐滋生厌战情绪，物价飞涨、食品限制、交通困难使民众的生活状况日趋恶化，这一系列因素导致社会危机在城市纷纷爆发，在法国到处都出现了罢工浪潮。在法国政府内部也出现了主和派，主张与德国议和。在这种局势下，让一位铁腕人物上台执政已是刻不容缓，法国总统普恩加莱不得不请绰号“老虎”的克莱孟梭组阁。1917 年，76 岁高龄的克莱孟梭就任总理兼陆军部长，他提出一切服从战争的口号，极大地煽动起法国年轻人的参战热情。他在重新组阁时发表的演讲中说：“我的对内政策是我要作战，我的对外政策是我要作战，任何时候，任何地方，我都要作战，而且我将不断作战直至生命的最后一刻。”他对一名美国记者说：“由于德国对法国的罪恶行径，我一生所有的恨全部给了德国。”德国和法国之间世世代代的仇恨似乎在这一时刻又统统被激发出来。在那些黑暗的日子里，作为总理，他团结法国上下并最终取得了胜利。

针对失败主义情绪以及反战运动在国内的发展，尤其是为反战而掀起的罢工浪潮一浪高过一浪，克莱孟梭上台后，不仅对举行反战罢工的工人毫不留情地进行镇压，而且也不肯轻易放过前几届政府中的一些所谓的“失败分子”。为此，他把前内政部长马尔维驱逐出法国，并把前总理卡约关入了牢房。在他的高压政策下，全国上下一时间很少有人再敢提和平两字。在漫长的一生中，克莱孟梭坚持自我不可战胜，他的敌人则声称他歪斜的眼睛和残忍的性格是匈奴人遗传的。

尽管克莱孟梭没有亲临战场指挥，可他在一战最后几个月里几乎没有睡过一个安稳觉，他的情绪一直处于亢奋状态。法军节节败退时，他忧虑惊恐，四处求援，要求不惜一切代价保持英军和法军的联系和相互支援；美军参战，配合法军反攻时，他欣喜若狂，似乎立即就忘记了一天之前他的法国军队曾经兵败如山倒。

克莱孟梭的特点是独断专行，实际上是实行个人独裁，对国内的反战力量坚决镇压，当听说德军同意停战协定时，他有生以来第一次激动得说不出话来，双手抱头而泣。77 岁的他高喊："我总算等到了这个复仇的日子！"

主导巴黎和会的三巨头：左起：英国首相劳合·乔治、法国总理克莱孟梭、美国总统威尔逊

战后的和会原本是要在一个中立国举行的，以免因仇恨而失去公正，但在克莱孟梭的再三要求下，最后才定下来在巴黎举行。在和会上克莱孟梭被推举为大会主席，为确立法国在欧洲大陆的霸主地位，他竭力主张肢解德国，要求德国偿付巨额赔款。当其他国家提出异议时，他不是拍案反对，就是以退出会场相威胁，使会议多次陷入停顿和僵局。但是法国的实力有限，在一战中又是因为英国和美国的援助才得以保全，"老虎"总理也不得不向自己的盟国作出一些让步。

在和会期间，这位78岁的老人每天要接待50个人，日理万机，但跟他打交道的人感觉在战争中都没有像现在和谈时这么难受。在签订和平协议时，克莱孟梭主张让德国永远不能翻身，甚至主张把国界线划到莱茵河，结果遭到了英美的一致反对而没能实现。在巴黎和会期间，法国的盟国对法国的顽固、贪婪和强烈的报复心非常恼火，但事实上，英国得到了想要的——德国舰队和主要殖民地，而美国与德国也被大西洋远远隔开。只有法国，还得面对着德国，法国渴望报仇和赔偿，但更需要安全，没有人比克莱孟梭更明白这一点。战争结束后，法国政府确认了克莱孟梭在战争中的功绩，指出他为法国立下了伟大的功勋，从此被法国人称为“胜利之父”。但紧随其后，克莱孟梭在法国开始受到攻击，法国总统普恩加莱则称他为“被国家敬之为神的疯子”。

战后的法国社会满布创伤。虽然胜利的旗帜在路灯杆和窗户上高高飘扬，但到处可见四肢不全的人及退伍军人身穿破旧的军装在街角乞讨，几乎每两个妇女就有一人服丧，左翼媒体要求革命，右翼要求镇压，罢工和抗议接踵而来。1918年冬天和次年春天，满街都是身穿法国蓝色工装的游行示威的男女以及反游行的中产阶级。1919年5月1日，当法国工人游行时，克莱孟梭下令向游行队伍开枪，完全使自己显现出一副粗暴残忍的独裁者形象。当年年底他满怀信心地参加了总统竞选，他认为自己有十分的把握可以取胜，不想却遭到了惨败，在战争时他的强制手段或许是需要的，但在和平年代，没有人欢迎他，更何况他这时已年近80岁了。

年迈的克莱孟梭从此退出了政界，回到了他的老家，他拥有一处乡村别墅，每天过着种花、看报、写回忆录的生活，自从他离开政界后，也没有人再提起他。只有他的密友能看到他的另一面——他对朋友忠心耿耿，朋友们对他也很忠实，他善良友好而且也舍得花时间和金钱。他喜欢他的花园，虽然据一位参观过的人说“整个花园就是各种种子乱撒一通”。

1929年11月24日，88岁的克莱孟梭死于旺代省故居。他的遗嘱是这样写的："我死后，请将我的遗体葬在我父亲贝雅曼·克莱孟梭的墓地旁边。我的遗体应当直接从太平间送到墓地，不进任何教堂，不搞任何有仪式的葬礼。我的坟墓应与我父亲的一样，不立墓碑，只安一圈铁栅栏即可。"

2

协约国军总司令福煦

一战前的军事理论界，没有人能像陆军大学教授福煦那样，不仅对法军，而且对英国、俄国、比利时等国家的军队产生如此重大的影响。

陆军大学是法国最高军事学府，也是法军的英才俊彦荟萃之地，校长福煦更是法国军事理论的一代巨匠。

这位1851年10月出生的将军并非出自军人世家，他的父亲是个文职官员。1869年，福煦考入了著名的圣克里门耶稣会学院，在这里他亲身经历和目睹了巴赞的被围与投降。战败的悲痛与耻辱使他立下誓愿：参军入伍，光复阿尔萨斯和洛林！两年后，福煦从工艺专科学校毕业，进入炮兵学校成为教官。在那个时代，同辈的军官们大都热衷于参加殖民地战争，以追求职务与军衔的升迁，而他却置身于研究和思考之中。1885年，他被调到陆军大学工作。1908年晋升准将，同时被任命为陆军大学院长。在该校的25年中，他一直在研究和教授军事理论，不仅为法国培养了整整一代军官，而且还形成了一套完整的军事理论。

他的理论核心是进攻：进攻是作战的最高原则，是获得胜利的唯一途径，无论什么时候也不要放弃进攻。而这个原则的关键是"意志"和

法国将军福煦

"思考"。关于意志，他曾这样说过："只有当一个人认为他的会战是失败了，然后才是真失败了，因为从物质上来说，会战是不可能失败的"，"所以它只可以在精神上失败。反而言之，一个会战也可以在精神上来求胜利，所以我们可以把这个格言再引申如下：只有当一个人不承认他自己是被击败了，那么这个会战才会胜利。"简言之，克敌制胜的意志是胜利的首要条件，"胜利即意志""一场胜仗就是一次决不服输的战斗"。关于思考，就是要根据不断变化的情况随机应变，而不应该拘泥于一份详细周密的作战计划。福煦常说："操典条令在操练时确是再好不过的，但在危急关头就没有多大用处……你们必须学会思索。"

福煦不是一个单纯的精神制胜主义着，他认为那种光凭勇气就可以解决一切的想法乃是一种"幼稚的见解"。实际上，他是一个战术大师。在他的著作《战争原理》和《作战指导》中，从玄妙的意念落到了实实在在的问题，详细介绍了诸如前卫部队的布置、安全措施或警戒部署之必要、火力诸要素和服从纪律之必需等问题。他所传授的军事学中有关现实情况的部分，可以用战争期间传诵一时的他的一句名言予以概括："问题的实质何在？"

福煦的门徒对战术问题不感兴趣，对他们而言，福煦关于"意志""精神"的论述才是引人入胜、克敌制胜的法宝。他的学说不仅被法军奉为圣经，而且深深地影响到英军、俄军，甚至是中立的比利时军队。

1911 年，福煦晋升中将并离开陆军大学到作战部队任师长，1913 年 8 月，出任第 20 兵团司令，坐镇南锡，守卫洛林前线。

虽然福煦离开了学校，但在此后相当长的一段时期内，他的思想在法国军事界的地位不容动摇，法国总参谋部的大部分军官都是他的忠实信徒。

1914 年 8 月的边境战役中，福煦率部对着大举压上的德国人发动反攻。德军猝不及防，被迫停止进攻。福煦的这一行动为法国赢得了重新组织防御的宝贵时间。这一战也使福煦的声望更隆。人们原先以为他只是学院派的理论家，现在才发现他不仅是理论家，还是实干家。

不幸的是，在这一周时间里，福煦的女婿和唯一的儿子都战死沙场。失去亲人的悲痛并没有影响他战斗的热情，随着德军继续猛攻法国东部门户，福煦指挥法军寸土必争、拼死不退，以致德军在整个战役期间都没能突破法军这一侧防线。9 月 5 日，马恩河战役开始时，法国组建第 9 集团军，福煦成为该集团军司令。随着马恩河战役进入白热化阶段，双方都在进行着疯狂的战斗。关键时刻，他命令惊慌失措的法军发起反击。他说："德军已经筋疲力尽，胜利属于坚持到最后的那一方。"据当年在他身旁的军官们回忆，福煦一面勃然作色，攘臂奋拳，咆哮如雷地吼叫"进攻！进攻！"，一面像通了电似的一会儿东、一会儿西地走来走去。后来有人问他，为什么在吃败仗的时候还要向前进攻？他说："为什么？我可不清楚。为的是我部下的士兵，为了我有一个意志。再加上——还有一个上帝。"

1916 年年底霞飞因为索姆河会战失利被免去法军总司令职务以后，福煦作为霞飞的助手被贬到了"军事研究中心"当主任，负责协调和盟国的协作问题。福煦因祸得福，从那时候起，他的协调能力和人格魅力逐渐被协约国那些脾气暴躁的统帅和将领们接受和认可，而他本人也越来越得到所有盟国的信任。

当时的协调工作十分难做。西线的协约国军队处于分散指挥、各树一帜的局面，它们在战斗中既相互依赖，又龃龉不断。福煦指出，这种状态若不改变，一旦遭到德军猛攻，每方各虑安危，联军防线将在顷刻垮掉。因此，他竭力主张建立一个统一的联军司令部，但当时这一主张遭到了各国的断然拒绝。

转眼间到了1917年。这一年对于协约国来说是不堪回首的，法国尤其如此，尼维尔进攻的失败让法国陆军元气大伤，也让尼维尔颜面扫地。1917年5月15日，贝当取代尼维尔任法军总司令，福煦在总理克莱孟梭的支持下接任法国陆军总参谋长。

福煦和美国远征军司令潘兴

配合不力使联军受到了严厉的惩罚。1917年10月，独当一面的意大利军队在德奥的猛攻下，于卡波雷托遭到惨败，直退到塔里亚蒙河，英法对此大为震惊，慌忙派军支援，福煦亲赴前线，同意大利人协调英法各师的行动计划。为了挽救战局，英、法、意首脑和美国总统特使于11月7日在拉巴洛召开高级紧急会议，组成以福煦为首的最高军事委员会，处理紧迫的军事和政治问题。

1918年3月21日，德国发动了“迈克尔”行动，以迅雷不及掩耳之势突破了英法联军的防线，兵锋直指巴黎。严峻的形势使英法两军总司令道格拉斯·黑格和亨利·菲利浦·贝当发生了严重的战略分歧——黑格要求加强北翼，保住通往英国的出海口，而贝当要求保卫巴黎。因此，撤退中的英法军队之间出现了一个80千米宽的大缺口，情况变得极其严重。英国首相劳合·乔治马上建议请福煦协调联军作战，美国远征军司令约翰·约瑟夫·潘兴也表示了赞同。

1918年4月14日，福煦在形势极其不利的情况下就任协约国盟军总司令。英国、法国和美国3国政府委托福煦将军对军事行动进行战略指挥，协调西线盟军的行动，授予他有效地协调盟军行动所必需的一切权力。

福煦上任的第一件事就是稳定人心，在英国人和法国人面前，他都尽可能保持镇定地到处游说："局势是严重的，十分严重。但绝不是不可收拾的。要知道，我是不肯谈论撤退的可能性的。绝不能撤退。"

福煦的四处奔走帮助很多人厘清了思路，坚定了信心。当时，德国在西线的节节逼近让法国领导人惊慌失措，前线传来的隆隆炮声使巴黎处于恐慌状态。福煦在自己的总部会见了情绪激动的克莱孟梭。他安慰总理说，这并不是一次真正的进攻，而只是一次佯攻。形势并不像人们想象的那样严峻，巴黎实际上也没有危险。

就在法国快要支撑不住的时候，福煦发挥了力挽狂澜的作用，他协调美军将训练得差不多的几个师派上战场。这批新鲜血液的加入不仅阻滞了德军的攻势，更重要的，鼓舞了协约国的士气，稳定了协约国的人心，从而使局势向有利于协约国的方面发展。

福煦决心不再根据敌人的行动来确定协约国的行动。他决定发动一次全面进攻。经过认真的研究分析，福煦把矛头对准了德军防线的三个突出地带：马恩河、亚眠和圣米耶尔。他认为，拔下这三颗钉子，德军的防线就会崩溃，对联军的最后威胁也就随之消除了，同时还为大反攻扫清了障碍。于是，他拿出了自己早已准备好的反击部队，任命夏尔·芒让率领第10集团军在进攻中打先锋。这是个敢拼命的将领，在尼维尔进攻失败后被解除了指挥权，可当再次受命率部阻击德军进攻时，他在没有坦克和大炮掩护的情况下率领步兵向德军发起攻击，并打退了德军。福煦向来具有知人善任的优点，他又一次将法国的命运交到芒让将军手里，根据计划安排，第10集团军将从维莱—科特雷森林冲出来，向东冲过苏瓦松高地，直指战略要地苏瓦松—蒂耶里堡公路，这样就可以切断德军的供应线，而把德军困在香槟。

7月18日，芒让率领他的20个师，包括2个美国师和2个英国师，在猛烈的炮火准备过后率先冲击。同时，福煦苏瓦松以南的美军第1、第2师，深入到敌人的突出部。为迅速扩大战果，又投入了8个美国师。这次反击大获全胜，把德军赶出了埃纳—马恩突出部，彻底解除了对巴黎的威胁，整个战役前后用了不到3个小时，协约国就夺取并掌握了主动权，感激不尽的法国政府把一副金光闪闪的元帅权杖交到了福煦的手中。

此时，协约国在军力、物力的态势上已经占了绝对优势。福煦决定不给德军丝毫喘息的机会，毫不犹豫地发起了总反攻。英、法、美、比等国军队分别从两个方向对德军进行钳形攻击，以截断德军的退路。福煦调集了220个师的强大兵力，只用了两天时间就迫使西线德军全线撤退，到9月22日，在联军的猛烈攻击下，兴登堡防线全面崩溃，德军败局已定。

到9月份的最后一天，福煦元帅得意至极，因为他的协调一致的总攻势进展得非常顺利。对福煦来说，梦想变成了现实，1918年就能取得胜利。他意识到，第一次世界大战就快结束了。

到10月底，德军再也打不下去了。盟国一个接着一个垮台，国内政局激烈动荡，很快爆发革命。11月7日，德国派出要求停战的代表，翌日到达贡比涅森林的雷通车站。福煦傲气凌人地对德国人说："你们来干什么？"德国谈判代表团团长答道："想听贵方停战建议。"福煦答："停战建议？我们没有。我们还有余力，我还想打下去。"他对德国投降条款很不满，认为德国保留了实力，所谓的德国投降书不过是20年的停战协议。不过这真是一语成谶了。

福煦（右二）和随员在德国签订投降协定的车厢前留影纪念

1918 年 11 月 11 日，停战协约签字，第一次世界大战结束了，协约国取得了胜利，福煦也成为战争的英雄。英国和波兰都授予他元帅称号，他还被选进法兰西科学院。战后，福煦在法国对外政策方面起着不可忽视的作用。他属于以克莱孟梭和普恩加莱为代表的强硬派。1923 年 1 月，普恩加莱政府借口德国没有按期支付赔款，悍然出兵占领德国鲁尔工业区。福煦是这一行动的积极支持和策划者之一。在第一次世界大战中诞生的苏俄政权遭到一切帝国主义的仇视，福煦是反苏武装干涉的倡导者之一。

1929 年 3 月 20 日，福煦于巴黎逝世，被安葬在圣路易教堂拿破仑一世的墓旁。

3

法军总司令贝当

1917 年，尼维尔发动的攻势破产，丧失士气的法军潮水一样地溃退，随后，法国陆军发生大规模叛乱，陆军部队拒绝开往前线，法国的形势十分危急。关键时刻，贝当于 5 月 15 日接过法军总司令的权杖。贝当上任所做的第一件事就是提出了“多用钢铁，少流献血”的口号，用于反对以前那种不计士兵死活的打法。针对士兵中日益增长的反战情绪和层出不穷的逃亡哗变事件，贝当采取镇压和怀柔的两面手法进行整顿。他亲自到每一个师中走访，着手缓和士兵的不平心理，改革伙食和休假制度，就像后来二战中蒙哥马利做的那样，倾听士兵们的心声，解决他们的困难。严厉惩罚了组织士兵反叛的魁首却宽恕了大部分参与者。贝当以他的老练、坚定和公正平息了兵变并恢复了部队的纪律和秩序，接着在准备充分的情况下连续发动了几次有限的进攻，使部队恢复了信心。贝当因此被称为“法国陆军的医师”。

贝当上任后重整军备

然而，出自不同的国家利益，贝当和英国将领黑格之间仿佛有永远吵不完的架。1918 年 3 月，德军的“迈克尔”攻势发动以后，这两个人更是精神高度紧张，彼此的协作和信任也出现了很多问题。

当德军发动大规模进攻时，黑格和贝当两人却各有各的打算，因为他们所关注的都是本国的战略利益，英国要加强它的北翼，以便在英吉利海峡诸港口保持一条明确的战线，必要时还可以逃回本国，而法国则要不惜一切代价保全法国的心脏——巴黎。但随后形势的发展，迫使他们不得不暂时放弃各自的利益，意识到协同行动已经迫在眉睫。于是，他们同意福煦担任协约国军队的最高指挥官。不再有协调指挥职责的贝当，开始专心负责指挥所有的法国陆军。

1918 年 11 月，一战的停战协定签署，战争正式结束。由于在战争中的卓越表现，贝当被授予法国元帅军衔。战后，他先后担任最高军事委员会副主席、陆军总监和防空总监等职。1934 年 2 月，贝当出任杜梅格内阁的陆军部长。任职期间，他极力推行消极防御战略，力主构筑马其诺防线，却没有把握时机有效地提高法军的作战能力。1939 ~ 1940 年，贝当出任法国驻西班牙大使。

1940 年 5 月，德军进攻法军，作为永久性防御工事的马其诺防线不攻自破，先后由甘末林和魏刚指挥的法军节节败退。危急关头，贝当应召回国出任内阁副总理。然而，这位一战时法国抗击德国的英雄，却成为主和派的领袖。6 月 16 日晚，贝当奉命组阁，随即请求西班牙政府充当法国与德国谈判的中间人。次日，他下令法军停火，从而使法国在同德国谈判停战和议和条件时处于极为不利的地位。6 月 22 日，法德停战协定被迫在第一次世界大战结束时的法德“停战车厢”里正式签字，法国被迫接受苛刻屈辱的停战条件。法国分为两部分，包括巴黎在内的 3/5 的国土（主要是北方工业区）归德军占领，占领军的费用由法国负担。南部和西部（主要是农业区）为自由区；法国的空军、陆军裁到 10 万人；最重要的是，贝当政府必须在政治、经济、外交等各个领域

1940 年 6 月 14 日，德军进占巴黎，在凯旋门举行羞辱性的入城式

与德国“合作”。

1940 年 7 月 1 日，贝当政府迁到维希，此后贝当领导下的法国一般称为“维希法国”。贝当被授予“国家元首”的称号并兼任总理，拥有召开国民议会、制定行政立法、指挥军队、任命或撤换部长等多种权力。1942 年 11 月美军在北非登陆后，德国即出兵占领法国南部地区。此后的贝当完全成为傀儡。1944 年 8 月 20 日，贝当等人被德国人从维希带到洛克马林根的霍恩佐伦软禁起来。

法国解放以后，1945 年 4 月，贝当回国自首，接受审判，以叛国罪被判处死刑，经戴高乐将军特赦才改判无期徒刑，被囚禁于戴尔岛的一座要塞。1951 年 6 月，他因健康原因被转往大西洋比斯开湾的耶岛监狱。1951 年 7 月 23 日，95 岁的贝当死于囚禁地耶岛。

4

英国军需大臣丘吉尔

1916 年 5 月，丘吉尔卸任皇家苏格兰毛瑟枪团第 6 营营长，并放弃了中校军衔，回到议会。

1916 年 9 月，达达尼尔海峡战事调查委员会成立，次年 1 月该委员会发表报告，将事件的主要原因归咎于首相阿斯奎斯和陆军大臣，而丘吉尔在事件中的责任被认为不是那么重大，这份报告的发表为丘吉尔重新在政坛崛起提供了契机。

1917 年 7 月，自由党党魁劳合·乔治宣布任命丘吉尔为军需大臣。乔治原本准备让丘吉尔担任更高的职务，但是因与自由党组联合政府的保守党人的坚决反对而作罢。即使是任命丘吉尔为军需大臣也引起了一场大风波，舆论与保守党人士都表示强烈的反对，但是在首相的坚持下丘吉尔得以上任。

1917年11月20日，盟国第一次使用大批坦克在西线攻打德国阵地的战果很大。在这以后，英国政府采取措施扩大坦克生产并筹备组建坦克部队，为此国家专门成立了皇家委员会来研究这个问题。这个委员会的结论是："委员会愿意首先指出。由于丘吉尔的敏锐、勇敢和坚决，用坦克这种武器作战的设想才得以实现。"

丘吉尔所领导的军需部，是一个庞大的组织机构，丘吉尔在这里进行了紧张的、卓有成效的工作。他本人在给劳合·乔治的信中写道："这是一个很好的部门，几乎同海军部一样有意义。这里还有一个更大的优点，就是不需要同海军将领争执，也不直接对德军作战！"军需部不仅制造坦克、大炮和飞机，而且还生产其他各种军需品和运输工具。当1917年美国参战时，还为美国生产了价值1亿英镑的大炮，对盟军取得最后胜利起到了重要的作用。

1918年丘吉尔再次来到法国

为了有效地向英国作战部队和盟军提供军需品，军需大臣丘吉尔还在法国建立了自己的分部，这使他有了正式的理由随时前往大陆，观察、研究前线的情况。他经常利用这个机会到英国远征军的指挥部去，这样就有可能从事他最关心的事，即同将军们讨论战略问题。

后来，远征军司令黑格将军终于在自己指挥部里为丘吉尔拨出了专用的房间。所以后来经常发生这样的情况，上午丘吉尔在军需部所在地伦敦办公，中午乘飞机到法国，下午则在那里度过。这种穿梭式的工作方式，不仅及时保证了前方作战部队的军需供应，而且为协调盟军作战也作出了有益的贡献。

1918 年 3 月，德国在西线发动了最后一次强大的攻势。德国投入了所有的兵力，指望赢得战争的胜利。英国军队的薄弱防线被一举击溃，英军全面撤退，除了大量英军被俘，英军还损失大炮 1000 余门以及无数其他军需品。此时丘吉尔正在法国，目睹了战斗的过程，无数发炮弹在协约国方的战壕里爆炸，差不多一枚挨着一枚。战斗持续了 40 天，英国动用了 30 万兵力。3 月 24 日，丘吉尔回到伦敦，与首相一起度过了这个“在整个战争进程中最令人心焦的夜晚”。尽管丘吉尔并非战时内阁成员，但劳合·乔治深知他的足智多谋和刚毅果断，所以乐意经常就一些重大问题同他进行非正式磋商，尤其在危机时刻更是如此。几天后，丘吉尔受劳合·乔治委托到法国会见克莱孟梭总理和法国的总司令福煦元帅，详细向法国领导人介绍情况，并制订两军协同作战的计划。这次访问使丘吉尔消除了对战争形势的忧虑。不久，盟军转入反攻，虽然伤亡惨重，却遏制了德军的攻势。

自 3 月份以后，丘吉尔加快了军需生产的速度，并要 250 万工人在必要时放弃复活节的休假。丘吉尔与法国军备部部长路易·洛切尔和美国负责军需供应的官员爱德华·斯特蒂纽斯及伯纳德·巴鲁克保持着密切联系。他们一致同意将全世界生产硝酸的分配权集中在丘吉尔手里，使他后来能够自夸为“硝酸大王”。丘吉尔一如既往地注重科学技术对军队战斗力的重大作用，主张尽可能地用最科学的战争武器来装备英国军队，比如用飞机、坦克、机枪，甚至毒气。

8月，丘吉尔在得知英军计划在亚眠附近开展一场坦克进攻战后，他决心“乘上飞机，休假两天”，为的是一饱眼福。当他到达亚眠时，战斗已经取得胜利，路上到处是被押送的德国战俘。他回去之后向首相报告说：“据我看来，这是英军在整个这场战争中赢得的最大胜利。”德军节节失利，终于在1918年11月被迫宣布投降。

1918年11月11日，协约国同德国签订停战协定。这天晚上，丘吉尔在唐宁街10号首相府同劳合·乔治共进晚餐。伦敦市民欢天喜地地庆祝战争结束。然而，丘吉尔的心情却十分忧郁。他后来写道：“当时，我有两种心情：一方面我害怕未来；另一方面我想帮助被打垮的敌人。”丘吉尔认为，英国的敌人虽被打败，但是，“目标尚未达到，其他敌人依然存在，在胜利者中间，有一股阻碍公正解决世界问题的新生力量，正在争权夺利”。丘吉尔所说的妨碍英国擅自处理世界问题的新生力量，指的是俄国的十月社会主义革命。丘吉尔和劳合·乔治都认为，必须“用战争镇压”革命，妄图把新生的苏维埃政权扼杀于襁褓之中。然而，用武力镇压革命是一件极其复杂而又艰难的事情。丘吉尔明白，英国人民已经厌倦战争，英国士兵未必愿意充当镇压革命的帮凶。因此，必须从其他地方寻找反对革命的武装力量。丘吉尔企图利用战败的德国反对蓬勃兴起的革命。他认为：“要使俄国新政权臣服，不仅是军事上的远征问题，而且是世界政治问题，我们只有依靠德国的帮助，才能制服俄国，需要请德国帮助我们解放俄国。”

1919年1月，丘吉尔出任陆军大臣兼空军大臣，积极参与策划武装干涉苏俄。1922年，因不满自由党的政策而脱离该党。1924年任鲍德温内阁的财政大臣。1925年在英国恢复金本位制，企图恢复伦敦作为世界金融中心的地位。1931年1月，因对保守党领袖的政策不满退出鲍德温的影子内阁。此后他被排斥在政府公职之外，专心从事写作。在此期间，他同保守党右翼一起，反对向印度独立的要求作任何让步。丘吉尔对来自德国的威胁不断发出警告，主张重整军备，反对张伯伦姑息德国侵略的绥靖政策，主张联合法国和苏联，依靠国际联盟来阻止德国的侵略。

1939 年 9 月德国入侵波兰后，丘吉尔任张伯伦政府的海军大臣，积极组织援助挪威的战役。1940 年 5 月 10 日，丘吉尔继张伯伦任首相，并兼国防大臣，立即把全国经济纳入战时轨道。丘吉尔政府拒绝德国的诱和，坚持对德作战，同时争取美、苏作为同盟者参战。为了保卫不列颠群岛，亲自视察海防、空防设施。他支持沦陷国家开展抵抗运动，支持沦陷国家的流亡政府。苏德战争爆发当天，丘吉尔庄严声明："俄国人的危难就是我们的危难，也就是美国的危难。"1941 年 7 月12 日签订《英、苏在对德战争中联合行动的协定》。8 月 9 日，丘吉尔和罗斯福签署《大西洋宪章》。太平洋战争爆发后，丘吉尔与美国缔结一系列条约，其中包括联合使用两国的军事和经济资源、成立联合参谋部等内容。1942 年以时机尚未成熟为借口，推迟开辟第二战场。丘吉尔先后参加德黑兰会议、雅尔塔会议等国际会议。在处置战败的德国、波兰的疆界变动和政府组成等问题上，极力维护英帝国的利益。他带领英国获得第二次世界大战的胜利，被认为是 20 世纪最重要的政治领袖之一。

雅尔塔会议期间丘吉尔与斯大林在一起

保守党在 1945 年 7 月的大选中失败，丘吉尔辞去首相职务。1946 年 3 月 5 日，在美国密苏里州富尔顿发表题为《和平砥柱》的演说，这次演说揭开战后冷战时期的序幕。1948年10月9日，丘吉尔在英国保守党年会上正式提出一个把英美联盟、联合的欧洲、英联邦和英帝国连接在一起的三环外交的总方针。但由于战后英国的衰落未能实现。1951～1955年，丘吉尔再度出任首相。在执政期间签订《巴黎军事协定》，并缔结《东南亚防务条约》，继续对苏采取强硬态度。1953年，丘吉尔被封为爵士，获嘉德勋章，同年获诺贝尔文学奖。1955年4月5日正式退休，但直到1964年7月一直任下院议员。

5

英国远征军总司令黑格

早在1914年8月5日唐宁街10号首相官邸那次战争会议中，黑格忧郁的眼神和与众不同的见解就已经让到场的所有大佬们称奇，尽管那时他还只是一个兵团司令，但是他已经看到这场战争不会是一个短期战争，双方都不会认输，应该组织起全国的力量来应付这场旷日持久的生死较量。后来的战争发展不幸被他言中了。

事实上，英军当时已经深深陷入荒谬的法国计划中而不能自拔。当法国计划因为完全经不起实战检验而分崩离析的时候，黑格不得不考虑是继续无限制地投入兵力弥补那个薄弱的共同防御地带，还是收缩兵力保全自己。

直到战争结束时，黑格都受到此种双重的心理压迫。一是英国始终居于附属的地位。1918年福煦做了联军统帅，法国在战场上维持着102个师的兵力，而英国却仍然只有60个师。二是法国的力量却日益衰颓，其弱点日益暴露。当凡尔登会战在发展时，法军损失日益增大，于是对黑格的压力也就自然随之加重。当英国新组建的各师纷纷开入法国时，黑格非常清楚他的兵力尚不够举行大会战。因为这些师都缺乏足够的训练。因此，他拒绝把英军立即送上战场。但是他不能拒绝提供一些预备队给法国人，他也不能拒绝把7月1日定为大攻势开始日期的决定；他也不能改变在攻势中充当主角的将是英军而非法军的事实，甚至他也不能改变已经选择的地点。

此外，战争的物资补给也构成另外一种压力。大规模的战争需要大量的物资，在1914年8月～1918年11月10日之间，从英国运到法国的一切补给物资为255万吨，这是在战争开始时完全想象不到的。每当巨大的物资已经囤积在一个指定的位置上后，也就必须照原定的计划将其用掉。黑格和他的部队就是在这样的压力下来进行消耗战的，那是一项艰苦的任务。

黑格（右一）在向劳合·乔治（左一）和霞飞（左二）阐述自己的主张

1917年，黑格所指挥的英军必须负起西线战争的主要责任，而其同盟国的军队则先后崩溃——法军在5月间，俄军在10月间（也是最后崩溃），而意军也在同年1月内。在这次持续了3个多月的战役中，英军虽然付出了沉重的人员代价，最终还是维持了协约国防线的稳定。黑格预计1918年年初德军将在佛兰德发动攻势，因此强烈要求增派更多的部队，但是他仅仅获得了他所要求的60万援军的1/6。第三次伊普雷会战中，英军伤亡25

万人，这一损失成为黑格一生事业上的污点，也使他成为众矢之的。凡此种种，使黑格与政治领袖之间的误会日益增大。劳合·乔治早就认为黑格是一个呆子，第三次伊普雷会战更使他感觉那就是最好的证明。首相与总司令间的冲突，对于英国远征军而言，简直是一个致命伤。劳合·乔治很勉强地表示，虽然他不可能撤换黑格，但对他却不再信任。他所能做的事就是不让他有机会再打另一个“第三次伊普雷会战”。所以在1918年2月，当德军由于俄国崩溃而把50万生力军调入西线时，英军却反而解散了141个步兵营。

1918年3月18日，德军开始了最后的进攻，并将主要目标对准了英军。英军未能抵挡住德军猛烈的进攻，开始后撤。黑格打电话向贝当求援，两个人讨价还价了半天，最终决定还是让福煦来统一协调指挥英法军队，这是无奈的妥协。

7月18日福煦发动反攻，主力为法军，英军、意军、美军也都曾参加。德军攻势从此结束，主动权也转入联军手中。8月8日发动的亚眠会战，是黑格在1918年胜利“百日”中的第一幕，也是其连续九次胜利中的第一次和最惊人的一次。联军最高统帅福煦盛赞英军的战绩，认为黑格指挥之功尤不可没。

黑格在第一次世界大战中的表现饱受争议。他的作战方法往往简单粗暴，他在1907年这样写道：“战斗的胜利取决于士气和决心。”黑格看不到机枪和新式火炮给战争带来的巨大变化，凭借其坚定的意志无视大量的人员伤亡，坚持发动猛烈的直接攻击。他的战术一直遭到很多人的批评，被认为是有着深刻缺陷的。但也有人为黑格辩护，认为黑格主要受制于必须在西线持续援助法国人所产生的压力，尤其是1916年在索姆河和1917年的第三次伊普雷战役。此外，黑格坚持认为战争只能在西线打赢，而战时首相劳合·乔治对这一战略提出强烈批评，认为同时应该通过东面施加压力。劳合·乔治写道，他不止一次地怀疑自己是否应该辞职而不是听任黑格继续他的战略。

从停战后一直到1921年，黑格接任约翰·弗伦奇爵士担任英国本土部队总司令。在战后部队的改编中，黑格顽固地保护骑兵部队的地位，阻碍装甲部队的建设。在1916～1919年间，他担任了英国圣安德鲁斯大学荣誉校长一职。1919年他被封为黑格第一伯爵，还被英国政府授予10万英镑的奖励。1921年，他成为贝梅赛德的黑格男爵。黑格还组建了英国皇家军团，在英帝国各地旅行并募集捐款，致力于复员军人的福利与救济工作。道格拉斯·黑格爵士于1928年1月28日因病于伦敦逝世，英国为他举行了隆重的葬礼。

6

美国总统威尔逊

美国总统威尔逊

绰号“政界校长”的美国第28任总统伍德罗·威尔逊，出生于弗吉尼亚州，小时候被认为是一个迟钝的人，9岁时还不识字，但17岁以后通过努力学习，进步很快，1886年毕业于普林斯顿大学，曾获霍普金斯大学政治博士学位，他本人也因博学多才、善于辞令而享有“百灵鸟”之称。1912年，威尔逊当选美国总统，连任两届，是美国历史上“学术地位最高”的一位总统，也是一位杰出的政治家。1962年美国历史学家把威尔逊排在 34 位美国总统的第四位——位于林肯、华盛顿、富兰克林·罗斯福之后。

一战爆发后，美国在威尔逊“中立”的旗帜下，一边摇晃着橄榄枝，一边加紧军火生产，大肆扩充军备，同欧洲的两大集团做军火生意，大发战争横财，由债务国摇身一变成为了世界上最大的债权国。

在这个时期，尽管奉行无限制潜艇战的德国潜艇在大西洋上对美国船只展开攻击并造成人员损失，威尔逊也只是威胁德国停止其行为，而继续将美国置于战争之外。英国宣布对德封锁，严禁一切装载战争禁运物资的中立船只驶往德国，虽然威尔逊对于英国侵害中立方权利的做法表示了温和的抗议，但如英国所预料的，他并未采取任何行动。公正地说，他这个时间的“中立”其实是有偏向的。美国当时的国务卿威廉·詹宁斯·布莱恩就对这个问题提出了明确的质疑，后来却因此而辞职。

1916 年，威尔逊再次获得总统竞选重新提名后，在竞选中打出了“他让我们远离了战争”的口号，提示选民他任期内既维持了坚定的国策，又避免了与德国或墨西哥的公开冲突，在这个不参战的口号下，威尔逊获得连任。威尔逊为确保一个更宽泛的外交政策，警告美国公民不要在交战阵营中选择他们的所属方，尽管载有大量美国公民的英国客轮“卢西塔尼亚”号被德国潜艇击沉的事件给威尔逊增加了参战压力，德国经外交秘书阿瑟·齐默尔曼发送给墨西哥的“若两国结盟，则德国保证将帮助墨西哥重新获得被美国占领之北方数州”的电报更使美国上下义愤填膺，但美国的中立原则还是得到了维持。由于德国发起无限制潜艇战，威胁到美国的商业海运，这种中立性开始倾斜。针对德国所实行的无限制潜艇战，威尔逊的口气也日趋强硬起来，他警告德国他不会容忍给美国人造成生命损失的潜艇战。

1917 年 3 月，当一场具有空前规模的世界战争正在激烈进行时，俄国爆发了“二月革命”，后又爆发了十月社会主义革命，新生的苏维埃政权决定退出帝国主义战争，这使战争的天平开始出现了倾斜，也迫使一直观战的美国不得不表态了。威尔逊坚信美国式的民主是世界上最完善的制度，他不想成为战后欧洲的看客，他必须要成为国际事务的主导。还有一个原因，那就是，此时若不参战，美国在战后世界舞台的话语权将大为减小。

1917年，两大军事集团已打得筋疲力尽之时，威尔逊认为该出场的时候到了，便以“使世界安全并确保民主”为名，促使美国参加战争，威尔逊宣告，将进行一场“结束一切战争的战争”。1917年4月威尔逊要求国会对德宣战。不过他自己主要是关注参战的外交和财政方面，而把作战任务交给了军事部门。在大后方，他于1917年发动美国历史上首次实际有效的征兵，通过建立自由公债筹集了数十亿战争资金，设立战争工业委员会，控制铁路运输，以实现战略物资的集中供应，迅速完成战争动员。

为打击国内的反战势力，威尔逊相继于1917年和1918年推动国会通过了反间谍法和反煽动法，以压制反英、亲德和反战声音。援引反间谍法相关条例，美国邮政系统拒绝投递任何被视作可能是批评美国战争行为的书面材料，约60多家报纸因此被剥夺了二级邮递权。

威尔逊的战时政策高度地向劳工倾斜。他与龚帕斯和美国劳工联合会密切合作，同时镇压任何企图阻碍战争工作的反战团体。在威尔逊的任期内，美国劳工联盟、铁路工人协会和其他“温和”工会的会员和这些行业工人的工资都得到了显著增长。由于没有实施配给制，消费品价格飞涨。而因为收入税的增加，白领阶层备受打击。不过，鼓励购买战争债券的工作大获成功，这些债券使得战争开销转化为20世纪20年代的繁荣。

威尔逊建立了西方国家中第一个政治宣传机构，即美国公共情报委员会，由乔治·克里尔领导（因为他名字谐音，俗称“鱼篓”委员会）。委员会在全国范围内鼓动爱国性反德情绪，并实施各种信息审查。除了公共宣传外，政府还将战争工作引入其他领域。伯纳德·巴鲁克领导的战争工业委员会为美国的工厂制定战时目标和政策；赫伯特·胡佛被任命为食品管理局局长，该局鼓励美国民众参与“无肉星期一”和“无麦星期三”活动中，以为海外部队节省食物；亨利·加菲尔德领导的联邦燃料管理局引入了夏时制，并对煤炭和石油实施配给供应来确保军事需求。许多这样的委员会和管理机构的领导者都是由威尔逊征召的商界人士担任，他们只拿1美元的日薪，以提高政府在战争期间的功效。

在两大集团厮杀了2年零9个月之后，美军踏上了欧洲的战场，直接投入了战斗。1917年6月5日，34艘美国驱逐舰从昆斯敦出发参与大西洋上的潜艇战，稍后又有6艘战斗舰加入北海方面的英国海军，另有3艘开赴爱尔兰沿海。美国在布勒斯特、直布罗陀、亚速尔群岛及女王镇等地，都建立了专用的海军基地，以供美军的巡洋舰、潜水艇及其他舰船使用。至于陆军，宣战时美军只有30万人。为了解决兵力不足的问题，1917年5月18日实行了义务兵役制，逐步动员了275万人加入正规军。此外，还陆续征

1918年12月威尔逊（左一）访问欧洲时与法国总统普恩加莱在一起

集支援人员加入国民警卫队、海军和海军陆战队。到大战结束时，美国陆军达到475万人。由于军队急速增加，派往欧洲的人员也就源源不绝。从1917年5月28日潘兴带领2000名士兵赴法起，陆续派往前线的部队达200多万。美军到达欧洲，一部分直接担当攻击德军的任务，一部分负责后方勤务，取代英法军队以加强前沿阵地。美国这支强大生力军的加入，加速了战争的进程。

1918年1月，威尔逊提出《公正与和平》十四点方案，首次论述了关于成立国际联盟的想法。战争结束后，为了主导巴黎和会，他在巴黎待了6个月，这也使得他成为首位在任内出访欧洲的美国总统。和会期间，他不倦地推销他的计划，最终实现了在凡尔赛条约中加入关于创建国际联盟的章节。

威尔逊为创建国联所作的努力，使他获得了1919年诺贝尔和平奖，但在国内，他没能在入盟一事上赢得参议院的支持。美国此后从未加入国联，这成为威尔逊任内最具讽刺意味的一大败绩。

威尔逊对战后复员的问题未给予足够重视，导致复员过程进行得异常混乱。400万士兵在身无分文、没有任何安顿计划和救济的情况下就被送回了美国。农田价格的战时泡沫破灭导致许多农民破产或身陷因新购土地所欠下的债务中。1919年，钢铁业和肉类加工业工人举行大罢工。种族骚乱在芝加哥、奥马哈和其他城市蔓延。威尔逊命令总检察长亚历山大·米切尔·帕尔默抑止暴力活动，司法部随后展开了被称作“帕尔默搜捕”的大规模行动。

威尔逊在1919年年底中风，这使他的身体状况变得很糟，而此前他的健康状况就已经很差，曾有过几次中风的前兆。这次中风发作，令他几乎完全丧失了工作能力，左半边身子完全瘫痪，左眼也失明。至少几个月的时间内他都要使用轮椅，而在这之后也要靠拐杖走路。威尔逊的残疾情况直到1924年2月他去世前始终没有对外公开。1920年总统选举，民主党人失败，威尔逊下野。4年后病逝于华盛顿，享年67岁。

7

美国远征军司令潘兴

约翰·约瑟夫·潘兴1860年出生于美国西部密苏里州一个偏僻的拉克利德小镇。父亲是一个小商店主，开了家卖杂货的小店铺。他出生后不久，内战便爆发了，密苏里成了南北双方争夺的一个重要战场。战火洗劫了他的家乡，他的童年就是伴随着内战的炮火，在战争的恐惧中度过的。战争的血腥和残酷在他幼小的心灵中留下了深深的烙印，战火的熏陶铸就了他坚毅顽强、凶狠好斗的性格。

潘兴中学毕业后，曾想当名律师，但因家中经济拮据，学习律师的费用昂贵，无法承担，只好报考一切花费由国家承担的西点军校。他以百里挑一的优异成绩跨入了美国军界的最高学府，成了人人羡慕的西点军校的学生。在西点这所军官摇篮里，他勤奋刻苦地学习，并经受了严格的军事训练，终于以优异成绩于1886年从学校毕业，进入军队服役。

潘兴

1886年，潘兴从西点军校毕业后加入了驻扎在新墨西哥州贝阿德要塞的第6骑兵队。当时这支部队正在同印第安人作战，他赶上了追剿杰罗尼莫部落的战斗，参加了一些零星的小冲突。他还没有过过枪瘾，战斗便结束了。1891年，他的部队又与米尔斯将军的部队一起围剿苏族人。他没有赶上对印第安人大屠杀的“伤膝河之战”，只参加了战后肃清残敌的行动。1891年9月25日，潘兴离开了在内布拉斯加州奈厄布拉勒要塞驻守的军队，进入了内布拉斯加大学任教，开始了从教生涯。他担任大学的剑术教师，并为一个大学生组成的训练营讲授军事科学和战术。经过两年刻苦自学，终于在1893年获得了法律学学士学位。1897年6月，潘兴进入西点军校担任战术教官。

1898年，美国与西班牙战争爆发。潘兴参加了驻扎在乔治亚州的奇卡莫加步兵团，开赴古巴作战。在圣胡安及凯特尔山冈的战斗中，他表现得十分勇敢，尤其是在西班牙人的枪林弹雨中表现得冷静沉着，受到上级的赞誉。

1899年，潘兴被派往菲律宾，在美军中任副官，指挥军队击退了摩洛游击队对棉兰老岛发动的进攻，屠杀了许多摩洛人。因镇压菲律宾人民有功，1905年被晋升为驻日使馆武官。因为他的战略眼光得到罗斯福总统赏识，加之他岳父的影响力，1906年他被破格提拔，从上尉一跃而成为准将，1906～1913年，他又返回菲律宾，担任省督。1914年回国任第8步兵旅旅长，驻扎在得克萨斯州布利要塞。

1916～1917年的墨西哥战事使潘兴有机会发挥自己的才能，进一步稳固了他在政治家们心目中的地位。当陆军少将范斯顿去世后，潘兴晋升为少将，继任墨西哥边境司令。1916年3月9日，墨西哥人弗朗西斯科·维拉率兵袭击了美国新墨西哥州哥伦布城。潘兴奉命追捕维拉，但美军的入侵激起了墨西哥人的愤怒，追击行动十分艰难。面对困境，潘兴忠于职守，苦苦支撑，直到1917年年初威尔逊总统下令撤回为止。

1917年4月美国对德国宣战后，潘兴随即被任命为驻欧洲的美国远征军司令，率部前往法国参加第一次世界大战。10月被授予临时陆军上将军衔。

潘兴（右一）和福煦在一起

协约国提出在欧洲尽快出现一支美国部队，以助于鼓舞士气。美国抽调分散的正规陆军部队拼凑成第1师。1917年6月该师主力加上海军陆战队的1个团抵达法国。这支部队名义上虽然叫做正规军，但实际上却夹着许多老百姓，因为美国的正规军为数实在太有限，必须保留一部分在国内充任训练新兵的干部。在第1师抵达法国之前的3个星期，潘兴先期到达法国筹建驻欧美军总部。潘兴认为，驻欧美军人数至少要达到300万人的规模。为此，他到处招兵买马，不断扩充队伍。同时，他也重视部队的质量，强调要有高昂的士气，要把高昂的士气转化为有效的战斗力。他坚持以西点军校的标准作为美国远征军的标准，并且尽自己的最大努力在纪律、训练、军容风纪和服装上执行严格的规定。他要求士兵除了学习挖战壕技术之外，还必须学会越过堑壕进行旷野运动战的进攻战术。他强调，美国士兵尤其应通晓步枪和刺刀的使用，每个士兵都要学会在600米开外向敌人射击的本领。

潘兴近乎完美的训练计划使得美军集结的时间延长，进展非常缓慢。战局的发展要求美军迅速投入战斗，但当时美军又难以单独执行重大作战任务，因此，协约国强烈要求把美国部队拆散用来补充英法两国军队。

潘兴本人极力主张保持美军的独立性，反对配属他国。同时，他将协约国盟友的要求报回国内。威尔逊总统大感震惊，遂与陆军部长贝克商量，并指示他对潘兴发出下述的电文：“我们不愿意丧失我军的独立地位，但比起如何善用你所指挥的兵力以帮助应付任何紧急情况，那却又是一个次要的问题。”这份电报也正代表潘兴的基本立场。

在随后的交涉中，潘兴以强硬的态度坚决要求美国军队独立成军。反对混编的理由很多，比如国家身份的丧失、收回美国兵力而不使联军受到扰乱的问题、与法国人之间的语言困难、假使由于联军的错误而使美国人受到损失则将引起恶感，以及训练方法上的差异。潘兴尤其反对联军重视堑壕战而不重视野战的训练政策。

但 1918 年年初战局的发展，使潘兴和美国政府逐渐转变了态度。1918 年 5 月底，美国参战几乎已达 14 个月之久，在欧洲的美国官兵也已达 65 万人之多。1918 年 6 月 1 ~ 2 日，协约国最高战争会议在凡尔赛召开，主要的议题就是美国部队的使用。这一次协约国的领袖态度完全一致，强烈要求合并美军，甚至于连顽固的潘兴也都感到难以招架。会上，潘兴和福煦发生了激烈的争吵，潘兴本人在协约国将领心目中也变成了一个不通情理的固执的人。最终，美国和潘兴出于形势的需要，同意美军接受协约国最高司令部的协调和领导。

6 月 25 日，美军开始冲入贝洛森林。7 月 18 日，美军第 1 和第 2 师，连同摩洛哥部队，在对蒂耶里堡突出部的攻击中充任矛头，而其他的美军约 30 万人，则参加从 7 ~ 8 月间的推进作战。在 9 月间，攻占圣米耶尔突出部。两星期后，他们在 9 月 26 日向默兹 – 阿尔贡正面上发动一个艰难的突击，展开了长达 47 天的苦战，动用人员 120 万。1918 年 11 月初，潘兴率军协同英法联军对德军发动总攻，突破兴登堡防线，10 天之后，战争遂告结束。

美国国会为了褒奖潘兴，重新修订了授衔条件，于 1919 年 9 月正式授予潘兴美国陆军五星上将军衔。这一军衔，只有美国首任总统华盛顿曾经获得过。

1921 ~ 1924 年，潘兴担任总参谋长，他吸取了一战的经验，进一步加强总参谋部的地位和权力。在他协助下，通过了 1921 年的“国防法”。1924 年，潘兴退出现役。由于他对美国的杰出贡献，被授予六星上将的荣誉，这是美国历史上第一个，也是唯一的一个特级上将。

退役后，潘兴经常去欧洲和南美，执行政府委托的一些使命，并潜心著述。1931 年他写出《我在世界大战的经历》，该书获得普利策奖。他的另一部著作是《最后的报告》。1948 年 7 月 15 日，潘兴在华盛顿因病去世，享年 88 岁。潘兴在美国军事史上占有重要地位，美国的战略导弹以及坦克均曾以他的名字命名。

8

德军总参谋长兴登堡

1916 年 8 月，兴登堡被任命为总参谋长，鲁登道夫担任他的副手。由于兴登堡的声誉过人，他的任命暂时恢复了德军的士气。这时德军建立了最高统帅部，兴登堡以德皇的名义指挥全军，他的副手鲁登道夫在他的放纵下越来越参与到政治生活中去，代表军队与政府和议会交涉，兴登堡和鲁登道夫这对搭档越来越形影不离，甚至有时候兴登堡都开玩笑说他和鲁登道夫像夫妻一样亲密。鲁登道夫制订了“兴登堡计划”，控制全国的经济活动，剥夺了工人在战前争取到的某些权利，加紧对广大劳动人民的镇压和剥削。他们还变本加厉地干预政治，由于德皇和国

兴登堡（左一）与鲁登道夫在一起

会放弃了权利与责任，他们俩实际上变成了德国命运至高无上的支配者和主宰者。

1917 年 3 月，德军的战线稍稍向东撤退，从阿纳斯通过圣康斯坦到安纳河畔的谷地重建防线，这一战线的正式名称叫“西格弗里特防线”，但在历史上统称兴登堡防线。协约国由尼维尔组织的进攻未能奏效，在 1917 年的剩余时间内，西线相对平静，德军一直没有受到严重挫折。

1917 年 7 月，兴登堡以辞职相威胁，迫使德皇免去了特奥巴登·冯·贝特曼·霍尔维格的首相职务。在他看来，这位首相几乎是一个失败主义者。他想让伯恩哈德·冯·比洛侯爵或者海军司令阿尔弗雷德·冯·蒂尔皮茨当首相，而皇帝则对这两人不感兴趣，提拔了原战时给养局局长、副国务秘书格奥尔格·米夏埃尔博士为帝国宰相，以试图满足最高统帅部军官们寻找“强人”的渴望。新首相很快拒绝了德国国会在 7 月 19 日通过的一项和平决议，国会要求在双方都没有附带条件或损失赔偿的情况下议和。自此以后，最高统帅部便独断专行，它拒绝发布有关恢复比利时独立的宣言，拒绝教皇本笃十五世关于和谈的建议，他一意孤行地实行他与鲁登道夫制定的政策。

俄国在十月革命后提出休战。在与俄国的和谈过程中，兴登堡提出苛刻的条件，并以重新开战迫使苏俄接受“布列斯特－立托夫斯克和约”。从俄国获得 30.1 万平方千米土地和 5600 万人口，随后又迫使罗马尼亚签订了一项苛刻的补充条约。

然而，还有一项最艰巨的任务有待兴登堡去完成，那就是在美军插手前击败英法。1918年，在兴登堡的支持下，鲁登道夫先后发动了索姆河攻势（3月）、利斯河攻势（4月）、埃纳河攻势（5月）、努瓦荣－蒙迪迪埃攻势（6月）、香槟－马恩河攻势（7月）。这些攻势往往在初期都获得了一定进展，但是由于后劲不足最后都遭到遏制。当年7月，协约国军开始反攻，在马恩河和亚眠之战中大败德军，9月28日，协约国突破“兴登堡防线”，德国最高统帅部终于不得不要求进行停战谈判。

10月24日，兴登堡通电谴责了美国总统威尔逊提出的和平条件，命令全军做最后的决战。这个通电引起了新任帝国宰相马克斯·冯·巴登亲王的强烈抗议，事情处理的结果出人意料，发出通电的兴登堡因为巨大威望什么事没有，早已丧失斗志的鲁登道夫却被解除了一切职务，兴登堡只得又推荐了威廉·格勒纳将军接替鲁登道夫。这些努力无法挽回德国的失败，德意志帝国已经风雨飘摇了。

此时，德国国内的革命运动已经汹涌澎湃地发展起来。11月3日，基尔海军爆发起义。到11月8日，革命红旗飘扬在许多城市的上空。军队内部也有不少士兵倾向革命。德皇突然离开柏林，迁到巴斯的总司令部，首相劝德皇退位，传给他的孙子，但德皇不肯，希望亲自统帅军队镇压革命，兴登堡通过参谋长直告德皇，说部队不会服从他，威廉二世于是提出不当皇帝，只当普鲁士国王，仍无人做答。民族自由党议会党团主席古斯塔夫·施特雷泽曼认为，保留兴登堡比挽救威廉二世更为重要。11月9日，柏林爆发革命，宣布成立共和国，社会民主党领袖弗里德里希·艾伯特被推举为总理，在这种形势下，兴登堡劝说威廉二世退位，前往荷兰，威廉二世一直对此怀恨在心。

战争结束后，兴登堡被协约国列为第二号战犯，但他却没有受到应有的惩罚，他一直没离开德国，也没离开军队。1919 年 6 月，总理艾伯特询问抵制凡尔赛条约的可能，兴登堡顾左右而言他，不表示意见。《凡尔赛和约》签订后，德国最高统帅部被迫解散，72 岁的兴登堡解甲归田。但他不甘寂寞，越来越多地在一些公共场合抛头露面，支持右派的活动。

1919 年 1 月 19 日，德国举行国民议会选举。2 月 11 日，艾伯特当选为总统，魏玛共和国建立。1925 年 2 月，共和国第一任总统艾伯特病死。原定于该年 6 月举行的总统选举提前举行。在 3 月 29 日的第一次选举中，7 个候选人没有一人获得绝对多数。为了赢得选举，蒂尔皮茨亲自到汉诺威兴登堡的隐居地劝他出来竞选总统。在 4 月 26 日的第二次选举中，兴登堡以 1460 多万张选票（占全部选民人数约 37%）当选为总统。

1929 年秋，德国发生经济危机，失业人数剧增，成千上万农户破产。在经济危机的影响下，国内阶级斗争更加尖锐化。共产党的影响迅速增长，资产阶级已经无法用议会制来统治。1930 年 3 月上台的海因里希·布吕宁政府，标志着德国由议会制过渡到独裁制。布吕宁十分尊敬兴登堡总统，而对国会愈加轻视。他利用“紧急法令”绕开国会来处理国家事务。如果国会拒绝政府提出的法案，他便援引《魏玛宪法》第 48 条让兴登堡签字生效。这种紧急法令 1930 年颁发 5 次，1931 年 44 次，1932 年 66 次。这使得兴登堡的权力超过了皇帝，成为独裁者。

1925 年兴登堡就任总统时的情景

1932 年春天，年届 8 旬的兴登堡 7 年任期届满后，再次当选总统。1933 年 1 月 30 日，兴登堡随即任命希特勒为总理，在德国建立了法西斯恐怖专政。

1933年2月1日，在希特勒政府授意之下，兴登堡宣布解散国会，并定于3月5日重新举行选举。2月27日，纳粹分子纵火焚烧国会大厦，然后嫁祸于共产党人。2月28日，根据希特勒政府的建议，兴登堡颁布紧急法令，废除了《魏玛宪法》中有关人身、言论、出版、结社等自由的一切条款。1934年兴登堡病逝，希特勒将他葬在他过去战胜俄国的战场上，并为他建了一座纪念碑。

9

德军需总监鲁登道夫

凡尔登战役爆发伊始，兴登堡和鲁登道夫就极力反对法尔肯海因的计划，他们认为东线俄军已经陷入穷途，只需一根稻草就能压倒这头大象。同时，东欧有大量的粮食、石油、矿产资源，可供德军长期战争使用。鲁登道夫认为，罗马尼亚远比凡尔登具有战略意义，他在日记中写道："没有罗马尼亚的谷物和石油我们就不能生存，更不用说坚持战争，这点我现在看得相当清楚。"鲁登道夫认为，从军事意义上讲，凡尔登对法军和德军都没有特殊重要性。凡尔登要塞大多数的火力已经被拆除，已经无法有效做到进攻或防御支点作用。它距离巴黎220千米，即使德军攻取该地，也不会对首都或整个防线的安全产生任何重大影响。它是危险的出击口，危及不到20千米外德国主要铁路交通线。但是由于凡尔登只有两条蹩脚的铁路线，而德军在这段战线的占领区已得到不下于15条铁路的补给，因此德军设法预防凡尔登出击应该是轻而易举的事。攻取凡尔登充其量对德军只是得到军事上的方便，对法军也只是较小程度上的不方便。

1916年7月，在凡尔登激战正酣之时，俄国在东线向德军发动进攻，鲁登道夫率领手下的几个集团军成功地守卫了东线各条防线。1916年8月，德国在凡尔登的一系列战役均告失败，德军费尽心机也仅仅突入法军防线数英里，这导致了各方面对法尔肯海因的尖锐批评。27日，罗马尼亚向德国宣战，这无异于当头一棒。29日，忍无可忍的威廉二世免去法尔肯海因的职务，任命兴登堡为总参谋长，鲁登道夫成为第一军需总监——这个职务相当于副总参谋长，同年将他晋升陆军上将。

兴登堡将他与鲁登道夫两人的关系描述为“美满的婚姻”。“在这样的关系中，第三者怎能清楚地分清我们两人的功过呢？我们的思想和行动同出一辙，往往一个人说的就表达了另一个人的愿望和感受。当我了解鲁登道夫将军的价值之后，而且是很快了解的，我就了解我的主要任务之一就是尽快充分发挥他的智慧力量，充分发挥其近乎超人的工作能力和不倦地贯彻参谋长的决定，如果有必要便为他扫清道路，扫清我们的共同愿望和共同目标所指向的道路……我们的军事政治信念的一致性构成了我们关于正确利用国家资源的共同观点的基础。意见的分歧不难调和，任何一方都不曾产生被迫服从的感觉而妨碍我们的关系。”

鲁登道夫（右）、威廉二世（中）和兴登堡（左）在一起研究作战计划

这对“夫妻”面临的形势不容乐观。凡尔登战役仍在大量消耗德国的资源，看起来失败只是时间问题。索姆河之战正处于高潮，英军并未因遭受的损失而止步，

继续将新的部队投入战斗，而且间隔不久就发动可怕的攻击。俄军似潮水般滚滚向前，势不可当。20多万捷克军争先恐后地投降敌人，并作为独立的兵团编入俄军。意大利向伊松佐河的反攻正在开展，奥匈帝国的抵抗力量渐渐分崩离析。至关重要的罗马尼亚谷仓和油田丧失了，长期封锁的压力大伤德国民众的元气。

但是，他们满怀信心。此时的鲁登道夫甚至比兴登堡更受到普遍欢迎，在二重唱中发挥主要作用，众多谋划和军事战略都出自鲁登道夫之手。他们在1916年9月迫使奥匈军队接受德国的统一指挥，并进一步提出要改组奥地利哈布斯堡王朝的政治结构，以加强德国对奥地利政治事务的影响；要求改变政府无能为力的状态，加强政府部门军事化，自此，这二人实际上成为了德国军事独裁者。9月起，鲁登道夫决定停止西线德军的进攻，全面转入防守。

战争进入1918年，德国统治阶级内部的危机更加严重。威廉二世和兴登堡都大权旁落，而鲁登道夫却趁此机会把权力牢牢地掌握在手中。鲁登道夫决定使1918年成为决定性的一年，他打算在西线集中所能使用的全部兵力，在美国的干预实施之前，粉碎协约国，赢得有利的和平。

1918年，德国在西线集中了194个师，编成4个集团军，全部兵力400万人，1.5万门大炮，3000架飞机。鲁登道夫决定给英军以最有力的打击，迫使英国退出战争，然后集中兵力对付法国，结束战争。鲁登道夫制订了详细周密的作战计划，并将其命名为“迈克尔”行动。

进攻开始于1918年3月21日，起初进展顺利。鲁登道夫得意洋洋，他在每天一次的报告中这样写道：“在斯卡普河和瓦兹河之间的战场上，在本月21～23日的这3天内，英军遭到了英国历史上最惨重的失败。在这次巨大的胜利中取得的战绩如此辉煌，它是自西部战场各阵地发生战斗以来协约国所取得的任何胜利所远远不可比拟的。”

当时，他还不知道，他的小儿子刚刚在一次飞机失事中身亡。头一天晚上，当那个年轻人离家前去参加这次大进攻的战斗时，劝他的母亲不要悲伤：“要记住，我以全副身心热爱我的职业，尽管我已经历过许多战斗，但是，这最后一年的机会我是决不会放过的。”

鲁登道夫得知儿子的死讯时，身边一个人也没有。“我独自承受了这一巨大的打击。我不知道发生了什么事情。我只知道我支持不住了，而且，从那一天起，我这么多年一直疾病缠身，哀伤不已。”

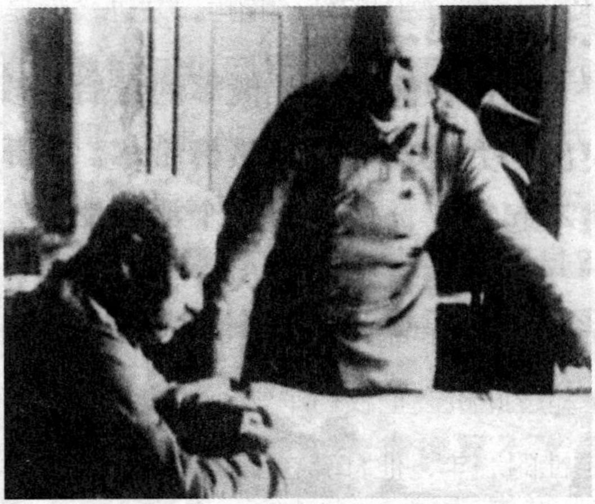

鲁登道夫（右）和兴登堡在研究作战计划

随后进行的几次进攻，进程也完全一样，德军已成强弩之末，战争的主动权逐渐转到协约国方面。自 7 月 18 日开始，德军不断地遭受沉重打击，被迫采取守势。7 月 18 日 ~ 8 月 4 日，协约国发动了第二次马恩河战役，击退德军 40 千米，解除了对巴黎的围攻。8 月 8 ~ 13 日，协约国又发动了亚眠战役，给德军以重创。大为沮丧的鲁登道夫终于认识到战争不可能再次获得胜利，他不得不承认，8 月 8 日是德军在世界大战史上最黑暗的一天。

9 月 26 日，当协约国发动了默兹 - 阿尔贡攻势的时候，保加利亚退出了大战。这对鲁登道夫是一个双重的打击。鲁登道夫的精神垮了，开始变得焦躁不安。9 月 28 日，总参谋部召开例行的参谋人员讨论军事形势的会议，由于无人发言，气氛十分沉闷。后来，鲁登道夫开始讲话，他为德国的处境，责备除他以外的任何一个人，滔滔不绝地发表着长篇激烈的议论。他的部下很难为情地坐着。最后，鲁登道夫竟因为激动而虚脱倒在地板上。

会议结束后，鲁登道夫依然意犹未尽，他以模糊的仅能被人听懂的语言，劝告兴登堡从所有占领的西方领土撤退，并根据看来是他曲解了的美国总统威尔逊在十四条建议中所表示的条件求和。9 月 29 日，鲁登道夫和兴登堡正式发表声明，必须签订停战协定，成立一个协约国可以接受的政府。而威廉二世为了挽救危局，于 10 月 27 日迫使鲁登道夫辞职，但为时已晚。

德国失败后，鲁登道夫生怕有人会杀他，便悄悄地穿上便衣，戴上黑色眼镜，在一个深夜逃亡瑞典。1919 年鲁登道夫回国，参加了所谓的“民族俱乐部”，并支持由一批反革命分子组成的“民族联合会”，准备发动反革命暴动来推翻魏玛共和国，并参与了 1923 年 11 月 9 日在慕尼黑的“啤酒馆暴动”。

1924 年 5 月，鲁登道夫成为魏玛共和国国会中的纳粹成员。1925 年 4 月，鲁登道夫代表右翼的民族人民党和巴伐利亚人民党出马竞选，结果仅获得 1.1% 的选票。

20 世纪 20 年代之后，鲁登道夫基本上退出政坛，致力于撰写关于战略和总体战的著作，这就是后来在 1935 年出版的《总体战》一书。这本书系统阐述了总体战理论，认为战争凌驾于政治之上，要求国家生活的各个方面在平时就应服从战争准备的需要，主张采取一切手段甚至是极端残暴的手段进行战争。总的来说，这一理论建立在军国主义的基础上，要求实行国民经济军事化、平时经济战时化，建立独裁式的战争指挥体制，集中全民族的物质和精神力量打一场速决战。虽然这一理论基于一个错误的出发点，但是鲁登道夫是根据新的时代背景第一个集中论述总体战的理论家，对很多问题的探讨是有价值的。

鲁登道夫晚年极力主张恢复德国军事实力，建立法西斯专政的国家，但他没有等到希特勒发动战争的那一天，也没有看到希特勒德国失败的那一天。1937 年 12 月 20 日，他死于巴伐利亚的图青，希特勒等纳粹党中坚分子参加了他的葬礼。

主要参考文献

1 Barbara W. Tuchman. The Guns of August. Dell publishing Co，Inc，1963

2 ［苏］罗斯图诺夫. 第一次世界大战史. 上海：上海译文出版社，1982

3 ［英］富勒. 西洋世界军事史. 北京：战士出版社，1981

4 毛元佑等. 第一次世界大战大参考. 北京：京华出版社，2006